現代財政とは何か

河音 琢郎・桒田 但馬・篠田 剛 [編著]
長谷川 千春・平 剛・吉弘 憲介 [著]

税務経理協会

は し が き

　本書は，主に大学の学部生を読者として想定し，財政学を学ぶための入門的なテキストとして編まれたものである。今日の日本財政——とりわけ国家財政——を主たる対象として，その基本的な仕組みと制度，それを支える財政学の基礎理論，さらに政策的課題について論じる。

　財政学について論じた文献は幾多とあるが，できるだけわかりやすく，かつ読者が財政学をより深く学んでいくうえで興味関心をもてるよう，本書では以下2点を意識して編纂している。

　第1に，財政学は複数の部門からなる複雑な体系をもっていることに鑑み，最初に現代財政の全体像とそれを支える基礎理論を提示したうえで，その後に財政学の各分野，個別政策領域について詳述するという2段階アプローチをとる。この2段階アプローチは，本書の雛形となった内山昭編著［2018］『財政とは何か（改訂版）』（税務経理協会）を踏襲したものである。

　第2に，本書の各章は，今日の財政の仕組みと制度，財政学の理論を提示したうえで，それらと現実の日本財政とのギャップに着目し，両者のギャップから検討すべき課題を提示するという基本形式で統一している。そのうえで，**終章**において今日の日本財政が抱える課題を総括的に論じるとともに，これらの諸課題に読者がより深く学んでいくための手法を**補章**に記している。

　以上のような本書の構成や意図が，読者にとって財政学の理解と関心を深めるのに寄与すれば幸いである。

　なお，本書の出版にあたっては，税務経理協会の鈴木利美氏に多大な尽力をいただいた。編者の遅筆にねばり強くご対応いただいた鈴木氏にこの場を借りて深謝申し上げる。

2024年7月

編者一同

■ 目　　次

はしがき

序　章　現代財政とは何か

Ⅰ　現代財政とは何か ……………………………………………………… 1

Ⅱ　国際比較で見る日本財政への問い ………………………………… 3

Ⅲ　財政学の体系と本書の構成 ………………………………………… 8

第Ⅰ部
現代財政のフレームワーク

第1章　財政民主主義と予算

Ⅰ　予算原則と財政民主主義 …………………………………………… 13

Ⅱ　現代日本の予算の構造 ……………………………………………… 17

Ⅲ　現代日本の予算過程 ………………………………………………… 21

Ⅳ　予算の今日的課題と予算制度改革 ………………………………… 24

第2章　狭義の財政と広義の財政

Ⅰ　国家財政の全体像 …………………………………………………… 27

Ⅱ　一 般 会 計——狭義の財政 ……………………………………… 28

Ⅲ　社会保険の財政 ……………………………………………………… 36

Ⅳ　公的金融と財政投融資 ……………………………………………… 37

第3章　財政の基本的役割

Ⅰ　資源配分機能と公共財の理論 ……………………………………… 41

Ⅱ　所得再分配機能と格差社会 ……………………………… 44

Ⅲ　経済安定化機能と裁量的財政政策 ……………………… 48

Ⅳ　現代財政をめぐる役割の問い直し ……………………… 52

第4章　政府間財政関係

Ⅰ　国から地方への財政移転——地方交付税と国庫支出金 ……… 53

Ⅱ　地方財政調整の理論と地方税 …………………………… 55

Ⅲ　日本の地方財政調整制度と問題点 ……………………… 57

Ⅳ　地方分権と国・地方の財政関係の改革 ………………… 61

第Ⅱ部
現代財政を支える租税

第5章　所得税の仕組みと課題

Ⅰ　日本の税収構造と所得税の占める位置 ………………… 69

Ⅱ　所得税の仕組み …………………………………………… 71

Ⅲ　所得税の理論と実際 ……………………………………… 78

第6章　法人税の仕組みと課題

Ⅰ　法人税の仕組み …………………………………………… 83

Ⅱ　法人税を納める法人の実態 ……………………………… 89

Ⅲ　法人税の理論と実際 ……………………………………… 91

Ⅳ　多国籍企業と国際課税 …………………………………… 95

第7章　消費税の仕組みと課題

Ⅰ　消費税の仕組み …………………………………………… 97

Ⅱ　消費税の理論と実際 ……………………………………… 103

目　　次

Ⅲ　消費税を巡る課題 ･･ 108

第Ⅲ部
経済社会を支える現代財政

第8章　年金・医療・介護
　Ⅰ　年 金 保 険——老後所得保障の持続可能性 ･･･････････････････ 113
　Ⅱ　医 療 保 険——皆保険を支える仕組み ･････････････････････ 118
　Ⅲ　介 護 保 険——制度の定着とニーズへの対応 ･･･････････････ 124

第9章　雇用・公的扶助・子育て・教育
　Ⅰ　雇　　　　用 ･･ 129
　Ⅱ　公 的 扶 助——生活保護，生きづらさ ･････････････････････ 132
　Ⅲ　子　育　て ･･･ 135
　Ⅳ　教　　　　育 ･･ 138

第10章　公 共 投 資
　Ⅰ　公共投資とは ･･･ 143
　Ⅱ　社会資本の性質 ･･･ 144
　Ⅲ　公共投資の役割 ･･･ 145
　Ⅳ　公共投資の財源 ･･･ 146
　Ⅴ　公共投資と公債残高の累積 ･･･････････････････････････････ 148
　Ⅵ　公共投資の政策目的の変遷 ･･･････････････････････････････ 149
　Ⅶ　受益者負担原則と間接的評価 ･････････････････････････････ 154
　Ⅷ　便益の評価 ･･･ 156
　Ⅸ　公共投資の費用便益分析と最適配分 ･･･････････････････････ 157
　Ⅹ　今日の公共投資をめぐる問題——インフラの維持・補修と災害への対応 ･･･ 158

3

第11章　軍　事　費

Ⅰ　日本国憲法，日米安保体制と軍事費 ································· 161

Ⅱ　軍事費とその経済的機能 ·· 168

Ⅲ　日本の軍事費を巡る諸課題 ··· 170

第Ⅳ部
現代財政の新しい課題

第12章　地域づくり

Ⅰ　地域づくりと人口・少子化対策 ·· 177

Ⅱ　人口規模と地方行財政 ·· 180

Ⅲ　地域づくりへの地方財政対応 ··· 182

Ⅳ　データを踏まえた検討素材 ··· 185

第13章　環　　　境

Ⅰ　環境政策のなかでの財政 ·· 189

Ⅱ　環境政策と資源に対する責任，汚染者負担原則 ····················· 191

Ⅲ　環境問題を人々はどう理解しているのか ···························· 194

Ⅳ　環境問題に対する日本の地域と経済 ·································· 196

第14章　災　　　害

Ⅰ　災害と私たちの社会・経済 ··· 201

Ⅱ　災害対応財政の到達点 ·· 204

Ⅲ　災害財政の論点 ··· 207

Ⅳ　災害財政の課題 ··· 209

目　　次

第15章　財政赤字と財政再建
Ⅰ　公債の仕組みと政府債務の現状 ………………………………………… 213

Ⅱ　財政赤字の問題点 ………………………………………………………… 217

Ⅲ　財政健全化と財政再建目標 ……………………………………………… 221

終　章　「小さな政府」論と現代財政のネクストステージ
Ⅰ　「小さな政府」論のインパクトと限界 ………………………………… 225

Ⅱ　ネクストステージへの模索 ……………………………………………… 230

補　章　財政学をテーマとしたレポート・卒業論文作成ガイド
Ⅰ　テーマの設定 ……………………………………………………………… 237

Ⅱ　先行研究の収集と検討 …………………………………………………… 239

索　　引 ……………………………………………………………………… 246

序　章　現代財政とは何か

I　現代財政とは何か

1　財政とは何か

　財政とは端的にいえば，現代の資本主義社会，民主主義社会における政府（国家および地方政府）の経済活動をさす。私たちの暮らしている現代社会は，市場経済を基本とした資本主義経済を基本原理としているが，同時に政府が多様な形で市場経済に関与することによって成り立っている。

　政府の財政活動は，市場経済とは以下2点において区別される。第1に，市場経済による取引は財・サービスを対価によって購入する有償取引であるのに対し，政府が徴収する租税は対価をともなわない無償移転であり，政府はそうして徴収された租税を財源に公共サービスを提供する。第2に，こうした財政による無償移転は政府による強制性に依拠している。それゆえ，無償移転と強制性を特徴とする政府財政は，資本主義社会の基本原理である私有財産制を侵害する。

　私有財産制に依拠した市場経済と政府の財政活動とが適切に両立するためには，政府による租税の徴収や，それによって提供される公共サービスの内容が，国民の合意にもとづいて行われる必要がある。それゆえ，国民の代表である議会が政府の財政活動をコントロールし，政府の収入と支出とが国民の合意のもとで運営される必要がある。このように国民およびその代表である議会によって政府財政がコントロール，運営されることを財政民主主義という。財政民主主義は財政が適切に運営されるための根本原理である。

2　現代財政の成立

　次に，現代財政がどのように形成されてきたのか，その歴史について概観しよう。現代財政は，以下2つの画期を経て形成された。

　第1の画期は，中世・近世の家産国家から無産国家（租税国家）への転換である。資本主義社会に先立つ前近代社会では，君主や領主，教会などが土地をはじめとした財産を所有し――家産国家――，一般民衆はその土地で働いたり（労働による貢納），領主のもとで生産した生産物を領主に現物・貨幣による貢納として収めていた。市民革命を契機に近代社会が成立すると，私有財産制が確立し，市場経済が支配的な経済原理となった。これにともない国家は，議会の承認のもと租税によって政府サービスの財源を調達する無産国家（租税国家）へと転換した。これが財政の成立である。

　第2の画期は，20世紀の国民主権の確立と「大きな政府」を前提とした現代財政の成立である。19世紀の資本主義社会は，議会による租税協賛権，予算のコントロールという財政民主主義の諸要素を兼ね備えていたものの，当の議会は一部の名望市民により構成されており，実質的に国民を代表するものではなかった。また，政府財政の使途も，もっぱら戦費を賄うための軍事費や大規模公共事業費など，その分野は限られていた。これに対して，20世紀に入り各国で普通選挙制度が導入され，議会が実質的に国民の代表となった。同時に国民の生存権が保障されるようになり，それにともない財政の役割も社会保障や教育など広範囲な分野に及ぶようになった。このような「大きな政府」への転換は，大戦間期から第2次世界大戦期に形成され，これが今日あるような現代財政の確立となった。

　それゆえ本書では，以上2つの歴史的画期を念頭に置いて現代財政を理解し，それを主たる対象として解説していく。なお，1970年代以降のいわゆる「小さな政府」論の台頭により現代財政は再び変革の時代を迎えているが，本書ではこうした変化をも念頭に置きつつ，「小さな政府」論が投げかけた課題については，**終章**において論じる。

2

Ⅱ 国際比較で見る日本財政への問い

本論に先立ち、国際比較の視点から今日の日本財政の特徴を示すことで、財政学を学ぶうえでのイメージを提供したい。

① 日本は実は「小さな政府」

【図表序－1】は、政府支出の対GDP比と労働力人口に占める公務員の割合を国際比較したものである。日本の政府支出規模はアメリカに次いで低い。また、公務員数は先進国中突出して低い。こうした現実のもとで政府や公務員の無駄遣いが喧伝されるのはなぜだろうか。

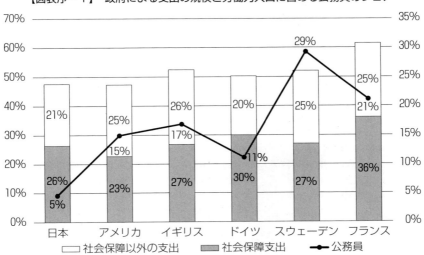

【図表序－1】 政府による支出の規模と労働力人口に占める公務員のシェア

(注1) 政府支出は一般政府（中央政府、地方政府、社会保障金を合わせたもの）ベース。
(注2) 政府支出のデータは2020年、労働力人口に占める公務のシェアのデータは2017年の値。
(出所) 財務省（2024）、OECD（2023）より作成。

② 低水準かつ高齢世代に偏った社会保障

【図表序－2】に明らかなとおり，高齢化率が最も高いにもかかわらず，日本の社会保障支出はイギリスに次いで低い。また，日本の社会保障支出は，高齢者年金，保健医療の比重が高い。近年政府が唱えている全世代型社会保障はこうした現実を反映したものとはいえ，遅きに失しているのではないか。

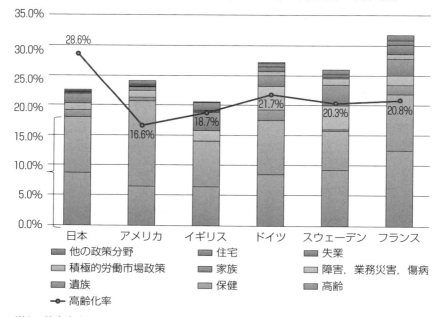

【図表序－2】 政府分野別社会支出（対GDP比）と高齢化率の国際比較

（注） 社会支出のデータは2018年ベース，高齢化率は2020年ベース。
（出所） 国立社会保障・人口問題研究（2022）『令和2年度社会保障費用統計』および内閣府（2022）『令和4年度高齢社会白書』より作成。

③ 教育に対する公的支出の少なさ

【図表序－3】から明らかなとおり，日本の教育支出は先進国中最低水準にある。また，教育に占める公的支出の水準は極端に低い。教育水準の質，教師の労働環境のブラック化やなり手不足，教育現場の荒廃といった問題の背景に

は，教育支出の少なさがあるのではないか。

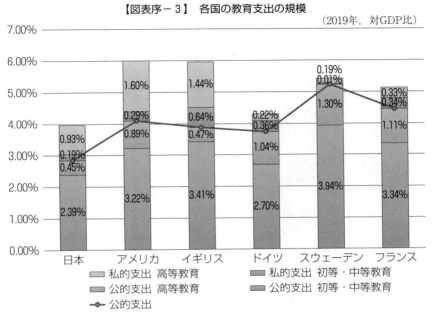

【図表序－3】 各国の教育支出の規模 （2019年，対GDP比）

（出所）OECD［2022］*Education at a Glance 2022 : OECD Indicators*より作成。

④ 遅れたエネルギー転換

2011年の東日本大震災を契機に原子力発電依存のリスクが世界的に問題視され，他方で気候変動対策の必要性が高まるなか，再生可能エネルギーへの転換は世界的トレンドとなった。しかしながら，【図表序－4】にあるとおり，電力構成の変化・対応は各国によりさまざまである。この相違は各国の地理や自然条件による部分もあるが，エネルギー政策の結果でもある。原発のリスクを実体験した日本で再生可能エネルギーの割合が低水準となっているのはなぜなのか。

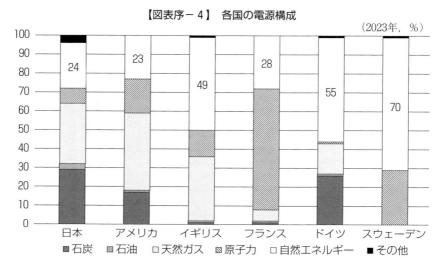

【図表序－4】 各国の電源構成

⑤ 突出した政府債務と低税収

【図表序－5】に明らかなとおり，日本の政府債務残高は一貫して増加を続け，今日では先進国中突出している。なぜこのような状況が続いているのか。また，日本の政府債務は持続可能なのだろうか。

序　章　現代財政とは何か

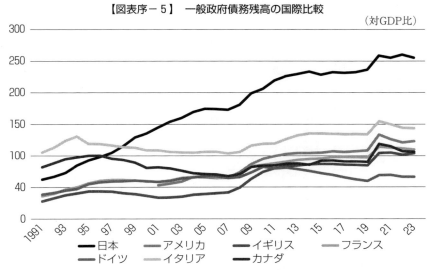

【図表序－5】　一般政府債務残高の国際比較

（対GDP比）

凡例：日本　アメリカ　イギリス　フランス　ドイツ　イタリア　カナダ

（注）　数値は一般政府（中央政府，地方政府，社会保障基金を合わせたもの）ベース。
（出所）　IMF［2024］*World Economic Outlook*, Marchより作成。

⑥　租税負担（国民負担率）は低いにもかかわらず痛税感は高い

【図表序－6】は，主要先進国の国民負担率（2018年）と中間層の痛税感（2009年調査）を比較したものである。日本はアメリカと並んで租税負担率が低いにもかかわらず，税金が高いと感じている国民はフランスに次いで高く，日本国民の多くは租税負担を高いと感じている。このギャップは，どのようなメカニズムによって生じているのだろうか。

7

【図表序－6】 国民負担率と中間層の痛税感：「中間層の税負担をどう思うか？」

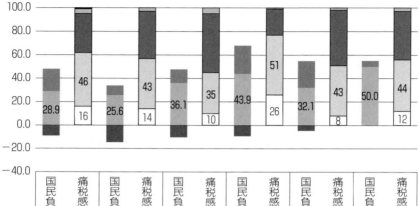

（注） 国民負担率は2021年の数値。痛税感はISSP（International Social Survey Program）による2006年の調査結果。
（出所） 財務省（2024），井手（2017）p. 22より作成。

これらの日本財政に対する「問い」を，本書では説き明かしていきたい。

Ⅲ　財政学の体系と本書の構成

1　財政学のサブメジャー

　財政学は，今日の政府の経済活動を扱う学問であるから，経済学のみならず，政治学・行政学，社会学などさまざまな学問領域をまたがる多様な学問体系によって構成される。また，今日の政府活動は多岐にわたることから，財政学の体系も複雑となる。一般の財政学の文献では，以下のような財政学のサブメジャーの別に財政学が論じられる。

序　章　現代財政とは何か

　第 1 に，財政，とりわけ支出の意思決定過程を扱う予算論がある。第 2 に，財政の主たる収入をなす租税に関する領域として租税論がある。第 3 に，多岐にわたる政策領域ごとに政府支出の経済的，社会的役割を分析する経費論がある。さらに第 4 に，中央政府（国）と地方政府との財政関係を分析する政府間財政関係論がある。これに，租税以外の財源に関する分析領域として，公債論や公的金融論が加わることもある。

2　本書の構成

　本書では，上記のような財政学のサブメジャーを意識しつつも，サブメジャー別に財政学を論じるのではなく，冒頭に述べたように，まず日本財政の全体像を明示したうえで，収入，支出の別に主たる政策領域における日本財政の仕組みと理論，諸課題について検討するという 2 段階アプローチをとる。

　第 I 部（第 1 章 – 第 4 章）では，予算と財政民主主義，日本財政の全体構造，現代財政の基礎理論，国と地方との財政関係の別に現代日本財政の全体像を提示する。

　第 II 部（第 5 章 – 第 7 章）では，日本の基幹税である所得税，法人税，消費税を対象として租税論の基本について論じる。

　第 III 部では，主だった政策領域をなす，社会保障（第 8 章・第 9 章），公共投資（第10章），軍事費（第11章）の別に現代日本財政の仕組みについて論じる。

　第 IV 部では，今日新たな課題として浮上している政策領域――地域づくりと地域振興，環境問題，災害財政，財政赤字と財政再建――に着目し，日本財政が抱える今日的課題について検討する。そのうえで**終章**において，1970年代後半以降の「小さな政府」論以降の現代財政の新たな展開と諸課題について総括的に論じる。また，読者がさらに財政学の学び，研究を深めていくことを想定して，財政学をテーマとしたレポート，論文執筆の案内を**補章**として付記する。

9

＜参考文献＞
井手英策［2017］『財政から読みとく日本社会―君たちの未来のために』岩波書店.
OECD［2023］*Government at a Glance 2023*，June 30.
財務省［2024］『日本の財政関係資料』4月.

第 I 部

現代財政のフレームワーク

第1章　財政民主主義と予算

　予算とは政府が国民から託された租税をどのように使うかを決める計画書である。それゆえ，予算が国民の代表である議会によるチェックを経て決められ，そのとおりに使われることは財政民主主義の根幹をなす。

　本章では第1に，財政民主主義を担保する予算原則について論じる。そのうえで第2に，現代日本の予算の構造と内容および予算の決められ方——予算過程——の現実を示して，予算原則と現実の予算とのギャップについて検討する。さらに第3に，これらのギャップを埋めるために必要な予算制度改革の課題について考える。

I　予算原則と財政民主主義

1　予算とは何か

　予算とは国民から徴収した租税をはじめとした財政資金の使い道の計画である。それゆえ，予算が国民の代表である議会のコントロール下に置かれることは財政民主主義の根幹をなす。日本国憲法では，「国の財政を処理する権限は，国会の決議にもとづいて，これを行使しなければならない」（第83条）とされ，さらに，「内閣は，毎会計年度の予算を作成し，国会に提出して，その審議を受け議決を経なければならない」（第86条）と定め，議会のコントロールを通じた財政民主主義の原則を明示している。

2　予算原則

　予算が財政民主主義に則って運営されるための基準が予算原則である。予算原則は，予算の構造に関する3原則——完全性の原則，統一性の原則，明瞭性の原則——と，予算過程に関する5原則——単年度の原則，厳密性の原則，事

前性の原則，拘束性の原則，公開性の原則——とに大別できる。その全体像をまとめたのが【図表１－１】である。以下順に見ていこう。

【図表１－１】　予算原則の体系

(出所)　筆者作成。

まずは，予算の構造に関する３原則である。

① 完全性の原則

完全性の原則とはすべての収入と支出は漏れなく予算に計上されなければならないというものである。すべての収入と支出が予算に計上されることにより，国民および議会は政府財政をチェックすることが可能となる。

完全性の原則のゆえに，政府予算においては総計主義の原則がとられる。すなわち，民間の財務会計の一部で採用されている，収入から支出を控除してその相殺差額のみを計上するという純計主義は政府予算では禁じられている。政府予算ではどの収入がどの支出に充てられているのかを明確にするために総計主義が採用されている。

② 統一性の原則

統一性の原則とは予算は単一でなければならないとして複数予算を禁じるも

のである。これは予算に対する政府の責任を明確に示すためである。また，この統一性の原則から，特定の収入を特定の支出に充てることを禁じるというノン・アフェクタシオンの原則が導かれる。

第2章で詳しく見るとおり，現実の予算では，13の特別会計予算の存在や，公的年金保険料——年金給付に充当されるため別途特別会計において管理される——など，統一性の原則やノン・アフェクタシオンの原則に反した運営がされている。財政の活動が複雑化し広く社会に浸透している現代では，こうした例外が生じることは一定合理的な意味がある。しかしながら，統一性の原則は国家機能の複雑化を理由に否定されるべきではない。たとえば，アメリカ連邦予算では，信託基金等，日本で特別会計にあたる制度を設けながらも，政府の責任範囲を明確にするために，信託基金を含めたすべての予算を統合予算として包括的に示すことにより，統一性の原則を担保している。

③ **明瞭性の原則**

明瞭性の原則とは予算の内容が国民および議会に対して明瞭に理解される形式でなければならないというものである。予算は，予算執行に責任を負う所管部門——各省庁など——を明確にする必要から，機関別予算の形式がとられる。ただし，これではどの政策分野にどれだけの予算が配分されているのかはわかりにくいため，政府は所管別分類とは別途，経費別分類，目的別分類，使途別分類等別の形式での予算も公表している（その詳細は**第2章**で論じる）。

次に，予算過程に関する5原則を見ていこう。

④ **単年度の原則**

為政者による財政の恣意的濫用を防ぐために，予算は定期的（1会計年度）に編成され議会の承認を得なければならない。これが単年度の原則である。今日，単年度の原則に対しては，財政の中長期的計画性を保証できていないなどの批判も多い。こうした批判への対応が必要なことは一定の合理性があるが，他方で単年度の原則が議会による政府の定期的なチェックを保証するために設けられていることも忘れてはならない。

第Ⅰ部｜現代財政のフレームワーク

⑤　厳密性の原則

厳密性の原則とは予算編成にあたって，予想される収入と支出とをあらかじめ可能な限り正確に見積もらなければならないというものである。

⑥　事前性の原則

事前性の原則とは会計年度が始まるまでに予算が編成され議会の承認を得なければならないというものである。すなわち，議会の承認なしでの政府による予算執行を禁じるものであり，予算の民主主義的意思決定を担保する原則である。

⑦　拘束性の原則

上記３つの予算過程に関する原則が予算編成に関わる原則であるのに対し，拘束性の原則は予算執行における政府の恣意的運用をコントロールするものである。具体的には，時間的に予算執行を拘束する会計年度独立の原則，執行の支出額を拘束する超過支出禁止の原則，支出目的を拘束する流用禁止の原則，の３点からなる。

第１に，会計年度独立の原則により財源不足分を次年度予算から繰り入れたり，逆にあまった予算を次年度に繰り越すなどの複数年度間での財政資金が禁じられる。この原則に対しては，無駄な予算消化を促すなどの批判も多いが，行政による恣意的な予算執行を国民と議会がコントロールするためにこの原則が設けられていることを忘れてはならない。

第２に，超過支出禁止の原則により議会の承認を得た予算の計上額を上回る予算執行を禁じている。

第３に，流用禁止の原則により議会の承認を得た予算費目を他の費目に移して支出することが禁じられている。

⑧　公開性の原則

公開性の原則とは予算の編成，執行，決算に至るすべての予算過程において予算情報が国民と議会に対して公開されなければならないというものである。公開性の原則は，前述の明瞭性の原則とともに政府の国民に対する説明責任（アカウンタビリティ）を実質化するうえで重要な原則である。

第1章　財政民主主義と予算

Ⅱ　現代日本の予算の構造

1　現代日本の予算の全体構造

　現代の日本の予算は幾多の法，制度が複雑に絡み合って構成されている。まずは【図表1－2】をもとにその全体的な姿を概観してみよう。

【図表1－2】　日本の予算の全体像

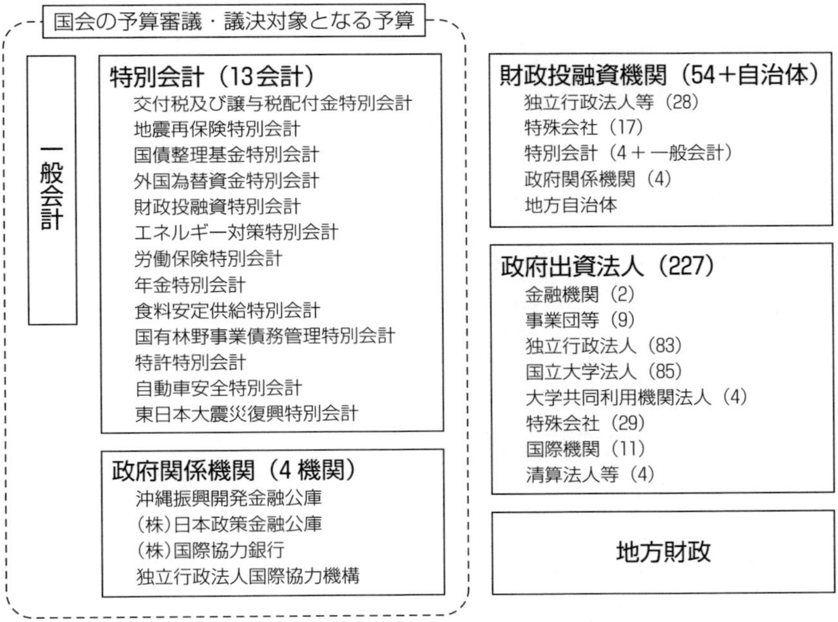

```
┌─ 国会の予算審議・議決対象となる予算 ─┐

   ┌──┐ ┌─────────────────────┐    ┌─────────────────────┐
   │  │ │ 特別会計（13会計）       │    │ 財政投融資機関（54＋自治体）│
   │一 │ │   交付税及び譲与税配付金特別会計│    │   独立行政法人等（28）   │
   │  │ │   地震再保険特別会計       │    │   特殊会社（17）       │
   │般 │ │   国債整理基金特別会計     │    │   特別会計（4＋一般会計） │
   │  │ │   外国為替資金特別会計     │    │   政府関係機関（4）     │
   │会 │ │   財政投融資特別会計       │    │   地方自治体          │
   │  │ │   エネルギー対策特別会計   │    └─────────────────────┘
   │計 │ │   労働保険特別会計         │
   │  │ │   年金特別会計             │    ┌─────────────────────┐
   └──┘ │   食料安定供給特別会計     │    │ 政府出資法人（227）    │
         │   国有林野事業債務管理特別会計│    │   金融機関（2）        │
         │   特許特別会計             │    │   事業団等（9）        │
         │   自動車安全特別会計       │    │   独立行政法人（83）    │
         │   東日本大震災復興特別会計 │    │   国立大学法人（85）    │
         └─────────────────────┘    │   大学共同利用機関法人（4）│
                                       │   特殊会社（29）       │
         ┌─────────────────────┐    │   国際機関（11）       │
         │ 政府関係機関（4機関）   │    │   清算法人等（4）      │
         │   沖縄振興開発金融公庫   │    └─────────────────────┘
         │   ㈱日本政策金融公庫     │
         │   ㈱国際協力銀行         │    ┌─────────────────────┐
         │   独立行政法人国際協力機構│    │      地方財政          │
         └─────────────────────┘    └─────────────────────┘
```

（注1）　2022年度時点。
（注2）　特別会計，政府関係機関，財政投融資機関，政府出資法人については，一部重複している機関・法人がある。
（出所）　財務省主計局（2022）『令和4年版特別会計ガイドブック』，財務省理財局（2022）『財政投融資リポート2022』，『財政金融統計月報』第849号，2023年1月より。

　国会の審議・議決の対象となるという意味での財政法上の予算は，もっぱら租税および新規発行公債により賄われる一般会計予算，もっぱら年金保険料や

17

第Ⅰ部 | 現代財政のフレームワーク

雇用保険料など租税以外の収入によって賄われる特別会計予算（13本），政府による融資により賄われる政府関係機関予算（4機関）から構成されている。

これに加えて，予算とは別途議会の審議対象となる，政府機関でありながら各機関が独自に資金調達することを運営の原則とする財政投融資機関，政府が株式・債券等の形で出資している政府出資法人も政府の財政活動の一環をなす。これに都道府県，市町村という地方自治体の財政が加わって日本の財政は運営されている。

これらそれぞれの予算や政府の金融活動の詳細については**第2章**で詳述する。また，国と地方自治体との財政関係については**第4章**で詳しく見る。以下では一般会計と特別会計との関係に対象を絞って複数予算の問題点について考えていく。

2　複数予算の問題点

予算が複数となると，それぞれの予算の間で財政の繰入れ，繰出しが行われ，予算間の関係は錯綜し，予算の全体像や政策目的別の予算の把握は困難となる。**【図表1-3】**は，13本ある特別会計予算の支出を一括し，それと一般会計予算支出との関係を図示したものである。

同図表によれば，2024年度の支出額は，一般会計が113兆円，特別会計が436兆円，総計549兆円となる。ただし，このなかには各会計，勘定間の繰入れ，繰出しによる重複分が含まれる（一般会計から特別会計への繰入れ62兆円，特別会計間の重複93兆円，計155兆円）。さらに政府の国債発行額のうち，借換債136兆円は既発債の償還期限満期にともなう返済分を国債によって賄うもので，フロー上は政府と国債保有者との債権債務関係は変わらない。これらを除いた207兆円が特別会計の真水分であり，純計支出額となる。これに一般会計から直接支出される51兆円を足した258兆円が，一般会計と特別会計とによる政府支出の純計額となる。このように予算規模の全体像が複雑でわかりにくくなっていることが，複数予算の第1の問題点である。

18

第1章　財政民主主義と予算

【図表1－3】　一般会計と特別会計の関係（2024年度当初予算，歳出）

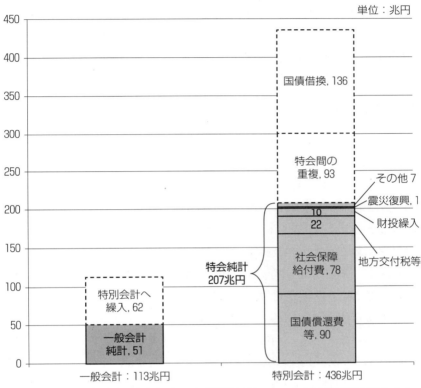

（出所）　財務省（2024），財務省（2024）『特別会計について（令和6年度予算）』より。

　第2に，全体像のみならず，各費目にどれだけ予算が投じられているかも複数の会計にまたがっているため理解は困難となる。それゆえ，複数会計の存在を認めつつも，アメリカ連邦政府の統合予算のように，予算の全体像，さらには各政策目的別の予算を統一した予算として示すことが，統一性の原則，明瞭性の原則からすれば必要であろう。
　第3に，個々の特別会計が公債発行や借入金で資金調達を行うことが可能となっており，政府債務管理の抜け道をつくり，隠れ借金を生む温床となっている。

19

第Ⅰ部｜現代財政のフレームワーク

　第4に，それぞれの特別会計で認められている特定財源や積立金，基金など
によって，予算の既得権益化を招きやすい。

　複数会計をもつことには一定の合理性があるとはいえ，上記のような諸問題
が生じることを十分考慮して，統一性の原則，ノン・アフェクタシオンの原則，
明瞭性の原則に配慮することが求められる。

3　予算の内容

　財政法は予算の内容を，①予算総則，②歳入歳出予算，③継続費，④繰越明
許費，⑤国庫債務負担行為，としている（第16条）。

　このうち予算総則とは当該年度の財政運営の基本的事項に記したもので，公
債発行の限度額や予算執行に関する諸規則が含まれる。

　歳入歳出予算は予算の本体をなす。前述のとおり，予算は執行機関を明確に
するために政府機関の部局別に区分される（所管別予算）。そのうえで，歳入，
歳出ごとに「部」「款」「項」「目」の順に細かく分類される。このうち議会の
議決の対象となるのは「項」までである。

　残りの3項目はいずれも，単年度の原則に対する例外措置として設けられた
ものである。継続費は，単年度では終了しない事業を行うために5年を限度に
経費の総額と年度ごとの支出額を定める。繰越明許費は，予算の成立後，一定
の事情により年度内に支出が完結しない見込みの経費に関して，当該経費の翌
年度への繰越しを認めるものである。国庫債務負担行為は，複数年度にわたる
事業に対する予算化という意味で継続費と同じであるが，継続費が「工事，製
造その他の事業」に対象が限定されているのに対して，国庫債務負担行為には
対象の制約はない。その代わり翌年度以降の予算額については将来の予算で決
定を行う。これら3項目は，単年度の原則になじまない経費に対して，国会の
議決を経ることを前提に例外的に認められているが，単年度の原則の趣旨にも
とづいて慎重に扱われるべきである。

　なお，財政法に定められていないが，2014年度以降，複数年度予算を認める
措置として基金制度が設けられ，基金に充当する支出額は近年増加傾向にある。

4　当初予算（本予算），暫定予算，補正予算

　事前性の原則に従い，予算は議会での審議・議決を経て初めて執行可能となる（当初予算）。しかし，予算が会計年度開始（当年の4月1日）までに議決されなければ予算の空白が生じる。このような事態に対応するために，当初予算が成立するまでの期間について，必要不可欠な経費に限って予算計上を行うのが暫定予算である。

　これに対して，いったん予算が成立した後，執行段階で追加的に支出が必要となった際に編成されるのが補正予算である。暫定予算，補正予算ともに当初予算と同じく国会での議決が必要となる。

　当初予算には不測の事態に備えて予備費が設けられているが，予備費を上回る規模での追加支出が必要となった場合，補正予算の編成で対応することになる。予備費も含め，これらはいずれも事前性の原則の例外措置である。大規模災害時などやむを得ない場合もあるものの，経済対策等を理由に補正予算や予備費は近年増加傾向にあり，予算原則からの乖離が懸念されている。

Ⅲ　現代日本の予算過程

　予算は，前年度における予算の編成と議会での議決，当該年度における予算の執行，執行された予算の次年度における決算という諸局面を経る。これを予算過程と呼び，予算編成，予算執行，決算が遂行されていくことを予算循環と呼ぶ。以下では，予算編成過程を中心に日本の予算過程の姿を見ていく。

　【図表1-4】は，日本の予算編成過程を時系列に概括したものである（2024年度当初予算）。伝統的に日本の予算編成は，財務省主計局と各省庁との官僚機構内部における折衝と，彼らへの与党議員や利益集団のインフォーマルな関与とを軸に行われてきた。しかしながら，2000年の小泉政権以降，官邸主導型予算実現の名のもと，首相官邸に統括された経済財政諮問会議が新たなアクターとして予算編成過程に関与する，複層化した構図となっている。以下では，伝

第Ⅰ部｜現代財政のフレームワーク

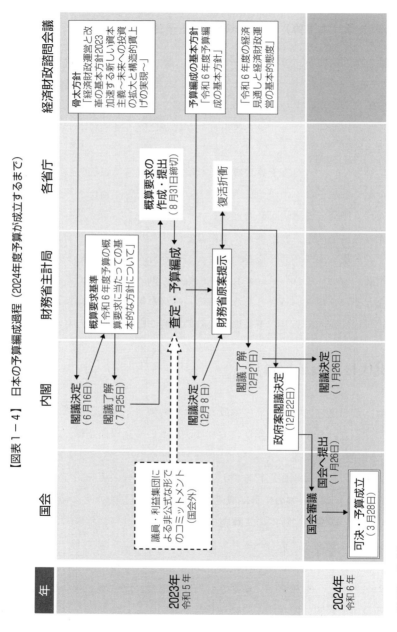

【図表1-4】日本の予算編成過程（2024年度予算が成立するまで）

（出所）財務省ホームページより。

統的な予算編成過程について述べ，その後に小泉政権以降加わった新たなプロセスについて付加的に論じる。

　第1に，予算編成は，前年7月に財務省主計局が各省庁に対して提示する概算要求基準（シーリング）から始まる。概算要求基準は新年度予算の支出規模と，各省庁・部局の予算配分の上限枠を提示したものである。第2に，これを受けて，各省庁は自身の機関内の具体的な予算要求をとりまとめ，8月末をメドに財務省に概算要求を提出する。第3に，9月から12月にかけて，財務省主計局と各省庁との間で予算査定，折衝の作業が行われる。この予算査定・折衝が予算編成の中核となる。第4に，12月中旬に折衝の結果が財務省原案としてとりまとめられ，内閣に提出される。財務省原案は必要に応じて大臣折衝等により微修正がなされたうえで，政府予算として閣議決定される。最後に，1月に政府予算案が国会に上程され，国会での審議・議決を経て新年度予算の成立となる。

　上記のような予算編成は，もっぱら官僚機構内部で作成され，議会の審議に付されるのはわずか3か月足らずである。議会に上程された時点で予算はほぼ決まっており，1955年の保守合同以来議会の場で修正されたことは皆無である。

　では国民の代表である議員はどのように予算編成に関与するのかといえば，与党議員によるインフォーマルな関与が日本の予算編成のいまひとつの大きな特徴となっている。与党議員，さらには彼らをパイプ役とする地方や業界の利益団体は，議会の外で，官僚機構の予算編成過程にインフォーマルに関与する。とりわけ，与党は財務省主計局の概算要求基準の策定に事前に関わり，自民党の政務調査会の了解を事前に得ることが概算要求基準策定の暗黙の前提となっている。

　以上をまとめると，第1に，財務省主計局と各省庁との官僚機構による調整，第2に，与党および与党議員による議会外でのインフォーマルなコミットメントと事前了解が，日本の予算編成の特徴である。国民と議会に対して予算編成がブラックボックス化していることは，明瞭性の原則，公開性の原則，ひいては議会による予算のコントロールという財政民主主義の趣旨からすれば，日本

第Ⅰ部 | 現代財政のフレームワーク

の予算編成は重大な問題を抱えている。

　2001年の小泉政権以降，官邸主導でメリハリのついた予算を実現しようとの意図から，首相官邸直属の経済財政諮問会議が予算編成に対する新たなアクターとして加わった。再度【図表1－4】をみると第1に，予算編成の出発点だった財務省主計局の概算要求基準策定に先立って，経済財政諮問会議において「経済財政運営と改革の基本方針」（いわゆる骨太方針）がとりまとめられ，閣議決定のうえで財務省の概算要求基準策定の前提として提示される。第2に，財務省と各省庁とによる予算査定・折衝の結果がとりまとめられる財務省原案に先立ち，経済財政諮問会議が「予算編成の基本方針」をとりまとめ，これも閣議決定を経て財務省原案に提示される。おおむね以上のようなルートで官邸の意向を予算編成に反映させることが定型的な予算編成過程に加わった。

　こうした官邸主導の予算改革の試みが伝統的な予算編成過程をどこまで変えたのかは議論の分かれるところである。経済財政諮問会議の「骨太方針」や「予算編成の基本方針」が影響力を発揮するかどうかは，ときどきの首相の政治力と意志により大きく左右される。また，官邸主導の予算編成が影響力を行使できたとしても，それが国民の意思であるのかどうかについては全く保証がない。それゆえ，官邸主導型予算編成の試みは，国民と議会不在の状況には全く手をつけず，予算編成のアクターをいたずらに増やしただけに終わり，予算編成を非定型的で不透明なものにしている。

Ⅳ　予算の今日的課題と予算制度改革

　本章では，財政民主主義を具体化した予算原則と，現代日本の予算の構造，内容，予算過程の現実について予算原則とのギャップと対照する形で見てきた。これを踏まえて最後に，現代日本の予算が抱える課題とその打開のための改革の方向性について考えてみたい。

　第1の課題は，予算の構造に関するものである。かつて最大45本あった特別会計は今日では13本にまで整理された。ただし，それは複数予算による統一性

第1章　財政民主主義と予算

の原則，明瞭性の原則の侵害を取り戻すという目的ではなく，もっぱら政府経営の効率化という見地からなされたもので，予算の全体像や政策目的別の予算を国民にわかりやすく示すものとはなっていない。また，第2次安倍政権以降は，財投機関や政府出資会社への委託を通じた不透明化へのバックラッシュの傾向も見られる。予算の統一化，明瞭化という原則に立つならば，アメリカのような統合予算の導入へと舵を切ることが最も有効だろう。

　第2の課題は，予算の内容に関するものである。決められた予算計画どおりに予算執行することが財政民主主義の理念に適った予算原則であるが，基金の設置とその増加，補正予算の乱発，予備費の拡大といった近年の傾向は，財政民主主義の理念に逆行する動きである。

　第3の課題は，日本の伝統的な予算編成過程の有する問題点である。アメリカの予算論者であるウィルダフスキー（1972：1964）は，戦後の予算編成過程を増分主義的予算編成過程と定義した。すなわち，限られた期間で複雑多様な利害調整を必須とする予算編成にあっては適切な予算配分を一から積み上げることは到底できない。それゆえ，現実的な予算編成は，前年度を基準として，そこからの増加分（ないしは減少分）に焦点を当てて議論するのが妥当だというのがウィルダフスキーの主張したことであった。

　こうした彼の増分主義理論は伝統的な日本の予算編成過程を見事に捉えている。すなわち，財務省主計局と各省庁との間での予算折衝は，前年度予算をベースとした概算要求基準をベースとして，その増減に集中する。それに対して，与党をはじめとした利益集団が関与する。だからこそ，日本の予算編成こそ増分主義的予算編成の典型だと唱えたキャンベル（2014：1977）の主張には説得力があった。

　だからといって，増分主義的予算編成に問題がないわけではない。逆に問題山積である。予算編成過程の問題に限っていえば，前年度予算が踏襲されることにより，既存の予算の既得権益化を招き利益分配政治の温床となるとともに，経済社会の変動にともなう新しい政策課題には予算資源が配分されないという問題点を増分主義的予算編成は抱えている。

25

第Ⅰ部 | 現代財政のフレームワーク

　こうした予算配分の硬直性に挑んだのが小泉構造改革を起点とした官邸主導型予算編成の試みであった。しかしながら実績を見れば，この試みは功を奏したとはとてもいえない。首相官邸の意向によりメリハリのついた予算を提示するという構想は，その成功いかんは首相官邸と官僚機構の力関係によるという，国民置き去りの予算編成へとつながった。過去の予算執行が適切であったのかを評価する基準は，首相のリーダーシップという主観的判断によるよりは，目下議会において形骸化の甚だしい決算情報の詳細な検討から始めるべきではないだろうか。

　最後に，財政民主主義を担保する予算という見地からすれば，官僚機構と与党の議会外でのインフォーマルな意思決定により予算が決まるという，ブラックボックス化した予算過程自体の改革が不可欠であろう。財務省や各省庁の官僚は国民に選ばれているわけではない。他方で議会内での予算審議は形骸化している。議会の予算審議の形骸化を改め，議会の予算編成機能を強化することこそ，財政民主主義を担保し，国民本位の予算編成へと変革していくうえで不可欠な作業である。

＜参考文献＞
アーロン・ウィルダフスキー（小島昭訳）［1972］『予算編成の政治学』勁草書房.
河音琢郎［2014］「予算編成過程の変容」諸富徹編『日本財政の現代史Ⅱ』有斐閣.
ジョン・C・キャンベル（真渕勝訳）［2014］『自民党政権の予算編成』勁草書房.

第2章　狭義の財政と広義の財政

　本章では現代日本の国家財政の全体像をわかりやすく示す。一般に財政活動への関心は租税，新規発行公債によって運営される一般会計予算に集まる——狭義の財政。しかしながら，国家財政を日本の中央政府が経済に関与する過程と理解するなら——広義の財政——，一般会計に加えて社会保険を中心に運営される特別会計，さらには政府による公的金融活動をなす財政投融資等をも視野に入れて理解する必要がある（**第1章**の【**図表1－2**】を参照）。

　それゆえ本章では，第1に国家財政の本丸をなす一般会計とそれを賄う租税，公債について検討し，第2に社会保険原理によって運営される財政活動，さらに第3に政府の公的金融活動である財政投融資等について説明し，日本財政の全体構造を明らかにする。

I　国家財政の全体像

　はじめに，国家財政の全体像を主な財源別に整理して示すと【**図表2－1**】のようになる。一般に政府財政の主たる財源をなすのは租税であり，財源に不足が生じた際には公債発行で調達される。それゆえ，租税と公債によって賄われる活動が国家財政の中軸をなし，一般会計において管理される——狭義の財政。

　しかしながら政府財政は他の財源によっても賄われる。租税，公債以外の政府の財政調達手段は，第1に社会保険と，第2に政府による貸付や融資保証，さらには株式等の保有・出資による公的金融活動とに大別できる。これらを含めた国家財政の全体が広義の財政である。

第Ⅰ部 | 現代財政のフレームワーク

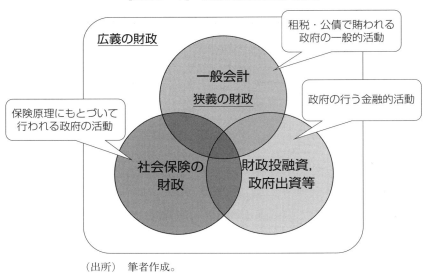

【図表2−1】 狭義の財政と広義の財政

(出所) 筆者作成。

Ⅱ 一 般 会 計──狭義の財政

1 一般会計歳出の内訳と経費分類

　まずは国家財政の本丸である一般会計からみていこう。【図表2−2】は2024年度の一般会計の歳出をみたものである（当初予算ベース）。一般会計の歳出総額は114兆円である。このうち地方交付税交付金等は国税の一定割合を地方自治体に充当することが法律にもとづいて定められている。また、過去の公債の元利返済に充てられる国債費は貸し手に確実に返済しなければならない。それゆえ、これら2つの経費は予算編成によって政策的に左右することができずあらかじめ定まっている。それゆえこれら2つの経費は義務的経費と呼ばれる。義務的経費を除いた約6割強が予算編成によって定められる部分であり、これを総称して一般歳出と呼ぶ。一般歳出は義務的経費に対して裁量的経費といわれる。一般歳出の経費は多岐にわたるが、なかでも社会保障費、公共事業費、

第2章　狭義の財政と広義の財政

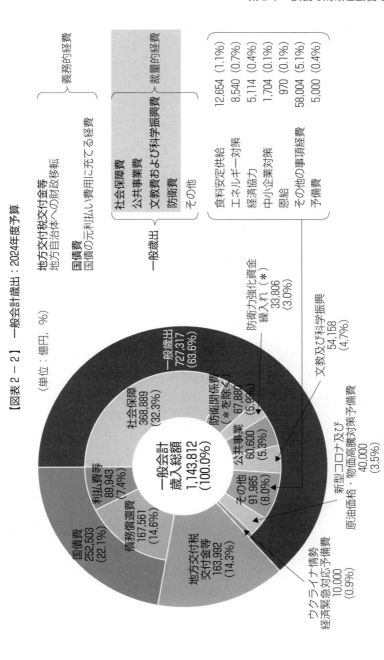

【図表2−2】　一般会計歳出：2024年度予算

(出所)　財務省(2024)をもとに筆者作成。

第Ⅰ部 │ 現代財政のフレームワーク

文教費および科学振興費，防衛費の４つの経費の比重がこの順で大きい。

【図表２－２】は政府がどの政策分野に重点を置いているかを示しており，主要経費別分類と呼ばれる。しかし，それ以外にも一般会計の歳出は制度的に以下のような分類がされている。第１は，政府の機関ごとに歳出を分類した所管別分類である。第１章でみたとおり，予算編成は経費の執行に責任を負う各機関別に配分されるため，所管別分類として作成される。第２は，政府の行政目的にしたがって分類された目的別分類である。第３は，歳出がどのような財・サービスの購入に充てられているのかを示す使途別分類である。これに前述した主要経費別分類を加えて，歳出は制度上４つの分類方法がある（【図表２－３】を参照）。

【図表２－３】 経費の制度的分類

所管別分類	主要経費別分類	目的別分類	使途別分類
皇室費 国会 裁判所 会計検査院 内閣 内閣府 総務省 法務省 外務省 財務省 文部科学省 厚生労働省 農林水産省 経済産業省 国土交通省 環境省 防衛省	社会保障関係費 地方交付税交付金等 公共事業関係費 文教及び科学振興費 防衛関係費 国債費 食料安定供給関係費 中小企業対策費 エネルギー対策費 恩給関係費 経済協力費 その他の事項経費 予備費	国家機関費 地方財政費 防衛関係費 国土保全及び開発費 産業経済費 教育文化費 社会保障関係費 恩給費 国債費 予備費 その他	人件費 旅費 物件費 施設費 補助費・委託費 他会計へ繰入 その他
政府の各機関が支出する経費とその責任の所在がわかる	政府がどの政策分野に重点を置いているかがわかる	政府がどの行政目的に重点を置いているかがわかる	政府が何を購入するのにどれだけ財政資金を使っているかがわかる

（出所） 財務省ホームページをもとに筆者作成。

30

第2章　狭義の財政と広義の財政

　上記のような4つの制度的分類に加えて，政府支出がどのような経済機能を果たしているのかをみるための経済的性質別分類がある。政府支出の経済的性質は，国民所得統計にならい，第1に政府によって直接支出・消費される消費的経費，第2に年度を超えて経済効果が継続する投資的経費，第3に政府が直接消費するのではなく，民間や地方自治体等，他の経済主体に移転され，これら中央政府以外の経済主体によって最終的な消費が行われる移転的経費，に3分類される。たとえば，国家公務員の人件費や年度内に消費される物件費は消費的経費，公共事業によるインフラ整備や自衛隊の基地建設，兵器購入などは投資的経費，公的年金の給付や地方自治体や教育機関への補助金などは移転的経費として分類される（防衛費の兵器購入は戦争により使用されるものだとして消費的経費とされていたが，有事に備えて年度を跨ぐ兵器が大半を占めることから2008年度以降は投資的経費に変更されている）。経費の経済的性質別分類は，国民所得統計との整合性を勘案して分類がなされ，民間の経済活動とあわせて国民所得統計に統合される。

2　一般会計歳入の内訳と基幹税

　次に一般会計を賄う財源についてみてみよう。**【図表2－4】**は2024年度の一般会計の歳入をみたものである。総額114兆円のうち6割強が租税によって，3割強が公債によって賄われている。国が徴収する租税は多岐にわたるが，個人の所得に課される所得税，企業の所得に課される法人税，ほぼすべての一般商品に課される消費税が，主要な財源をなしている。それゆえこれら3つの租税は基幹税と呼ばれる。3つの基幹税については，**第5章～第7章**でそれぞれ詳しく論じる。以下では租税を分類する基本的な視点について3つの基幹税を対象に考える。

　【図表2－4】にあるように，租税の分類は，何に対して課税するか（縦軸）と，租税を実際に負担する担税者と政府に租税を納税する納税者との関係（直接税と間接税：横軸）との2つの視点から整理することができる。

　第1に，何に対して課税するか，すなわち何を課税ベースとするかという視

31

第Ⅰ部｜現代財政のフレームワーク

【図表2-4】一般会計歳入：2024年度当初予算

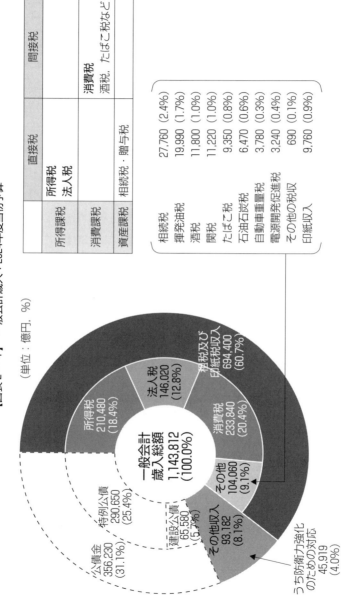

(出所) 財務省 (2024) をもとに筆者作成。

点からは，フローを課税ベースとするか，ストック（資産）を課税ベースとするかに大別される。日本の国税の３大基幹税はいずれもフローに対する課税である。前者はさらに，所得が担税力であるとして，所得を課税ベースとする所得課税——所得税，法人税——と，消費を課税ベースとする消費課税——消費税——とに分けられる。

　第２に租税は納税者と税を実際に負担する担税者とが同一であるかどうかという視点からも区別される。納税者と担税者が同一の租税は直接税と呼ばれ，所得税，法人税がそれにあたる。これに対して消費税は，実質的に租税を負担する担税者は商品を購入する消費者であるが，税を納めるのは消費者ではなく商品を販売する事業者である。このように納税者と担税者が別である租税を間接税という。

3　租税の本質，租税法律主義，租税原則

　租税の本質は，無償性，強制性，収入性の３点である。第１に，租税は国民や企業などの経済主体に対して反対給付をともなわず，一方的に政府が徴収する。これを租税の無償性という。それゆえ租税は，同じく政府の財源となっている水道料金や高速道路料金などの公共料金とは異なる。第２に，租税は政府が法律にもとづいて国民，企業から強制的に徴収するものである。これを租税の強制性という。それゆえ租税は国民，企業の自発性に依拠した寄付とは異なる。第３に，租税は国家の活動を営むための財源調達を目的に徴収される。これを租税の収入性という。それゆえ，租税はもっぱら社会の治安維持を目的に徴収される罰金とは異なる。

　租税は国家によって強制的に無償で徴収されるものであるから，資本主義社会の基本原則である私有財産制に反する性格をもつ。このようなジレンマがあるため，租税は為政者によってむやみに濫用されてはならない。そうした国家による租税の運用を適切にコントロールするために，租税は議会によって法律として制定されなければならないという租税法律主義が不可欠である。日本国憲法では，一方で「国民は，法律の定めるところにより，納税の義務を負う」

第Ⅰ部 | 現代財政のフレームワーク

（第30条）と国民の納税の義務を明記すると同時に，「新たに租税を課し，又は現行の租税を変更するには，法律又は法律の定める条件によることを必要とする」（第84条）と定め，租税法律主義をうたっている。**第1章**で論じたとおり，予算原則が支出面における財政民主主義を担保するものであるが，租税法律主義は収入面における財政民主主義を担保し体現するものである。

租税法律主義をより具体的にして社会にとって望ましい租税のあり方を示したものが租税原則である。租税原則の内容はときどきの時代や論者によって異なるものの，現代においては，公平，中立，簡素の3点が租税原則の根幹をなす。

租税負担は公平でなければならないというのが公平の意味であるが，何をもって公平な租税負担とするのかは議論が分かれる。ここではその詳細には踏み込まないが，租税原則における公平を考える際には，所得再分配——その内容については，**第3章**で論じる——の観点から所得格差の是正に資するという意味での垂直的公平と，同一の経済力を有するものの間の租税負担の公平という水平的公平とを区別して考えることが必要である。

租税原則における中立とは租税が経済過程に対して中立的であるという意味である。すなわち，市場経済を基本とした経済活動に租税が歪みを与えないことが望ましいとする原則である。

簡素とは租税は過度に複雑であってはならないとする原則である。簡素の原則は，租税が納税者にとって明瞭でわかりやすいものでなければならないという点に立脚したものであるが，他方で複雑な租税システムは納税者，徴税者双方にとって煩雑なコストをもたらすことから望ましくないという，技術的な意味も有している。

何が望ましい租税原則かを考えるには，公平，中立，簡素というそれぞれの原則の具体的な内容とともに，3つの原則の相互関係，すなわちどの原則に重点を置くのかということが重要な論点となる。

34

4 公債による財源調達

再び【図表2-4】をみると，2024年度の一般会計（当初予算）において租税により調達されているのは6割強にすぎず，残りの大半は公債発行による債務により財源調達されている。公債（国債）とは，国の信用をもとに発行される有価証券であり，国の債務である。

公債は，民間企業などが発行する社債などと同じく，債権者に利子を支払い，満期が来た際には元本を返済する必要がある。また，これも民間の債券と同じく，国債は金融市場において売買される。他方で，公債は，民間の債券とは異なり，元利の償還（返済）は租税によって賄われる。また，公債は政府の信用にもとづいており，将来の税収調達能力が担保となっている。

実際には，長年公債発行が続いてきたことから政府の公債残高は1,076兆円までに膨らんでいる（2024年3月末時点）。そのため，新規の国債発行のみならず，満期が来た国債の返済を再び同額の国債発行で賄う借り換えも膨大になっている——借換債の発行額は136兆円（2024年度当初予算額）である。一般会計に計上されるのは新規の国債発行額（35.6兆円）のみであり，借換債を含めた政府全体の公債は国債整理基金特別会計において管理される。

財政法は国の借金を禁じている。ただし，公共事業等のインフラ整備は，次年度以降にも施設は残り，次世代にも利用可能であることから，建設事業を目的とした公債である建設国債の発行は但し書きにおいて認められている（以上，財政法第4条）。経常経費を公債で賄うことは財政法で禁じられているので，経常経費のための公債発行には特例法を制定しなければならない。経常経費のために発行される国債を特例国債（赤字国債）という。長年，建設国債，赤字国債ともに発行が続いており，日本の公債残高は世界でも例を見ないほど巨額となっている。

公債発行のより詳しい仕組みとその実態と課題については，**第15章**で詳しく論じる。

第Ⅰ部 | 現代財政のフレームワーク

Ⅲ　社会保険の財政

1　社会保険の原理

　本章冒頭の【図表２－１】で示したとおり，租税およびそれを補う公債は財政の主要な財源調達手段だが，それ以外にも現代財政はさまざまな資金により活動を行っている——広義の財政。以下ではこのうち社会保険による財政についてその基本的な枠組みを検討する。

　社会保険とは保険原理を活用した財政運営である。社会保険にもとづいた財政は，公的年金，医療保険（健康保険），介護保険などの社会保障財政，さらには失業補償や労災保険などの労働財政において活用されている。

　社会保険の財政は以下３点の特徴がある。

　第１の特徴は保険原理の活用である。すなわち，万が一のリスクに備えて被保険者（社会保険の場合は全国民）が保険料を事前に納付し，その保険給付にもとづいて年金，医療，介護，失業補償などの給付を受ける。

　第２の特徴は民間保険とは異なり，社会保険は国民全員が加入義務を負うという全員加入を原則としていることである。全員加入の原則により，リスクの高い人の保険料負担が高くなって，そうした人々が保険サービスから排除されることを防ぎ，国民全体にとって普遍的なサービスを提供することが可能となる。

　第３の特徴は社会保険と租税との財源の組み合わせである。その組み合わせ方と社会保険と租税の財源の度合いは，どのように社会保障制度や失業補償制度を設計するかにより，制度ごと，さらには国ごとに多様である。たとえば日本の公的年金の場合，基礎年金部分を賄う現役世代の保険料をできる限り低くし，年金財政が適切に機能することを目的として，基礎年金部分の半分を一般会計の租税負担により賄うこととされている。これに対して，スウェーデンの公的年金では，保険料負担が困難な低所得層の年金給付を租税で賄い，中所得層以上の年金給付については社会保険料で賄うという，垂直的公平をより重視

36

第2章　狭義の財政と広義の財政

した制度設計となっている。このように社会保険と租税との組み合わせは制度の考え方やサービスの種類により多様である。

　社会保険は歴史的に19世紀後半のプロイセン（現ドイツ）のビスマルクの時代に端を発する。しかしながら，社会保険財政が先進諸国において広範に普及するのは20世紀の大戦間期から1930年代を経て生存権が国民の権利として理解されるようになった福祉国家の形成・確立期以降のことである。社会保険の財政は生存権の保障が国家財政の基本的役割とされた今日の社会保障，労働・社会政策の領域において不可欠かつ合理的な制度である。

2　社会保険の財政の現実

　社会保険による財政は，租税，公債を財源とする一般会計とは区別され，年金特別会計（公的年金，医療，介護），労働保険特別会計（失業補償，労災）等の特別会計において管理運用される。その際，一般会計において計上される租税負担による社会保障関係費の多くは上記の特別会計に繰り入れられて運用される。これを国庫補助という。

　それゆえ，社会保障財政は一般会計と特別会計が複雑に入り組んだ形で運用されるため，その全体像を把握するには両者をあわせて検討する必要がある。具体的な社会保障財政の制度と仕組み，特徴，課題については，**第8章，第9章**において詳しく論じる。

Ⅳ　公的金融と財政投融資

1　政府の公的金融活動

　政府財政は租税，公債，社会保険以外にも，貸付（融資），政府保証，民間会社の株式購入（出資）という形でも経済社会に関与する。このことを公的金融（公信用）という。貸付・融資を通じた政府財政は財政投融資，さらには4つの政府関係機関を軸に展開される。政府関係機関の活動は毎年度の予算編成の対象とされており，議会での予算審議・議決に含まれている。財政投融資は

37

第Ⅰ部 | 現代財政のフレームワーク

当初予算には含まれないものの，財政投融資は予算とは別途議会の審議・議決を経ることとされており，この意味で財政投融資は第2の予算とも呼ばれる。

その他に，政府は公益に資するとの判断にもとづき，227の法人（政府関係機関，財政投融資機関，国際機関等を含む：2023年度時点）の株式を保有し，出資を行っている。公的金融の実際は，特別会計，財政投融資，政府関係機関，さらには政府出資法人が複雑に絡み合っており，その実態は複雑でわかりにくくなっている。以下では，公的金融の中軸をなす財政投融資に対象を絞ってその特徴，歴史的推移，課題について考えていく。

2 財政投融資とその改革

財政投融資とは貸付・融資や政府保証を通じて行われる政府の財政活動をとりまとめたものであり，議会では財政投融資計画として毎年度審議・承認を得ることとされている。

1999年の財政投融資改革以前においては，財政投融資は，当時国有銀行であった郵便貯金，国有保険会社であった簡保生命保険（現在のかんぽ生命），さらには公的年金の積立金を財源とし，これらの資金を財務省理財局がとりまとめ（預託），それを財政投融資計画にもとづいて法によって認められたさまざまな政府機関，地方自治体，民間法人（総称して財政投融資機関と呼ばれる）に貸付けるものであった。財政の公的金融活動は多かれ少なかれ先進諸国に共通して存在するものの，その財源の巨額さと独立した財政制度として確立していることから，財政投融資は日本に独特の財政制度であった。財政投融資はインフラ整備，特定産業への支援，住宅金融に対する補助等の形で運用されてきた。

しかしながら，いわゆるバブル経済の崩壊とそれにともなう財政悪化，さらには財政投融資のずさんな経営が問題とされ，財務省理財局を軸とした財政投融資制度は民間の金融市場ベースで運用されるよう1999年に抜本的な改革が行われた。

財政投融資改革の結果，現在の財政投融資は以下のような仕組みとなった（【図表2－5】を参照）。第1に，財政投融資の財源とされた郵便貯金，簡保，

公的年金は財政投融資制度から切り離され，自主運用されることとなった。第2に，これにともない財務省理財局への預託制度も廃止された。第3に，これまで財政投融資により財源を調達してきた財政投融資機関は，各機関が財投機関債を発行することにより金融市場で独自に資金調達することが原則とされ，財投機関債によって資金調達がままならない機関に対しては中央政府が発行する財投債によって補填されることとなった。

【図表２－５】 財政投融資の仕組み：1999年改革以前と以降

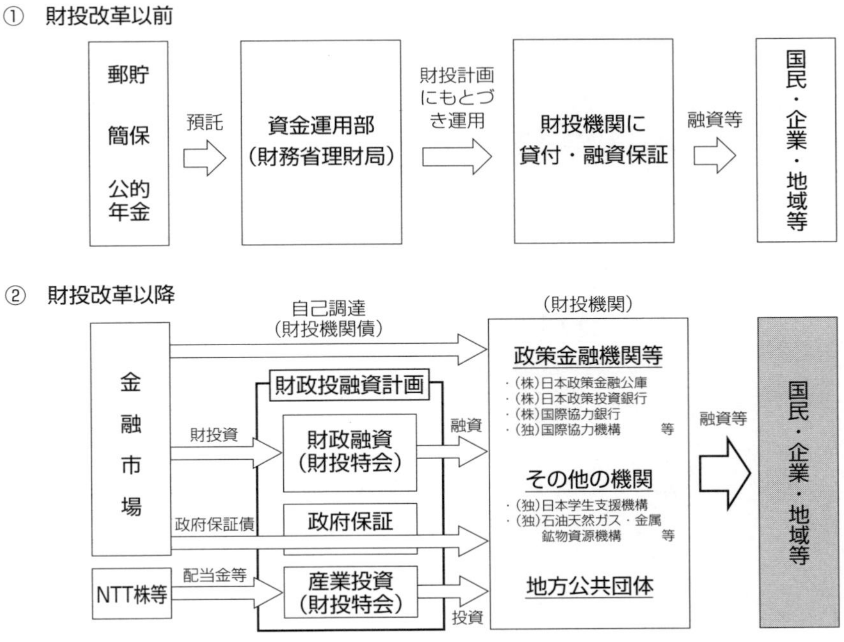

① 財投改革以前

② 財投改革以降

（出所） 財務省理財局（2023）『財政投融資リポート』をもとに筆者作成。

　財政投融資は日本独特の公的金融制度として公共投資を中心としたインフラ整備のための財源として機能してきた（より詳しくは**第10章**の公共投資を参照）。しかしながら，こうした制度は公共投資に既得権益を与え，財政の非効的な運用や，天下りなど官僚主義の弊害をもたらすものとして問題視されてきた。

第Ⅰ部｜現代財政のフレームワーク

　21世紀以降，財政投融資改革により財政投融資は一定の改善を得たとの評価がされているものの，リーマンショック，コロナショックを画期として財政投融資の規模は増している。財政投融資をはじめとした公的金融による財政は複雑に入り組んでいるがゆえに議会や国民のコントロールが及びにくい分野である。この点を踏まえて財政の公的金融については厳密なチェックがなされる必要がある。

＜参考文献＞
財務省［2024］『日本の財政関係資料』4月.
財務省［2023］『令和5年度版特別会計ガイドブック』12月.
ニコラス・バー（菅沼隆監訳）［2007］『福祉の経済学――21世紀の年金・医療・失業・介護』光生館.

第3章　財政の基本的役割

　本章では，1930年代から第2次世界大戦を経て確立された現代財政の基本的な役割について検討し，現代財政学の基礎的な構成要素を明らかにする。リチャード・マスグレイブは，現代財政の基本的な役割を，第1に，市場の失敗を補う政府による資源配分機能，第2に，資本主義社会において生じる所得格差を是正する所得再分配機能，第3に，景気の好不況を調整する経済安定化機能，の3点に整理した。

　本章ではマスグレイブの整理に沿って現代財政の3つの役割のそれぞれについて解説する。そのうえでマスグレイブの3機能では説明がつきにくい財政の役割について補足的に検討する。

I　資源配分機能と公共財の理論

　財政の第1の役割である資源配分機能とは，市場経済に代わって政府財政が資源配分を行うことをさす。資本主義社会では市場取引を通じて資源配分が行われるのが基本であるが，市場に委ねていたのでは提供されなかったり，たとえ提供されたとしても過小供給となってしまう場合がある。これを「市場の失敗」と呼ぶ。マスグレイブは，市場によっては適切に提供されない財やサービスを公共財と呼び，公共財は政府によって提供されなければならないとした。

1　公共財とは何か

　公共財は，市場で提供可能な私的財に対して，消費の非排除性，消費の非競合性という2つの特徴をもつ。第1に消費の非排除性とは，その財・サービスの消費から特定の人を排除できないという性質である。すなわち，対価を払わずただ乗りで財・サービスを利用する人——フリーライダー——を排除できな

41

いうことである。第2に消費の非競合性とは，ある人がその財を消費しても他の人の消費を減らさないという性質である。

たとえば一般道路について考えてみよう。一般道路は利用者から対価を徴収することは困難である——フリーライダーを排除できない，消費の非排除性。また，一般道路に歩行者なり自動車なりが新たに利用者として加わったからといって，他の利用者が道路を利用できなくなるわけではない——消費の非競合性（渋滞しているケースは除く）。それゆえ，一般道路の建設業者は建設コストを利用料金によって回収することはできず，民間に任せていたのでは誰も道路をつくろうとはしない。

非排除性，非競合性という性格のゆえに，公共財は市場に任せていたのでは供給されないか，過少供給に陥ってしまう。こうした公共財が適切に社会に提供されるためには，政府が財政資源を投じて供給するより他ない。マスグレイブは，こうした市場では適切に提供することができない財やサービスを政府が提供することを財政の資源配分機能と呼び，これを公共財の理論によって説明しようとした。

2　公共財の理論と実際の財政の資源配分とのギャップ

しかしながら，公共財の理論に依拠して財政の資源配分機能のすべてが説明可能であるかというと，ことはそれほど単純ではない。公共財の理論には以下4点の問題点がある。

第1に，公共財のもつ性質であるとされる消費の非排除性，非競合性の度合いの問題である。【図表3－1】は，消費の排除性（縦軸）と消費の競合性（横軸）の度合いの別に，いくつかの財・サービスを配置してみたイメージ図である。公共財の特徴をなす，消費の非排除性，消費の非競合性という性質は，白黒明確に区別できるものではない。このグレーゾーン問題について，マスグレイブは，部分的に非排除性，非競合性をもつものを準公共財とし，完全な非排除性，非競合性を有する純粋公共財と区別した。しかしながら，こうした区別に依拠すれば，純粋公共財は国防，外交，司法などごく限られた財・サービス

に限定されてしまう。

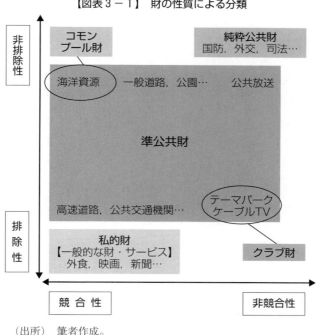

【図表３－１】　財の性質による分類

（出所）　筆者作成。

　第２に，公共財の性質とされる非排除性，非競合性を決めるのは，必ずしも財の性質だけに起因するものではないということである。非競合性についてみれば，道路，公園，図書館などの財・サービスが競合するかどうかは，それを利用する消費者の数に依存するのであって，財の性質だけでは決まらない。また，非排除性についてみれば，フリーライダーの排除可能性はその財・サービスに対して所有権がどれだけ厳格に設定できるかによって変わってくる。すなわち，公共財の理論が考えるような，財・サービスそれ自体の性質以外の経済的，社会的要因によって，非排除性，非競合性の性質は変わってくるということである。

　第３に，公共財がもつとされる２つの性質のうち，一方のみの性質をもつ

第Ⅰ部｜現代財政のフレームワーク

財・サービスをどう扱うべきかという問題がある。【図表3－1】にあるとおり，消費は競合しないものの，フリーライダーの排除が可能な財の場合は，対価を支払った者に限って市場で提供される可能性が高くなる。これをクラブ財という。逆に，フリーライダーを排除できないものの，消費が競合するケースでは，フリーライダーの消費による資源の枯渇をどのように防ぐのかが問題となる。こうした財・サービスはコモンプール財と呼ばれる。いずれも市場か政府かという2分法では解決できない。

　第4に，私的財と同様に排除性と競合性を一定程度有していて，民間でも提供可能だが，それでも政府が供給に関与したほうが社会的に望ましいケースも存在する。たとえば，教育，医療サービス，福祉，上下水道などがあげられる。マスグレイブ自身は，こうした公共財の理論にはなじまない財・サービスの存在を認め，それらを社会の利益や規範の観点から政府が介入すべき財として，価値財（メリット財）とした。

　以上に見てきたように，公共財の理論は，市場による資源配分と財政による資源配分とを区別するうえで不十分な課題をもっている。そのことを踏まえて公共財の理論と財政の資源配分機能について考える必要がある。

Ⅱ　所得再分配機能と格差社会

1　所得再分配機能とその手段

　財政の第2の役割である所得再分配機能とは，現代の経済社会において生じる所得格差を政府財政によって是正することである。当然のことながら，現代の資本主義社会では所得の不平等や格差が生じることは否めない。どの程度の所得格差が容認できるのかということは，ときどきの社会状況や個人の価値観によって異なる。それゆえ，理論的に公正な所得格差の水準を客観的に確定することは困難である。しかしながら，社会において大きな所得格差があることは，貧困状態にある人々を生み出したり，社会不安や人々の不満を高めることから望ましいとはいえず，一定程度の格差是正が必要とされる。貧しい人々へ

44

の寄附などボランタリーな格差是正という方途もありうるが，確実に所得格差を是正できるのは政府財政によるところが大きい。それゆえ，現代財政においては所得格差を是正することが主要な機能として位置づけられている。

　このことは，政府が体系的な社会保障制度を整備し，国民が最低限の生活を送るうえでの政府の責任を明確化したいわゆる福祉国家においては，国民の生存権の保障として認められている。こうした理念は，日本国憲法第25条において，「すべて国民は健康で文化的な最低限度の生活を営む権利を有する」とされ，「国は，すべての生活部面について社会福祉，社会保障及び公衆衛生の向上及び増進に努めなければならない」と定められており，財政の所得再分配機能は国民の生存権を保障する役割を果たすものである。

　具体的に政府財政はどのような手法で所得再分配機能を果たしているのか。税制面と支出面の2点に大別できる。第1に，租税徴収面において，所得税の累進課税により，より高い所得を得ている人からより多くの税を徴収し，逆に貧しい人々には低い税，あるいは課税を免除することで所得再分配を促進する。第2に，社会保障などの財政支出面を通じて，低所得者に手厚い財政支出を行うことによって所得再分配を行う。

2　日本の所得再分配機能の実際

　それでは，日本の財政はどの程度所得再分配機能を発揮しているのか。【図表3－2】をもとに国際比較の視点からみてみよう。同図表は，財政による再分配前の所得と，税引き後，社会保障等の政府支出後の再分配後の所得との所得格差の度合いを主要各国別にみたものである（所得格差を測るジニ係数については下記を参照）。

　財政の再配分前の所得については，日本は先進国中最も格差の低い部類に属することがわかる。他方で，再配分後の所得をみると，アメリカ，イギリス，イタリアに次いで，所得格差は高い国に属する。このことから日本財政の所得再分配機能はヨーロッパ諸国に比べるとそれほど有効には機能していないといえる。

第Ⅰ部｜現代財政のフレームワーク

【図表3－2】　所得格差と再配分による格差是正効果の国際比較（2019年時点，ジニ係数）

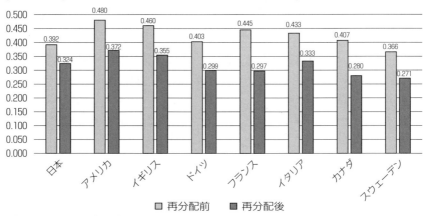

■ 再分配前　　■ 再分配後

（出所）　OECD（2023）*Government at a Glance 2023*，より作成。

　以上から，日本においても格差社会が進展しているという現実，とりわけ貧困層の増加が懸念されている現実を踏まえると，日本財政における所得再分配機能を強化することが求められている。

【ジニ係数と所得格差】

　ジニ係数は，社会の所得格差を測る指標であり，イタリアの統計学者ジニにより考案された。【図表3－3】をもとに説明しよう。
　ジニ係数は，所得の低い人から所得の高い人の順に配置し，その累積度を同図表のようにプロットする。①の完全平等社会の場合，この累積曲線は45度線を描く。これに対して，一定の所得不平等がある場合は，②にあるとおり所得分布の曲線は，45度線よりも右下に描かれることになる。①の45度線と②の曲線との面積が所得不平等の度合いを示すと考えられる。ジニは，45度線によって示される直角二等辺三角形の面積を1として，①の45度線と②の曲線との乖離面積の数値の大きさでもって，その社会の所得不平等の度合いを測ることができると考えた。これがジニ係数である。それゆえ，ジニ係数は0（完全平等社会）から1（最も不平等な社会）の間に位置し，この係数が高いほど不平等の度合いが高い社会である。

第 3 章　財政の基本的役割

【図表 3 − 3】　ジニ係数の考え方

仮定：10人の社会　　社会全体の所得は 1 億円

① 完全に平等だった場合の分布：45度線となる

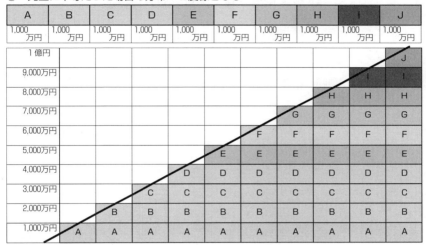

② 実際の所得の分布

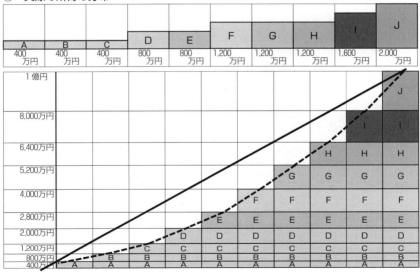

（出所）　筆者作成。

47

第Ⅰ部 | 現代財政のフレームワーク

Ⅲ 経済安定化機能と裁量的財政政策

1 ビルト・イン・スタビライザーと裁量的財政政策

序章で論じたとおり，1930年代から第2次世界大戦を経て成立した現代財政は，国民経済の30-50%近くを占める「大きな政府」である。それゆえ，政府財政は，景気の動向に応じて経済を調整する役割を担いうるし，実際にそうした役割を果たしてきた。これが政府財政の第3の役割，経済安定化機能（景気調整機能とも呼ばれる）である。

現代財政の経済安定化機能は，景気の自動安定化装置（ビルト・イン・スタビライザー）と裁量的財政政策との2つに区別される。第1のビルト・イン・スタビライザーとは，意識的な景気対策をとらずとも，税や社会保障制度などの既存の財政制度を通じて政府が景気調整に寄与するというものである。たとえば，不況期には民間の所得は減少するが，それにともない政府部門の税収も減る。同時に失業補償や生活保護の受給者は増えるだろう。こうして，政府は景気を押し上げる役割を担う。逆に好況期には民間の所得増にともない政府の税収も増え，社会保障給付は減少する。こうして景気過熱が抑制される。

これに対して，第2の裁量的財政政策とは，そのときどきの景気状態に応じて，政府が積極的に財政資源を用いて景気を安定化させようとするものである——フィスカル・ポリシーとも呼ばれる。不況期には，公共事業投資など財政支出を拡大させたり，減税を行うことにより，追加的な需要を創出し，景気を刺激する（有効需要創出政策）。逆に好況期には，増税や財政支出の縮小により景気過熱を抑制する。戦後の日本財政は，高度成長期，1973年第1次オイルショック以降の低成長期，バブル経済とその崩壊，2008年のいわゆるリーマンショック，2020年のコロナショックといった時期を通じて，もっぱら公共事業投資をはじめとした景気対策を裁量的財政政策として行ってきた（詳細は**第10章**の公共投資で論じる）。

48

2 乗数効果と裁量的財政政策

　裁量的財政政策がどれほど国民所得を引き上げる効果があるのか。その理論的基礎をなしているのが乗数理論である。まずは，イメージしやすいようにそのメカニズムを以下の数列式で考えてみよう。

$$\Delta Y = \Delta G + c \Delta G + c^2 \Delta G + c^3 \Delta G + \cdot \cdot \cdot \cdot c^n \Delta G \cdots\cdots 1)$$

　式1）は政府が公共事業などでΔGだけの追加財政支出で景気対策を行った場合の国民所得の増加分（ΔY）を示している。ここでcは限界消費性向といい，追加的な所得のうち人々が消費にまわす割合である（0－1の係数）。国民所得はまずは追加的公共事業（ΔG）分だけ増加する（初期効果）が，ΔGは政府から公共事業を受注した企業の利益や従業員の追加的所得となり，彼らはその所得のうちc分を消費にまわす（一次波及効果）。さらに企業や従業員の追加的消費（$c \Delta G$）は誰かの追加所得となり，これが消費された分だけ国民所得は増加する（二次波及効果：$c^2 \Delta G$）。このように波及していく所得すべてを総計した金額が追加的財政支出による国民所得の増加分となる。

　数列式1）は以下のように整理できる。

$$\Delta Y = \Delta G + c \Delta G + c^2 \Delta G + c^3 \Delta G + \cdot \cdot \cdot \cdot c^n \Delta G \cdots\cdots 1)$$
$$c \Delta Y = c \Delta G + c^2 \Delta G + c^3 \Delta G + \cdot \cdot \cdot \cdot c^n \Delta G + c^{n+1} \Delta G \cdots\cdots 2)$$

　数列式1）から数列式2）を引くと式3）が導かれる。$c^{n+1} \Delta G$は限りなく0に近いので，これを捨象して整理すると式4）となる。

$$(1 - c) \Delta Y = \Delta G + c^{n+1} \Delta G \cdots\cdots 3)$$
$$\Delta Y = \frac{1}{1 - c} \Delta G \cdots\cdots 4)$$

　すなわち，裁量的財政政策により追加的財政支出を行った際，国民所得は$\frac{1}{1-c}$倍だけ増加することになる。この$\frac{1}{1-c}$を乗数と呼ぶ。
　同様の結論は国民所得の恒等式からも導くことができる。

第Ⅰ部｜現代財政のフレームワーク

第1に，経済全体の消費（C）は以下の消費関数によってあらわされる（式2－1））。cは限界消費性向である。Yは国民所得，Tは租税なので，（Y－T）は可処分所得を示す。これに可処分所得に依存しない最低限の必要消費（A）を加えたものが国民経済全体の消費となる。

$$C = c(Y - T) + A \cdots\cdots 2 - 1)$$

第2に，一国の総需要（AD）は，以下の2－2）式であらわされる。すなわち，総需要は，消費（C）と企業投資（I）と政府支出（G）と純輸入額（Im－Ex）によって構成される。さらに，式2－2）に先の消費関数式2－1）を代入すると，式2－3）となる。これをさらに整理すると式2－4）となる。

$$AD = C + I + G + (Im - Ex) \cdots\cdots 2 - 2)$$
$$AD = (c(Y - T) + A) + I + G + (Im - Ex) \cdots\cdots 2 - 3)$$
$$AD = cY + (A + I + G - cT + (Im - Ex)) \cdots\cdots 2 - 4)$$

第3に，経済均衡の状況では総需要（AD）と総供給（Y）は等しくなるので，以下の恒等式2－5）が成立する。これをさらに整理すると，2－6）式になる。

$$Y = cY + (A + I + G - cT + (Im - Ex)) \cdots\cdots 2 - 5)$$
$$Y = \frac{1}{1 - c}(A + I + G - cT + (Im - Ex)) \cdots\cdots 2 - 6)$$

2－6）式から，政府が裁量的財政政策によりGをΔG分だけ増やした場合には，国民所得は乗数$\dfrac{1}{1 - c}$倍だけ増えることになる。

3 租税乗数と裁量的財政政策

上記は追加的財政支出により裁量的財政政策を行った場合を想定しているが，景気対策として減税政策を行った場合はどうなるだろうか。この場合，先の2－6）式から，新たな減税を行った場合，税収はΔT分だけ減少する。その場合，国民所得は，$\dfrac{c}{1 - c}$倍だけ増加することになる（これを財政支出による乗数効果

50

第3章　財政の基本的役割

（支出乗数）と区別して租税乗数と呼ぶ）。また，裁量的財政政策を財政支出で行いつつ，その財源のすべてないしは一部を増税で賄った場合は，追加的財政支出の支出乗数 $\dfrac{1}{1-c}$ 倍だけ国民所得は増加する一方で，増税により租税乗数 $\dfrac{c}{1-c}$ 倍だけ国民所得は減少し，その差額分国民所得は増加する。

　以上から，乗数理論からいえば，裁量的財政政策を行う場合は，減税よりも財政支出で行うほうが，さらに追加財政支出の財源も増税よりも国債発行で賄うほうが，国民所得の増大効果は高いということになる。

4　現代における乗数効果の「低下」をどう考えるか？

　乗数理論にもとづいた裁量的財政政策の有効性は，政府債務の増加が国民経済に及ぼす影響を捨象しており，実際にはこの側面も踏まえて考える必要がある——この点については，**第15章**で論じる。さらに，裁量的財政政策はとりわけ1970年代の低成長以降その有効性が低下してきているといわれている。この点については乗数理論の枠内で説明のつくものではない。産業構造の変化とグローバル化という2つの変化を踏まえて考える必要がある。

　第1に，乗数理論では裁量的財政政策の波及効果が広く国民経済全般に行き渡ることを想定しているものの，実際の波及過程は特定の産業に偏るのが実際である。この点で，従来型の大型公共事業は建設業やその調達先となる重厚長大型の産業に所得が流れがちである。ところが，重化学工業をはじめとした製造業の日本経済に占める比重は雇用面でも付加価値面でも低下している。こうした産業構造の変化が裁量的財政政策の波及効果を鈍らせている第1の原因である。

　第2に，1980年代以降進行したグローバル化の影響である。たとえば，建設業が公共事業を受注したとしてその原材料を海外から調達した際には，それ以降の所得波及効果は海外へと漏出し，日本の国民所得の増加にはつながらない。この点が近年の裁量的財政政策の有効性を低下させている第2の原因である。

第Ⅰ部 | 現代財政のフレームワーク

Ⅳ　現代財政をめぐる役割の問い直し

　以上，マスグレイブの整理に依拠して現代財政の基本的な役割について論じてきた。しかしながら現代財政の役割はマスグレイブのいう3機能だけに還元できないという見方も存在する。

　マスグレイブは，環境保全，国防，警察等についても，公共財の理論に依拠して資源配分機能に含めている。しかしながら，第1に，環境保全についていえば，気候変動対策のような地球規模の環境破壊については資源配分の論理にはなじまない。環境破壊が公害のように局所的なケースであれば，その対策は市場の失敗を補完する資源配分機能のなかで考えることもできるだろう。これに対して，気候変動に代表されるような国境を越えて広がる環境問題については，国家財政が主導して国際的な協調によって取り組まなければならず，そうした政府活動は市場の失敗への対応という範囲を超えているという点で，環境保全機能という独自の役割として位置づけられる必要がある。

　第2に，軍事や治安は，単なる政府サービスにとどまらず，国民経済のためというよりは国家それ自体の維持を目的としており，しばしば国民の権利と対立する側面をもつ。それゆえ，軍隊，警察といった政府活動は，他の公共財とは区別して，国家それ自体の維持を目的とした体制維持機能を果たすものとして位置づける必要がある。

　マスグレイブの整理に依拠しながらも，上記のような形で，現実に財政が果たす役割に即して，財政の諸機能についてはさらに精緻化して考えていくことが課題となっている。

＜参考文献＞

内山昭［2013］「マスグレイブ財政学の批判的摂取：3機能論の限界と5機能への総括・再論」『経済論集』第190号.

リチャード・A.マスグレイブ，ペギー・B.マスグレイブ（大阪大学財政研究会訳，木下和夫監修）［1983］『財政学1―理論・制度・政治』有斐閣.

52

第4章　政府間財政関係

　財政は，国と地方の両政府によって行われる。日本では，国と地方の事務事業の費用配分，すなわち支出は4対6であり，地方の仕事がより多くの費用で賄われている。これに対して，国税と地方税の配分は6対4であり，地方の比重が高まった時期があったものの，地方は財源の大きな部分を別の財源，すなわち国から地方への財政移転で賄っている。

　本章で国と地方の両政府間の財政関係を主題とする理由は，両者の財政が太いパイプのようにつながっており，一体的な側面がみられることによる。両者の財政関係が国際的な地方分権の推進，すなわち地方の自己決定権を高める制度等の見直しを背景に変貌するなかで，国から地方への財政移転の根拠や動向を説明し，その見直しに関する論点を整理する。

I　国から地方への財政移転——地方交付税と国庫支出金

　日本の政府は1つの中央政府（国）と2層制の地方政府（地方自治体と同義），そして地方政府は47の都道府県と多数の市町村から構成される。市町村数は国の政策により，2000年から全国的に「平成の大合併」が推進され，大幅に減少した。それは2000年3月末に3,229あったが，2010年3月末に1,727となり，10年間に1,502（47%減）も減少し，2023年9月末現在1,718である。

　近年の国の財政規模は100兆円超（2023年度一般会計予算114.4兆円），地方のそれも同様である（2021年度普通会計決算123.4兆円）。しかし，国に関する数値は，実際の仕事に要した費用をあらわしていない。というのは，国は財政の規模よりも少ない仕事しかしていないからである。他方，地方は数値どおりの仕事をしているが，それに必要な財源をすべて自前で調達していない。地方財政は財源の一定部分を国からの財政移転によって確保しているからである。

第Ⅰ部 | 現代財政のフレームワーク

　国と地方の事務事業の分担関係を費用面から整理すると，個々の行政分野では国防や年金はすべて国であるが，年金を除く社会保障は国と地方3：7（民生費），インフラ整備も3：7（国土開発・保全費），学校教育にいたっては2：8となっている。この点を含めてトータルでみてみると，国の約40％（2021年度44.3％）に対して，地方は約60％（同55.7％）を分担している。

　しかし，財源面では，国税と地方税の配分割合は約60％と約40％（2021年度62.9％，37.1％）である。税収に国債あるいは地方債の収入を加えると，国の比率は大きく高まる。ここから地方財政における「支出－収入ギャップ」が生じていることが読み取れる。この結果，収支の乖離分にあたる財源が「地方交付税」（一般補助金）と「国庫支出金」（特定補助金）という2つの方法で国から地方に移転される。こうして現代の財政は，国と地方の間に太い財政関係が形成されている。

　地方交付税が地方財政収入に占める割合は近年13〜16％（2021年度決算15.2％），国庫支出金は15〜29％（同25.0％）であり，2つを合わせて28〜45％（同40.2％）となる。都道府県（以下，府県と略す）と市町村では一定の違いがある。府県では，2019年度と2021年度の財政収入のうち地方税の40.7％，32.5％に対して，地方

【図表4－1】　都道府県と市町村の主な歳入

（金額：兆円）

	都道府県			市町村		
	2019年度	20年度	21年度	2019年度	20年度	21年度
地方税	20.7	20.5	22.2	20.5	20.3	20.2
地方交付税	8.6	8.9	10.2	8.1	8.1	9.3
国庫支出金	5.9	12.3	16.2	9.9	25.1	15.8
都道府県支出金	—	—	—	4.2	4.6	4.6
地方債	5.6	6.7	6.5	5.3	5.6	5.2
歳入合計	50.9	61.9	68.3	61.4	78.0	70.5
歳出合計	49.3	59.7	66.3	59.4	75.6	67.6

（出所）　総務省「普通会計決算の概要」各年度版より。

交付税は17.0%，14.9%，国庫支出金は11.7%，23.7%，両者の計は28.7%，
38.6%である。市町村では，財政収入のうち地方税の33.4%，28.7%に対して，
両者の計は29.3%（13.2＋16.1），35.7%（13.2＋22.5）である。

Ⅱ　地方財政調整の理論と地方税

　国から地方への財政移転は理論的には，地域経済の不均等発展を背景に，地
方政府の財政力に格差が生じることを根拠に説明される。資本主義の発展とと
もに，商工業が産業の中心となり，人口が集中する都市は経済的に豊かになる
のに対して，農林漁業が中心の農山漁村（以下，農村と略す）は停滞的である。
こうした不均等発展は，資本主義において不可避の傾向である。その結果，同
じ税率のもとでは，税収に大きな地域間格差が出てくる。したがって，農村で
は財政収入を地方税のような自主財源だけにすれば，地域共同社会を維持する
のに必要な事務事業やナショナル・ミニマム（国民的最低行政水準）を確保でき
ない。

　以上のことから，国が農村の自治体に財源を交付することを通して，地域共
同社会が維持され，ナショナル・ミニマムは保障される。この点は財政移転の
必然性であり，そのシステムは20世紀の進行とともに，すべての先進諸国で導
入されている。単純に，農村はより高い税率を設定すればよいとなりにくい。
そして，現代においてサービス業にみるように，産業が多様化し，環境保全も
重視され，また精神的な豊かさの追求を背景に，社会の成熟化が進むなかにお
いては，ナショナル・ミニマムの引上げや地域共同社会のサステナビリティが
避けられなくなる。

　なお，ここでは日本の現行システムを射程に入れて国・地方間の財政調整，
別言すれば垂直的調整を整理したが，地方政府間で行う水平的調整もありえる。

　これに対して，地方への財政移転は同時に深刻な問題を引き起こす。国は財
源の交付と引き換えに，地方の行政に介入し，統制することが多いからである。
これによって，地域の自主性が奪われ，地方自治体ごとの創意工夫の余地は狭

55

第Ⅰ部｜現代財政のフレームワーク

められてきた。本書で指摘されているように，現代の大きな政府は中央政府が中心であり，行政や財政の中央集権が進んで地方自治は弱体であった。また，国が基準を決めて全国一律の事務事業を地方に押しつけると，多様な地域の実情に合わず，財政の非効率や浪費がひどくならざるを得ない。1980年代以降，国際的に地方自治再生の動きが高まるのは，これへの対処を主要な理由とする。

日本の場合，都道府県，市町村のいずれにおいても地理・地形，人口規模，産業構造などはさまざまであり，財政面でも税収や支出の規模，構造など多様な側面は軽視できない。地方税を踏まえてどこまで，どのように財政調整するかは非常に重要な論点となる。

地域の生産力（たとえば県内総生産）や所得水準などに制約されて，地方政府間に財政力，すなわち支出規模に対する地方税収のウエイトに格差が存在するが，いずれの地方政府もできる限り必要な収入を地方税で調達することは求められる。そうでないと，モラル・ハザード（倫理の欠如）や非効率が拡大しかねないからであり，地方自治の観点からも許容されるものではない。

こうした2つの要請を満たすために，地方税の税源は財政力の格差を極力小さくする租税がふさわしい。ここから国税とは別に，地方税にのみ特別に求められる原則，つまりいくつかの地方税原則が必要になる。ここでは，重要な原則として4つをあげる。

第1に，普遍性原則である。これは税源がどの地域にも普遍的に存在することが望ましいことをさす。この原則は，地方政府の課税権が当該団体の域内に限定されていることから不可欠となる。

第2に，安定性原則である。国の財政と比較すると，地方の財政は毎年必要となる経常経費（とくに住民の命・健康や日常生活に密着した仕事）のウエイトが高いために，地方税には安定性，つまり国税と比べて税収の変動性の小さい税種が求められる。

第3に，負担分任の原則である。地方税はできるだけ多くの住民が負担する，すなわち負担を分任できるほうが望ましいとされる。地方税を負担すると行政や財政に関心をもちやすい，地域共同体における会費として一定の負担がふさ

56

わしいといった理由から，肯定的な評価があるが，否定的な評価もある。

第4に，応益性原則である。これは地方政府の公共サービスやインフラ整備のもたらす便益と関連性があることをさす。たとえば，それらによって居住や商売の環境が整備，改善されると，不動産の価格や事業業績が上昇する条件が整うとみなせる。また，住民の生活・発達にかかる共同作業（道路整備など）や相互扶助（福祉など）を地方政府に行ってもらい，代わりに税金を納めるという発想から，この原則が強調されることもある。

では，現行の地方税制は，上記の原則にどれほどあっているのか。地方の主要税である固定資産税，個人住民税，法人住民税，法人事業税（とくに外形課税部分）は普遍性，応益性をはじめ4原則におおむね合致する。ただし，いくらか注意を要する。地方法人2税（都道府県民税法人税割，法人事業税）のように安定性や普遍性で見劣りするような税目も含まれる。地方法人2税は都道府県間で大きな税収格差を生む。

なお，地方消費税は消費税とともに負担することになる（両者を合わせて2023年3月時点税率10％）。それは普遍性や安定性を備えるとはいえ，分権推進からみて，地方政府に税率決定権がなく，課税の自主性の発揮において適格とはいえないかもしれない。このことは地方の税源拡充を巡って，税収格差の許容あるいは是正（方法）と合わせて，非常に重要な論点になる。

Ⅲ　日本の地方財政調整制度と問題点

現代において，日本ではほとんどの地方都市や農村は，国から財政移転を受けないと自治体や地域共同社会，住民の生活を維持できない。この財政移転の原資は国の税金であるが，その多くは都市の企業や住民から納められるから，農村の自治体が受け取る財政移転は都市を源泉とする国税の一部ということになる。つまり，国は財政移転を通して原理的に，都市と農村の財政力格差を調整するのである。この仕組みが地方財政調整制度であり，通常2つの方法で運用される。1つは一般補助金，もう1つは特定補助金である。

第Ⅰ部 | 現代財政のフレームワーク

　地方財政調整制度は20世紀以降，商工業と農業，都市と農村の不均等発展を
背景として先進諸国で相次いで誕生し，日本においても1930年代なかば（36年
「臨時町村財政補給金」，37年「臨時地方財政補給金」）に創設された。第２次世界
大戦後は地方交付税（地方に交付する国税を意味する）と国庫支出金が中心的な
地方財政調整の手段となっている。

┌───┐
│ 【一般補助金と特定補助金】 │
│ 　国から地方に交付される財源のうち，使途を特定しないものを一般補助金と呼ぶ。 │
│ 日本では地方交付税や地方譲与税が該当する。これに対して，使途を特定したもの │
│ を特定補助金と呼ぶ。国庫支出金や，府県から市町村に交付される府県支出金が該 │
│ 当する。特定補助金は，たとえば公共施設の建設の際，費用の２分の１，３分の１ │
│ というように交付される。 │
└───┘

　地方交付税制度は，シャウプ勧告によって創設された地方財政平衡交付金を
改編して1954年に創設された。その原資は５つの国税の一定割合，すなわち所
得税と法人税の33.1％（2015年度〜），酒税の50％（2015年度〜），消費税の
19.5％（2020年度〜），地方法人税の全額（2014年度〜）である（2023年度時点）。
この財源は，法律に規定され，国の裁量が入らないことから，地方の固有財源
（共有財源）として，地方税に準じた性格を有する。ただし，以下の算定方法
にもとづく実質的な交付総額があるため，長らく上記の法定財源では足りない
状況であり，そのあり方は論点となっている。

　地方交付税の総額のうち，原則として94％は「普通交付税」として，財源不
足額に応じて各地方自治体に交付される。この不足額は各地方自治体の基準財
政需要額（標準的行政を行うための経費）から基準財政収入額（標準税率による地
方税収入の一定割合他）を引いた金額をベースとする。基準財政需要額はどんな
地方自治体も「合理的，かつ，妥当な水準」（地方交付税法）の行政を維持する
ために必要な標準経費であるため，普通交付税は農村を含む自治体に対して必
要な財源を保障し，本来の役割を果たすのである。

　残りの６％は「特別交付税」であり，特別，臨時の財政需要が生じた地方自
治体に交付される。具体的には，特定の地方自治体が台風や地震などの自然災

害や，大雪にかかる除排雪などに対応しなければならない時に交付対象となる。

　地方交付税は，これまで自治体間の財政力格差の是正や自治体行政の財源保障の点で積極的な役割を果たしてきた一方で，いくつかの重大な問題点を抱えてきた。

　第1に，地方交付税による財政調整が過度に行われている。財政調整は本来，財政的に貧困な地方自治体，つまり多くの農村自治体の財源保障を目的とするはずであるが，日本では財政力の高いはずの都市自治体のほとんど，また大都市でさえも普通交付税の交付団体になってきた。不交付団体（基準財政収入額が基準財政需要額を上回る場合）は2000年代後半に100超（2007年度市町村141）の時期があったが，それを除くと，2000年代以降は100を大きく下回っている（2020年度同72）。都道府県にいたっては，東京都のみという状況である。これは地方自治体，とくに大都市の税源が貧弱であることに起因する。

　第2に，地方交付税システムに見えにくい借金が存在している。地方交付税は国の「交付税及び譲与税配付金特別会計」で管理されるが，国税にリンクする交付税総額つまり法定財源分と，実際に配分される金額に乖離があり，不足額が借入金によって補填されてきた（2007年より新規借入れを停止）。借入金残高は1990年代以降急増し，2000年代なかばに30兆円超となり，2023年3月末時点で29.6兆円（地方負担分）である。法制度上，法定財源額と実質配分額が著しく異なる場合，交付税率の引き上げ措置が講じられるべきだが，地方も分担し臨時財源を確保したうえで，後年度に精算する特例措置が継続されている。

　第3に，地方交付税は準地方税であり，使途を特定されない一般補助金であるにもかかわらず，国庫支出金との一体利用が進み，また，算定式において国の政策誘導の要素が加味され，固有の性格が弱体化，劣化している。一体利用とは，国庫支出金が費用の一部に対する補助であるため，普通交付税が残りの費用に充当され，事実上，使途を特定された裏負担になっていることをさす。また，算定等を巡っては長らく「特定財源化」が指摘されており，歳出拡大・抑制策を含めて内容を変えながら存続している。こうして普通交付税は，国の省庁が地方行政をコントロールする手段に転嫁し，その自主性を損なう一因と

第Ⅰ部 | 現代財政のフレームワーク

なっており，第1と第2の問題点にも関わっている。なお，特別交付税でも「特別の需要・事情」を巡り，国（町村分については府県知事）の裁量が強くはたらき，地方の批判が生じることがある。

国庫支出金の主要なタイプは，経常的な経費に対する負担金（全体の約20〜40％）と，施設の建設や道路の整備などの公共事業に対する建設系補助金（約20〜25％）である。また，2020年度や2021年度などは新型コロナウイルス感染症の感染拡大に対応する臨時財源（主に交付金と呼ばれ，広義の補助金に区分）もあげられる。国庫支出金は法制度上，負担金，補助金に委託金（1〜2％）を加えた3タイプに区分される。

負担金の代表的なものは，義務教育費負担金（教職員給与の3分の1負担）である。これは小中学校教育に国と地方が責任を分担することの財政的なあらわれであるが，他方で国が義務教育を統制するテコとなっている。また，生活保護費負担金は，国の負担分4分の3に充当される。国と地方の負担割合が適切であるか否かは，行政責任の分担のあり方にてらして慎重に議論されている。

建設系補助金は，全国的な見地からみて必要な特定の事務・事業を奨励する手段として支出され，国や各省庁の地方統制や政策誘導の中心的手段としての役割を担ってきた。このことはさまざまな弊害を生んでいる。第1に，地方自治体の財政にハコもの（物的な公共施設）整備といわれた建設事業を優先させてきた。また，その使途が国の基準に従うことを求められる結果，どの地域に行っても同じで，個性のない公共施設が整備される傾向にあった。第2に，地方財政の浪費，非効率の原因である。補助金欲しさに，それほど必要でない施設の整備，実情にあわない事業が実施されがちであった。

地方分権が国民的課題となっている今日，地方交付税や国庫支出金はメリットを生かし，デメリットを排除する根本的な再編成の断行が不可欠である。

第4章 政府間財政関係

Ⅳ 地方分権と国・地方の財政関係の改革

1 地方分権推進の背景

　国際的には1980年代から，日本では1990年代後半から中央政府中心の国民国家の変容を背景に，地方分権への動きが強まる。資本主義市場経済のグローバル化およびボーダーレス化の進展にともなって，これまで圧倒的なウエイトを占めてきた中央政府の権限，役割が上下方向に融解し，縮小を余儀なくされてきた。上方にというのは，経済政策や対外政策の決定においてサミット（先進国首脳会議）や，EUのような地域統合，国際連合やWTOなどの国際機関，国際会議における合意の影響力が飛躍的に高まり，各国政府の裁量，選択の余地，国内市場や産業への保護措置が制約されるようになっていることをさす。

　下方とは，中央政府の権能の重要な一部が地方政府に移譲され，地方の役割が拡大していることにあたる。日本の社会保障において，国は年金給付や失業給付などの「現金給付」を担うが，地方が担当する医療や福祉，介護などの「現物給付」が拡大してきたということである。別言すれば，地方政府の事務事業は資源配分機能（地域公共財・サービスの供給）にとどまらず，所得再分配機能の分担，とくに「対人社会サービス」を不可避とするようになっている。地方政府の支出（普通会計）における民生費は児童福祉費，老人福祉費，社会福祉費などから構成される。民生費（決算）は2001年度の14.1兆円，14.4%から2011年度23.2兆円，23.9%，2021年度31.3兆円，25.4%へと増加し，このことを裏づけている。とくに市町村（基礎自治体）は住民生活に密着した事務事業を担っており，民生費は30%台なかば（2021年度37.8%）に及ぶ。

　グローバリゼーションの影響や少子高齢社会という経済社会の構造変化，成熟化によって，全国的に画一的な政策の有効性は大半で失われた。住民の多様な価値観や地域特性にマッチした政策の実行は，地方政府に委ねざるを得ないのである。この事情こそ，多くの国々で分権化を不可避としている最大の理由である。この点から，地方財政や地方税の特質を踏まえて，それぞれの改革を

61

第Ⅰ部 | 現代財政のフレームワーク

議論する場合，地方税源の充実・確保が最優先されることになり，その内容や規模が論点となる。そして，地方自治の充実・強化を反映した地方財政調整制度に改良していくことが問われる。

　地方債はすべからく悪ということにはならないが，その性格上，公共事業に充当されるがゆえに，国主導の景気対策（経済安定化機能）に動員されることがある。この点に限らず，地方債の償還財源の負担を巡り，交付税措置（算定において地方の負担軽減を加味する）という形で国の政策誘導がみられ，とくに1990年代に地方債が急増する主要因となった。地方債の累積残高は1990年度末の52兆円から2010年度末の200兆円まで増大し，2021年度末には191兆円（交付税措置対象を含む）に低下したとはいえ，交付税や補助金を加えた一体的な改革は長らく重要な課題となっている。

2　地方の税源拡充・税源移譲はどこまで可能か

　日本の地方分権は2000年から「地方分権の推進を図るための関係法律の整備等に関する法律」（475の法律の改定からなる）の実施により，機関委任事務（知事や市町村長を中央政府の下部機関の長に任命し，事務を委任する）が廃止され，事務事業配分に関する国と地方の明確な分担が大きな前進を遂げた。これによって地方自治体における政策決定の自主性・自己責任の比重が高まった。この時期における国と地方の財政関係の改革は，次の内容を到達点とする。

＜2004年度～2006年度の三位一体改革＞
地方税源の拡充：国（所得税）から地方（住民税）への税源移譲３兆円
地方交付税の見直し：5.1兆円の縮減
国庫支出金の整理：4.7兆円の縮減

　こうした改革は，地方税，地方交付税，国庫支出金の３つを対象としたので，「三位一体改革」と呼ばれる。これは税源移譲の規模に比べて，財政移転縮減の規模が過大であったために，多くの地方自治体の財政は苦境に陥ることになった。

　では，第２次税源移譲に着手するとすれば，どのようなイメージとなるだろ

第4章　政府間財政関係

うか。この前提としては，政令指定都市を抱える府県（以下，大府県と呼ぶ）や
政令指定都市（以下，大都市と呼ぶ），中核市などを地方交付税（普通交付税）の
不交付団体とし，都市的自治体の交付税依存度を低下させるとともに，地方交
付税制度（財政調整制度）は財政力の小さい地方政府の財源保障を担う，とい
う本来の役割に回帰しなければならない。そのためには，国，地方の税源配分
が現行の6：4から5：5になるような税源移譲が必要になる。

　国と地方の税源配分を5：5にする第2次税源移譲は10兆円程度の規模であ
る。財政移転の水準（とくに地方交付税）は2004年度〜2006年度の規模を若干上
回る程度であるために，税源移譲にともなう縮減分にとどめておくべきであろ
う。東京都や大府県，大都市や富裕団体に税源が集中するが，この問題への対
処は地方交付税とすることが本筋となる。また，補完的に逆交付税制度を創設
し，一定の基準で超過税収をこの制度に繰り入れ，地方間で調整することも選
択肢にあげられる。

【図表4－2】　都道府県と市町村の主な地方税

（金額：兆円）

	市町村				都道府県		
	2019年度	20年度	21年度		2019年度	20年度	21年度
市町村民税・個人分	8.3	8.4	8.3	都道府県民税・個人分	4.8	5.0	5.1
同・法人分	2.4	1.8	2.0	同・法人分	0.8	0.5	0.5
固定資産税	9.3	9.4	9.3	事業税・個人分	0.2	0.2	0.2
税収合計	22.9	22.5	22.5	同・法人分	4.4	4.1	4.7
	国税			地方消費税	4.8	5.4	6.2
所得税	19.2	19.2	21.4	自動車税	1.6	1.6	1.6
法人税	10.8	11.2	13.6	税収合計	18.3	18.4	19.9
消費税	18.4	21.0	21.9				
税収合計	58.4	60.8	67.0				

（出所）　総務省「普通会計決算の概要」各年度版，財務省「一般会計税収の推移」より。

第 I 部 | 現代財政のフレームワーク

　税源移譲の具体化にあたっては，都道府県と市町村を一体的に捉えると，住民税（とくに個人分）があげられる。それぞれを別々にすれば，前者では地方消費税である。ただし，地方消費税には注意が必要になる。第1に，その一部は交付金として市町村に配分されており，市町村にとっては税源拡充とはならない。第2に，それは消費税の税率の増減に連動しており，過去の実績としてはセットで増税されている。

　地方税源拡充には，地方税の増税も選択肢となる。たとえば，税源移譲の対象になりにくい固定資産税や事業税があげられる。また，住民税もありえる。なお，地方交付税であれば，「特定財源化」にともなって地方の支出に浪費や非効率が生じうる。国庫支出金も同様であり，それらの排除に努めなければならない。国庫支出金であれば，負担金や補助金などの性格に応じて縮減することが考えられるが，国の負担率の引下げにとどまるやり方は避けなければならない。

3　地方財政調整の本質的・現代的意義が問われていないか

　日本における地方財政調整とくに地方交付税制度は，国が確固たる責任を負い，国税を原資として運用しているが，地方への仕送りではない。また，農村の自治体に対する財政移転は，都市を源泉とする国税の一部ということになるが，都市と農村が主従関係にあるわけではない。

　農村における地域社会や自治体が維持できなくなると，農村の人々は都市に移住せよ，市町村は合併せよということだろうか。決してそうではない。というのは，都市の人々の食糧は農村で生産しなければならず，水道の水は豊かな森があり，河川や湖が保全されてはじめて供給される。自然環境・景観の保全は洪水防止や大気の浄化，動植物の生態系維持，保健休養・レクリエーションなどにも大きく寄与する。このことは国民全体，とくに都市に住む人々にとって不可欠である。これは農山漁村・農林漁業の公益的機能（多面的機能）の維持管理の重要性をさしており，その増進は長らく国民的，国際的な課題となっている。

64

第4章　政府間財政関係

　こうしてより積極的な根拠，つまり国民の共有財産の維持管理という正の外部性をもって，国が農村に財源を交付することを通じて，都市の住民や企業が費用の一部を負担するのである。これによって農村の自治体のナショナル・ミニマムは保障される。そして，農村には農林漁業にとって地理・地形的な条件が不利である地域が多いために，狭域の地域共同社会が重視されてきたが，その維持のための財政的条件が整えられる。

　「平成の大合併」により広範な農村を含む大都市や中核市が誕生した一方で，人口が少なくても単独を継続する町村がある。国の政策誘導を背景に，財政の基盤強化（経済効率化）を目的に合併を選択した市町村が多いといわれるが，人口の少なさや居住の分散などを理由に，費用がかかりすぎるから合併を選択せよ，公共サービスを縮減せよでよいのだろうか。地方分権の推進は国の責任の放棄を許容しないが，丁寧な議論を要することになろう。

　他の章との関係では，農村や地方都市には，原子力発電関連施設，自衛隊や米軍の利用施設（基地）などが多く立地する。これらが所在する市町村には，国から多額の交付金が交付され，使途の自由度も高い。また，ダムもあげられ，地域住民の集団移転が実施されたり，賛否を巡り地域が分断されたりする。それらの整備や運営においては，国と地方の関係に限らず，地域のマネジメントも問われており，今なお重要な課題である。

　最後に，当然のこととして再認識されなければならない点は，国民はどこに居住していても憲法に規定された生存権（健康で文化的な最低限度の生活の保障＝憲法第25条）を保障されることである。生存権に関する地方政府の任務は，保育，保健，医療，義務教育，高齢者や障害者への福祉，インフラ整備，防災や災害対応などにおけるナショナル・ミニマムの確保である。しかし，商工業等と農林水産業の間の不均等発展や，多大な外部経済にともなう所得格差ゆえに，ナショナル・ミニマムの維持に必要な支出と税収の間に乖離が生じる。この乖離を解消するのが，国から地方都市・農村の自治体への財政移転に他ならない。この意味で，国と地方間の財政調整は生活保護（公的扶助）や医療保障などと同様，生存権の財政的表現の1つとなる。

65

第Ⅰ部｜現代財政のフレームワーク

＜参考文献＞
内山昭［2009］『分権的地方財源システム論』法律文化社.
桒田但馬［2023］「地方税と課税自主権」平岡和久・川瀬憲子・桒田但馬・霜田博史編
　　著『入門地方財政−地域から考える自治と共同社会』自治体研究社.
重森曉・植田和弘編［2013］『Basic 地方財政論』有斐閣.

第Ⅱ部

現代財政を支える租税

第5章　所得税の仕組みと課題

　現代財政においては，財源も大規模になる。20世紀に入ると多くの国で個別消費税・関税中心から所得税中心へと税収構造は変化していった。それは，所得税が財源調達能力のみならず個人の担税力に応じた公平な課税という点でも優れていたためである。しかし，近年では税収調達能力と公平性の両面で課題を抱えている。本章では，日本の所得税の仕組みを確認したうえで，所得税の理論を踏まえ，現代財政における所得税の課題について考える。

I　日本の税収構造と所得税の占める位置

　はじめに国の税収構造とそのなかで所得税の占める位置を確認しておこう。2024年度当初予算でみると，国税のうち一般会計税収は69兆6,080億円であり，93.1％が一般会計税収である。課税ベース別にみると，所得を課税ベースとする所得課税が52.8％，消費を課税ベースとする消費課税が41.4％，それ以外の資産課税等が5.8％を占めており，所得課税と消費課税が中心となっている。また，直接税と間接税の税収でみると，直接税（立法者によって納税義務者と税の負担者が一致することが予定されている税）が57.2％，間接税（納税義務者と担税者が異なることが予定されている税）が42.8％を占めており，直接税の比重がやや大きい。最後に個々の税目別の税収でみると，消費税が23兆8,230億円で最も多く，次に所得税の17兆9,050億円，そして法人税の17兆460億円が続いている。その次に多いのが相続税・贈与税であるが，３兆2,920億円となっており，上の３つの税とはかなりの差がある。したがって，所得税，法人税，消費税の３つが日本の財政を支える基幹税であるといえる。

　所得税，法人税，消費税の３税の関係は，この数十年の間に大きく変化してきた。【図表5－1】は，1979年度以降の３つの税の税収の推移を示したもの

69

である。1980年代の基幹税は所得税と法人税であった。1988年には所得税と法人税の逆転もみられたが，基本的には所得税の税収が最も多く，とくにバブル経済下での所得税の伸びが大きかったことがわかる。しかし，バブル崩壊後は一転して所得税の税収は低下し，2024年現在でもピーク時の税収には戻っていない。一方，1989年に導入された消費税は，1997年，2014年，2019年と税率引上げの度に税収が増えており，2020年度にはついに所得税を上回った。所得税は現在でも最も重要な財源の1つであるが，その地位は相対的に低下してきている。

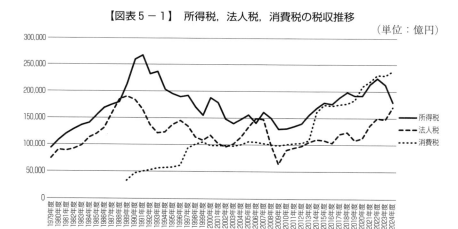

【図表5－1】 所得税，法人税，消費税の税収推移
（単位：億円）

（注） 2022年度までは決算額，2023年度は補正後予算額，2024年度は当初予算額。
（出所） 財務省ホームページ「税に関する資料」より作成。

　国際比較でみても日本の所得税の地位の低さは際立ってきている。国税収入に占める所得税の割合（2023年1月時点）は，日本28.9％，米国80.1％，英国38.8％，ドイツ40.7％，フランス39.7である（財務省）。国税（連邦税）として消費税をもたない米国は別としても，日本より先に消費税を導入していたヨーロッパ諸国よりもいまや国税に占める所得税の割合は低い。また，所得税の対国民所得比でみると，日本5.1％，米国10.2％，英国12.4％，ドイツ5.5％，フランス14.1％であり，ドイツと並んで日本の所得税の負担割合は低い。ただし，

地方税を含めるとドイツは13.6％に達する（日本は8.8％）。こうしたことから，日本は所得税への依存度が相対的に低い国であるといえる。

Ⅱ　所得税の仕組み

　所得税とは，個人所得税のことであり，１年間に個人が稼得した所得に対して課税される。所得税が課されるのはあくまで所得であって，収入ではないという点に注意が必要である。その収入を得るためにはさまざまな費用がかかったはずであるから，収入からそうした必要経費を差し引いたものが所得となる（収入－必要経費＝所得）。

　日本の所得税法では個人所得を10種類に分類している。具体的には，①給与所得（給料，賃金，ボーナスなど），②事業所得（商工業，農業などの事業によるもの），③利子所得（預貯金の利子，国債の利子など），④配当所得（株式の配当など），⑤不動産所得（土地や建物などの事業によるもの），⑥譲渡所得（土地や建物，金融資産の売却によるもの），⑦退職所得（退職手当など），⑧山林所得（山林の立木などの売却によるもの），⑨一時所得（クイズの賞金や生命保険の満期返戻金など），⑩雑所得（公的年金やそれ以外で①～⑨に当てはまらないもの）である。これらは，所得ごとの担税力の相違を考慮し，所得を算出する際の経費等の計算が異なっている。所得税は原則として種類の異なる所得もすべて合算したうえで総合課税されるが，退職所得，山林所得，株式や土地等の譲渡所得，配当所得，利子所得については，分離課税の対象となっている。

　以下では，納税者の大多数である給与所得者を想定し，【図表５－２】に沿って所得税額の計算プロセスをたどりながら所得税の基本的な仕組みをみていく。

第Ⅱ部 | 現代財政を支える租税

【図表 5 - 2】 給与所得者の所得税額の計算

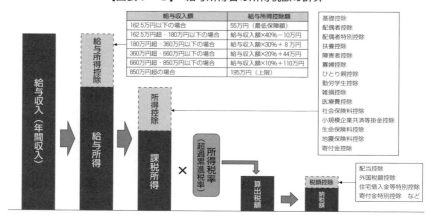

(出所) 財務省「給与所得者の所得税額計算のフローチャート」をもとに加筆して作成。

1　給与所得者の必要経費としての給与所得控除

　所得税額を計算するうえでの最初のステップは、年間所得の算出である。個人事業主のように事業所得がある場合は、事業収入から事業に要した必要経費を控除して所得額を算出することになるが、給与所得者の場合は必要経費に代わる概算控除制度として、給与所得控除が設けられている。したがって、給与収入から給与所得控除を差し引いたものが給与所得となる（給与収入－給与所得控除＝給与所得）。

　給与所得控除の額は、給与収入の額をもとに計算される。たとえば、年間の給与収入が500万円であれば、給与所得控除の額は500万円×20％＋44万円＝144万円となる（【図表 5 - 2】を参照）。給与所得控除には下限があり、給与収入が162.5万円以下であれば、最低保障額の55万円が適用される。反対に上限もあり、給与収入が850万円超であれば、どんなに収入が大きくても給与所得控除は195万円が適用される。

第5章　所得税の仕組みと課題

2　納税者の事情を考慮する所得控除

　所得額が決まれば，次は各種の所得控除を適用して，所得税の課税ベースと
なる課税所得を算出する（【図表5－2】を参照）。所得控除は15種類あるが，人
的な諸控除とその他の諸控除に大別することができる。人的な諸控除はさらに，
最低生活費の免税を趣旨とする，基礎控除，配偶者控除，配偶者特別控除，扶
養控除といった基礎的な人的控除と，追加的な費用を要するような納税者の特
殊事情に配慮した，障害者控除，寡婦控除，ひとり親控除，勤労学生控除と
いった特別な人的控除に分けることができる。その他の諸控除には，災害や病
気などで大きな支出を強いられた場合や強制的な支出がある場合に税負担を緩
和するもの（雑損控除，医療費控除，社会保険料控除，小規模企業共済等掛金控除）
や，制度の定着や社会的に望ましい行動を支援するもの（生命保険料控除，地震
保険料控除，寄附金控除）がある。

　日本の所得税の課税単位は家族ではなく個人であるが，こうした所得控除に
よって納税者の家族の事情を考慮することで，納税者の担税力に見合った課税
所得を算出すると同時に世帯間の公平も実現しようとしている。所得税は，消
費税のような物税（物に対する税）ではなく人税（人に対する税）であり，その
人の実情に合わせた細やかな課税を行うことができる。このことは所得税を複
雑な制度にしている面もあるが，公平な課税を実現するうえで所得税がもつ長
所でもある。そこで，所得控除のなかでも中心的な役割を担っている4つの基
礎的な人的控除についてみてみよう。

　1つ目は，基礎控除である。以前はすべての個人に一律38万円が適用されて
いたが，2018年度税制改正によって10万円引き上げられ，2020年分以降の所得
税については最高48万円が適用されている。これは給与所得控除と公的年金控
除の10万円引き下げとセットで行われたものであり，特定の所得を得る人にし
か適用されない控除額を縮小し，だれもが適用される基礎控除を拡大するとい
う，働き方の多様化への対応であるとされている。ただし，改正後は所得制限
が設けられた（合計所得2,400万円超から控除額が逓減し，2,500万円以上で消失）ため，

73

第Ⅱ部 | 現代財政を支える租税

だれもが適用される制度ではなくなった。なお，給与所得者の場合，給与所得控除（55万円）と基礎控除（48万円）により，収入が103万円を超えない限り所得税が発生することはない。

2つ目は，配偶者控除である。本人と生計を一にしている配偶者の合計所得が48万円以下の場合，最大38万円の控除を受けることができる。ただし，制度の適用には所得制限があり，本人の合計所得が1,000万円以下であることが前提になる。配偶者がパートタイムなどで給与収入を得ている場合，その給与収入が103万円以下であれば，給与所得控除55万円を差し引いた後の給与所得は48万円以下となる。このため，配偶者の収入については103万円が基準となることが多い。

3つ目は，配偶者特別控除である。配偶者控除が適用されなくなると世帯の税引き後の手取りがかえって減少してしまうため，配偶者には103万円以下の収入になるように就労調整をするインセンティブが働く（いわゆる「103万円の壁」）。そこで，こうした現象に対応するために，1987年に配偶者特別控除が設けられた。配偶者の所得が48万円（収入が103万円）を超えると，配偶者控除の代わりに配偶者特別控除が適用される。これにより，配偶者の所得が95万円（収入が150万円）を超えるまで，配偶者控除と同額の控除が受けられる（配偶者がさらに稼ぐと控除額は逓減していく）。このように，配偶者特別控除によって「103万円の壁」は解消されている。

4つ目の基礎的な人的控除は，扶養控除である。扶養控除は，一定の条件を満たした配偶者以外の親族が生計を一にしている場合に適用される。扶養の必要性が前提であるため，その親族の年間所得が48万円以下（給与収入で103万円以下）でなければ扶養控除は適用されない。扶養親族が年末時点で16歳以上であれば扶養控除38万円が，19歳以上・23歳未満の場合は特定扶養控除63万円が適用される。また，70歳以上の場合も老人扶養控除（同居以外48万円，同居58万円）が適用される。たとえば，20歳の大学生の子供がいる場合，子供がアルバイトで103万円以上の収入を得ると，63万円の特定扶養控除が受けられなくなるため，世帯の所得税額は増加することになる。

74

第5章　所得税の仕組みと課題

　以上のような基礎的な人的控除を中心としたいくつかの基本的な所得控除によって，課税所得がゼロとなる課税最低限が決まる。所得税には各人の担税力を考慮し，最低生活費には課税しないという考え方があるため，このような課税最低限が存在している。これまで見てきたように，各種の所得控除にはさまざまな適用条件があるため，課税最低限の水準は家族構成やその年齢構成などによって大きく異なっており，それが妥当かどうかは絶えず見直す必要がある。たとえば，配偶者控除や配偶者特別控除に対しては，制度が片働き世帯という特定の家族形態を優遇しているのではないかという批判もある。配偶者控除制度は1961年の創設であり，その間に日本における働き方や家族をめぐる価値観も変化している。配偶者の使いきれなかった基礎控除分だけを納税者の控除額に加算する移転的基礎控除など，時代にあった所得控除の形を模索していく必要がある。

3　税率構造——超過累進税率

　所得控除を差し引いて課税所得が決まれば，この課税所得に対して税率を課すことになる（【図表5-2】を参照）。所得税の税率構造は超過累進税率となっている。超過累進税率とは，課税所得金額を複数の階級（ブラケット）に区分し，より高い金額のブラケットに対してより高い税率を課すという仕組みである。担税力のある人により多くの税を負担してもらう仕組みであるが，課税所得全体に税率を乗じる単純累進税率と異なり，超過累進税率はブラケットごとに税率が課される仕組みであるため，課税所得が増えてより高い税率に直面しても税引き後の手取りが減ることはない。

　2024年現在の日本の所得税率は，5％～45％の7段階で，①195万円以下は税率5％，②195万円超～330万円以下は10％，③330万円超～695万円以下は20％，④695万円超～900万円以下は23％，⑤900万円超～1,800万円以下は33％，⑥1,800万円超～4,000万円以下は40％，⑦4,000万円超は45％となっている。たとえば，課税所得が500万円の場合であれば，税額は，【図表5-3】のグレーの部分の面積を求めることを意味する。すなわち，①のブラケットで（195

75

第Ⅱ部｜現代財政を支える租税

万円 − 0 万円）× 5 ％ = 9.75万円（Ⅰ），②のブラケットで（330万円 − 195万円）× 10％ = 13.5万円（Ⅱ），③のブラケットで（500万円 − 330万円）× 20％ = 34万円（Ⅲ）となり，Ⅰ + Ⅱ + Ⅲで合計57.25万円と計算できる。またグレーの部分の面積は，500万円 × 20％（= 100万円）から余分な部分の面積を引いても算出できる（100万円 − 42.75万円 = 57.25万円）。そのため，所得税の税率の説明では，課税所得全体に限界税率を乗じて一定額を控除する形の所得税の速算表が用いられることもある。

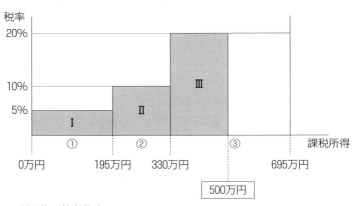

【図表 5 − 3 】　超過累進税率のもとでの税額計算

（出所）　筆者作成。

したがって，仮に5,000万円の課税所得があった場合，限界税率は45％であるが，算出税額は課税所得の45％の2,250万円ではなく，課税所得の約35.4％の1,770.4万円にとどまる。もっとも，実際に45％の限界税率に達する納税者はごく一部である。財務省によると，日本の納税者の約 6 割は最も低い 5 ％の限界税率のブラケットにおさまっており，納税者の約 8 割が10％以下，さらに納税者の約96％が20％以下の限界税率のブラケットにおさまっている（2022年）。単純な比較はできないが，20％超の限界税率が適用される納税者の割合は，日本が 4 ％であるのに対して，米国は35％，英国は16％，フランスは26％となっている。日本の所得税は，実態としては相対的に低くフラットな税率構造であ

るといえる。

4　税額控除

　税率を適用して税額が算出されれば，その算出税額から税額控除額を差し引くことで，所得税の納税額が決まる（【図表5－2】を参照）。代表的なものとして，配当所得を得た際に法人税と所得税の二重の負担を所得税の側で調整するための配当控除や，外国で負担した所得税の調整のための外国税額控除がある。その他にも政策的観点から，住宅ローン控除や寄附金控除などが設けられている。
　所得控除と税額控除では所得税額への影響が異なる。所得控除を増減させた場合の所得税額の変化は税率の影響を受けるのに対し，税額控除を増減させた場合の所得税額の変化は税率の影響を受けないからである。高所得者ほど限界税率は高いため，所得控除を拡大した場合は，税額控除を拡大した場合に比べて，高所得者にメリットが大きくなる。したがって，政策的に納税者の税負担の軽減を図ろうとする際には，こうした特徴の違いを踏まえ，所得控除を通じて行うか，税額控除を通じて行うかを検討する必要がある。とくに格差の是正や低所得者への支援が目的の場合には所得控除よりも税額控除が有効であろう。また近年では，所得控除を可能なかぎり税額控除に置き換えることや，税額控除しきれなかった税額分を還付（給付）する給付付き税額控除という仕組みも注目されている。

5　所得税の申告・納付の方法

　以上のようにして所得税は計算されるが，所得税の申告・納付はどのようにして行われるのだろうか。所得税は1月1日から12月31日までの1年間の所得が対象であるから，その金額は12月31日になるまで確定しない。そのため，翌年の2月16日〜3月15日の間に前年の所得についての確定申告書を作成し，所轄の税務署長に提出して税金を納付する。これを確定申告という。
　しかし，給与所得者の場合は，給与の支払者（雇用主側）が源泉徴収義務者となって，毎月の給与の支払いの際に所得税を徴収して納付する方法がとられ

第Ⅱ部｜現代財政を支える租税

ている。こうした代理徴収の仕組みを源泉徴収という。また，給与所得者の大部分は，12月の最後の給与の支払いをもって年間の所得が確定するため，12月の給与支払い時に年間の源泉徴収の過不足が精算されることで納税が完了する。この精算を年末調整という。2022年分でみると，年末調整を行った給与所得者は4,697万人であったが，申告納税者数は全体で653万人であった。したがって，納税者の大多数が年末調整で納税を完了していたことになる。源泉徴収と年末調整の仕組みによって，所得税の納税が簡略化されると同時に，徴税の確実性が担保されている。

　ただし，給与所得者であっても，給与収入額が2,000万円を超える場合や年末調整されなかった所得が20万円を超える場合は確定申告が必要である。源泉徴収と年末調整で納税が完了するのは，給与の支払者が納税者の所得税額を計算できることが前提であるため，年末調整を行う給与の支払者が把握していない所得が他にあれば，納税者が自ら確定申告するほかない。副業・兼業を認める企業も増えてきており，給与所得者であっても申告納税への理解が求められる。また，災害による損害額や家族の医療費などについても勤め先は把握していないため，雑損控除や医療費控除などを受ける場合も確定申告が必要である。

Ⅲ　所得税の理論と実際

1　包括的所得概念と包括的所得税

　所得税は20世紀に入って大きく発展した税である。それまで多くの国で租税の中心は関税や個別消費税のような間接税であったが，2度の世界大戦で多額の戦費調達に迫られた各国政府は所得税を租税の中心に据えるようになった。所得税は，経済成長や所得の上昇にともなって税収が伸びるうえ，源泉徴収制度によって広範な勤労大衆からも効果的に徴税することができるため，多額の税収をもたらす。さらに，累進構造や課税最低限によって所得再分配も担うことができるため，戦後の福祉国家を支える重要な財源として定着していった。

　初期の所得税においては，所得税の課税対象となる所得は今日よりも狭く捉

78

第5章　所得税の仕組みと課題

えられていた。初期の所得税で有力だったのは，一定の源泉から周期的に発生するものだけを所得とみなす制限的所得概念である。この考え方によれば，給与や利子は所得といえるが，土地や株価の値上がりによって得られるキャピタルゲインは所得とはいえない。この所得概念は，所得の源泉や周期性に着目するため，所得源泉説や所得周期説とも呼ばれる。

　しかし，19世紀末頃から20世紀初頭にかけて，制限的所得概念が批判されるようになり，包括的所得概念が支配的になっていく。包括的所得概念は，所得を2時点間における経済力の増加として捉える。ここでいう経済力とは，希少な経済資源を支配する能力であり，消費は現在の支配力を意味し，貯蓄は潜在的な支配力を意味する。したがって，所得（Y）は，期首と期末の間に行われた消費（C）と資産純増（ΔW）の合計と定義される（Y＝C＋ΔW）。この概念は所得の源泉や周期性の有無は問わず，一定期間に生じた結果だけに着目するため，文字どおり包括的で客観的な所得の定義といえる。包括所得概念の確立に貢献したH.C.サイモンズ（1899－1946）は，富や権力の独占と不平等が自由な社会を脅かすとし，所得税による所得再分配の必要性を強調したが，恣意性を排した客観的な所得概念を必要としたのは，再分配を担う当の政府もまた権力をもつからであった。こうした包括的所得概念にもとづく税ないし税体系を包括的所得税という。

　課税方法の面からみると，制限的所得税概念は分類所得税と結びつき，包括的所得概念は総合所得税と結びつく。分類所得税は所得源泉ごとに担税力の違いを認めるため，それぞれの所得に異なる課税を行う。一方，総合所得税は，期間中のあらゆる所得を合算して累進課税を行う。どのような源泉からの所得であれ経済力の増加という意味では区別がないためである。なお，包括的所得概念を厳密に捉えれば，現物給付や帰属家賃などの帰属所得，未実現（売却して現金化していない）キャピタルゲインも所得に含まれるべきであるが，執行可能性や公平性の観点から提唱者であるサイモンズ自身も譲歩している。

　包括的所得税の理論が支持されてきた理由は，税収調達能力と公平性の両面で優れていたからであるといえる。第1に，課税対象となる所得の範囲の広さ

79

第Ⅱ部｜現代財政を支える租税

（包括性）ゆえに，比較的低い税率でも多くの税収をあげることができる。第2に，所得の種類を問わず合算して課税されるため，同じ経済力を得たものは同じ税負担となり，水平的公平を満たすことができる。第3に，累進税率を適用することで，より大きな経済力を得たものはより多くの税負担となり，垂直的公平を満たすことにもなる。

　しかしながら，これらはあくまで理念型としての特徴であり，実際の制度においては所得ごとの捕捉率の差異（いわゆる「クロヨン問題」＝給与所得9割・事業所得6割・農業所得4割）や分離課税の活用，優遇措置などによって，長所が実現していないことも多い。それでも包括的所得税は長く所得税のモデルとされてきた。

2　日本における総合課税の後退と課税の公平性

　戦後日本の租税制度の出発点は，まだ占領下にあった1949年に提案されたシャウプ勧告である。カール・シャウプ（1902-2000）を使節団長とする当時のアメリカの財政学・租税法学の使節団は，包括的所得税の理論をベースにした所得税中心の体系的な日本の税制改革案を勧告し，その内容は1950年税制改革で実現することとなった。シャウプ税制は包括的所得概念にもとづいて，キャピタルゲインを含む資産性所得も総合課税の対象としたが，1951年に日本が独立するとすぐに資産性所得の非課税化の動きがあらわれた。とりわけ，高度成長期には資本蓄積促進の政策的要請からこうした動きは一層強まり，所得税の実態は包括的所得税からますます乖離していった。1980年代後半の抜本的税制改革では，さまざまな資産性所得への優遇措置を廃止し，課税ベースの包括性を再建しようとする動きもみられたが，徹底されるには至らなかった。

　2000年代に入ると，バブル経済の崩壊以降の株価低迷を背景に，「貯蓄から投資へ」という政策的要請が高まり，金融所得課税の一体化（特定の利子，配当，株式譲渡所得などの金融所得の間で損益通算を認める）が推し進められるようになる。こうした金融所得は申告によって他の所得から分離して20.315％（所得税・復興特別所得税・住民税の合計）の比例税率が適用されるため，合算されて累進課

第 5 章　所得税の仕組みと課題

税される所得とは異なり，どれだけ高額であっても税率は変わらない。しかも2003～2013年の10年間は，株式市場活性化のために10％という優遇税率が適用されていた。このように総合課税は名実ともに後退しており，今日の日本の所得税は，包括的所得税というよりは，労働所得と資本所得に分けて前者を累進税率で課税し，後者を比例税率で課税する二元的所得税に近いものに変容してきている。

　そしてこのことは，所得税の公平性の問題に大きな疑念を投げかけている。【図表 5 － 4 】は2022年の申告納税者の所得税負担率のグラフであるが，所得税負担率は合計所得が 1 億円を超えると低下しはじめる。いわゆる「 1 億円の壁」と呼ばれるこうした状況は，分離課税の影響が大きいとみられている。合計所得に占める株式等の譲渡所得金額の割合が増えるにしたがって所得税の負担率が低下しているためである。

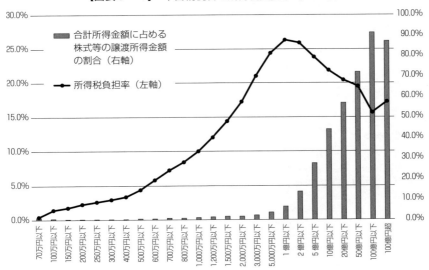

【図表 5 － 4 】　申告納税者の所得税負担率（2022年）

（注）　所得税負担率＝所得税額／合計所得金額。所得税額は源泉徴収分と申告納税分の合計。所得があっても申告納税額のない者は含まれていない。
（出所）　国税庁「申告所得税標本調査（令和 4 年分調査）」をもとに作成。

第Ⅱ部 | 現代財政を支える租税

　経済のグローバル化は，金融資産の海外移転を容易にし，金融所得に重く課税することを難しくしている。しかし，代わりに労働所得のような相対的に移動性の低い所得に重課したり，消費税に過度に依存するならば税の公平性や再分配機能が損なわれ，ひいては税そのものへの信頼が失われてしまうだろう。その意味で，富裕層の所得に対する最低課税制度として2023年度税制改正で「極めて高い水準の所得に対する負担の適正化措置」が導入されたことは重要である（2025年以降の所得から適用）。また，『21世紀の資本』のなかでトマ・ピケティは格差拡大と税制の関係を分析したうえで，「世界的な累進資本課税」を提唱している。所得税の累進性を高めると同時に，逃げていく高所得者層の金融資産に対しては世界各国で協力して累進的な資産課税を行うという構想である。公平な課税の実現には，資産課税の活用や国際協調も必要となるだろう。

　所得税は現代財政における中心的な財源であり，多くの国で今日でも基幹税の役割を担っている。それは，所得税が単に税収を上げるのに優れているだけでなく，課税の公平という点からも優れていると理解されてきたためである。その意味で，人税としての所得税には他の税にはないポテンシャルが依然として存在している。所得税を再建するには，所得税の理論に絶えず立ち返りながら，働き方や家族形態の変化，それにともなう価値観の変化，そしてグローバル化の現実にも対応していかなければならない。

＜参考文献＞
トマ・ピケティ（山形浩生・守岡桜・森本正史訳）［2014］『21世紀の資本』みすず書房.
宮島洋［1986］『租税論の展開と日本の税制』日本評論社.
宮本憲一・鶴田廣巳編著［2001］『所得税の理論と思想』税務経理協会.

第6章　法人税の仕組みと課題

　法人税は，所得税と同じく20世紀に入って多くの国で基幹税となっていった。
しかし，1980年代以降，国際的な租税競争のなかで，世界的に法人税率は低下
の一途をたどった。経済のグローバル化やデジタル化のもとで，法人税は大き
な岐路に立っている。税は最終的に何等かの個人（自然人）が負担するものだ
とすれば，法人の所得に税を課す意味とは何だろうか。本章では，日本の法人
税の仕組みを確認したうえで，法人税の実態，法人税の理論，そして多国籍企
業をめぐる課税の問題について考える。

I　法人税の仕組み

1　法人の種類

　所得税と法人税はどちらも所得課税であり直接税であるが，所得税が自然人
である個人の所得に対して課される税（個人所得税）であるのに対し，法人税
は法人の所得に対して課される税（法人所得税）である。法人とは，法律によっ
て人格が付与され，自然人と同じように権利や義務が認められた組織や団体の
ことである。

　法人税法では，法人を国内に本店または主たる事務所をもっている内国法人
とそれ以外の外国法人に分けており，内国法人は所得の源泉を問わずすべての
所得（全世界所得）に対して納税義務を負い，外国法人は国内源泉所得につい
てのみ納税義務を負う。内国法人はさらに，普通法人（株式会社，合名会社，合
資会社，合同会社，相互会社など），協同組合等（農業協同組合，消費生活協同組合，
信用金庫など），公益法人（公益社団法人，公益財団法人，学校法人，宗教法人など），
人格のない社団等（PTA，管理組合，学会など），公共法人（地方公共団体，国立大
学法人，日本放送協会，日本中央競馬会など）に分類される。普通法人と協同組合

83

第Ⅱ部｜現代財政を支える租税

等についてはすべての所得が課税の対象となるが，公益法人等と人格のない社団等については収益事業から生じた所得のみ課税の対象となる。公共法人については法人税の納税義務はない。

法人の数としては，普通法人が圧倒的に多く，法人全体の約95％を占めている（国税庁「令和4年度統計年報」）。そして，普通法人の9割以上は株式会社である。そのため，以下では基本的に株式会社を想定し，【図表6－1】に沿って，法人税の課税の仕組みをみていく。

【図表6－1】　法人税額の計算

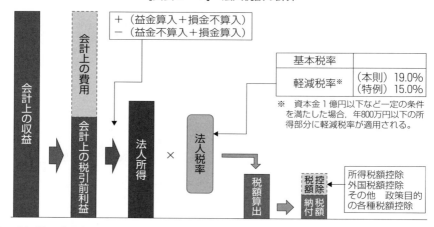

（出所）　筆者作成。

2　法人税の対象となる所得の計算

法人税の課税ベースは，各事業年度の法人所得である。法人所得の計算の基礎となるのは，決算で確定した企業会計上の利益である（企業利益＝収益－費用）が，法人税法上の法人所得は，その事業年度の益金の額から損金の額を控除した金額であり（法人所得＝益金－損金），企業会計上の利益と同じではない。そのため，法人所得を計算する際には，企業会計上の決算利益（税引前利益）に税法上の加算と減算の調整を行う必要がある。税法上の加算は益金算入（非

第6章　法人税の仕組みと課題

収益だが益金）と損金不算入（費用だが非損金）となるもの，減算は益金不算入
（収益だが非益金）と損金算入（非費用だが損金）となるものである（【図表6－
2】）。

【図表6－2】　法人税法上の所得と決算利益の関係

	内　　　容	項　　　目
益金不算入	決算利益では，収益とされているが，税法上は益金の額に算入されないもの	・受取配当等の益金不算入 ・資産の評価益の益金不算入 ・還付金等の益金不算入
益金算入	決算利益では，収益とされていないが，税法上は益金の額に算入されるもの	・法人税額から控除する外国子会社の外国税額の益金算入 ・内国法人に係る特定外国子会社等の留保金額の益金算入
損金不算入	決算利益では，費用とされているが，税法上は損金の額に算入されないもの	・減価償却超過額の損金不算入 ・資産の評価損の損金不算入 ・特定の役員給与，過大な使用人給与等の損金不算入 ・寄附金の損金不算入 ・交際費等の損金不算入 ・不正行為等に係る費用等の損金不算入 ・法人税額等の損金不算入 ・海外親会社等へ支払う過大な利子の損金不算入
損金算入	決算利益では，費用とされていないが，税法上は損金の額に算入されるもの	・各種の特別償却の損金算入（償却限度の増額） ・圧縮記帳による圧縮額の損金算入 ・繰越欠損金の損金算入 ・特定の基金に対する負担金等の損金算入 ・各種準備金の損金算入 ・協同組合等の事業分量配当等の損金算入 ・収用換地等の場合の所得の特別控除など

（出所）　寺﨑寛之編著（2023）『図説　日本の税制（令和4年度版）』財経詳報社, p.149。

　企業会計上の利益と税法上の所得とがよく似た概念でありながらこのように
区別されているのは，両者が異なる目的を有しているからである。企業会計の
目的は，株主や債権者などの外部の利害関係者に経営状況を開示することであ
る。それに対し，税法の目的は，担税力のある所得を算出し，課税の公平性や

85

第Ⅱ部｜現代財政を支える租税

中立性を実現する適正な課税を行うことである。また，特定の政策目的を実現するために租税政策上の措置を課税ベースに反映させることもある。こうした目的の違いから，利益と所得の金額は異なるものとなる。

　もっとも，益金不算入，益金算入，損金不算入，損金算入の項目や範囲は不変ではない。たとえば，引当金については，かつては多くの種類が損金として認められてきたが，税制優遇であるとの批判を受け，1990年代末頃から縮小され，現在では法人税法上は資本金1億円以下の普通法人などに貸倒引当金が認められているのみである。減価償却制度については，2007年度税制改革によって償却可能限度額と残存価額が廃止され，新たな償却方法が導入されるなど，国際水準の実現と投資促進のための変更が行われた。近年は，こうした課税ベースの拡大に力が入れられているが，準備金や特別償却の損金算入は「利潤の費用化」ともいわれ，課税所得を減少させる税制優遇の性格を依然として有している。

3　法人税の税率

　課税ベースとなる法人所得が算出されたならば，そこに税率を適用することになる（【図表6－1】を参照）。法人税の税率は比例税率であり，普通法人の場合の税率は23.2％となっている。ただし，資本金が1億円以下の中小法人の場合は，所得金額のうち年800万円以下の金額については軽減税率が適用される。この軽減税率は，通常は租税特別措置法の特例による15％が適用されるが，過去3年間の平均所得金額が15億円を超える場合は適用除外事業者となり本則の19％が適用される。

　ところで，法人が負担する税には，法人税以外にも国税として地方法人税，地方税として法人住民税，法人事業税（損金算入される）がある。そこで，法人の税負担の国際比較をする場合には，国と地方の税負担を合算調整した法人実効税率が使用されることがある。資本規模によっても異なるが，財務省によれば2023年1月現在の日本の法人実効税率はおよそ29.74％になる。他国の法人実効税率は，ドイツ29.80％，米国27.98％，カナダ26.50％，フランス25.00％，

86

第6章　法人税の仕組みと課題

イタリア24.00％，英国25.00％となっているので，高いほうではあるが概ね国際水準にあるといえる。ただし，法人の実際の税負担は税率の高低だけで決まるわけではない。税率が適用される課税ベースの算定そのものが各国の税法に依存するほか，国によって税額控除を通じたさまざまな優遇措置も存在する。また，社会保険料の雇用主負担分は税負担と同様の意味をもつが，これも税率からはわからない。そのため，国際比較の際には税率以外の要素にも注意が必要である。なお，企業の投資の意思決定には，こうした税法で定められた税率（法定税率，表面税率）のほかに，平均実効税率（企業の得た利益に対する税額の割合）や限界実効税率（追加的な投資に対する税額増加分の割合）が影響するといわれている。

次に，日本の法人税率の推移をみてみると，1984年42％から43.3％へと引き上げられたのを最後に，1986年以降の約30年間は一貫して引き下げられてきたことがわかる（【図表6－3】を参照）。こうした法人税率の引下げの背景には，1980年代末以降の国際的な税率引下げ競争がある。イギリスが1983年から86年にかけて法人税率を52％から35％に引き下げると，アメリカも1986年のレーガン税制改革で連邦法人税率を46％から34％に引き下げた。その後は両国に追随するように各国で税率引下げが繰り返され，OECD諸国の法人実効税率の平均

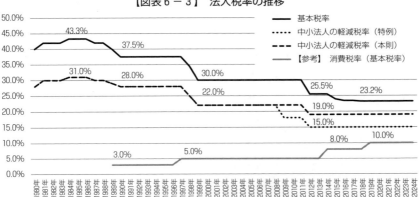

【図表6－3】　法人税率の推移

（出所）　財務省ホームページ「法人税に関する基本的な資料」より作成。

第Ⅱ部 | 現代財政を支える租税

値は1980年から2022年までの間におよそ半分にまで下落している。税率の引下げと課税ベースの拡大が主要先進国の法人税改革の基本的なトレンドとなるなかで、経済界からの要請もあり、日本も法人税率を段階的に引き下げていった。

しかし、法人税率の引下げは税収の減少につながるため、課税ベースの拡大や代替財源なしに行うことは難しい。その意味で、消費税の導入は法人税率の引下げを容易にしたと考えられる。【図表6－3】からもわかるように、1989年の消費税の導入、そしてその後の消費税率の引上げのタイミングに前後して法人税率が引き下げられている。

4　税額控除——二重課税の排除と特定の政策目的の実現

算出税額に税額控除を適用することで法人税の納付税額が確定する（【図表6－1】を参照）。二重課税の排除を目的とする税額控除には、所得税額控除と外国税額控除がある。所得税額控除は、法人が受け取る利子や配当等について、源泉徴収される所得税等の額を法人税の前払いとみなして法人税額から控除できる制度である。外国税額控除は、外国支店等が現地で納めた外国税額を日本で納める法人税額から控除できる制度である。日本の税収はその分失われるが、海外展開する法人に対する二重課税を排除することができる。

特定の政策目的の税額控除については、租税特別措置法でさまざまなものが設けられている。租税特別措置とは、特定の政策的目的のために税負担の公平を犠牲にして税の軽減などを行うものである。たとえば、研究開発投資を促進するために試験研究費の一定割合を税額控除する研究開発促進税制や、給与等支給額の増加額の一定割合を税額控除する賃上げ促進税制などがある。こうした税額控除は法人税額を直接減じるものであるため、納税者に強いインセンティブを与えることができるが、税の公平性や税収は損なわれる。しかも、租税特別措置による税制優遇は、税額控除だけでなく、先述の準備金や特別償却の損金算入など多岐にわたっており、その実態や効果が国民からみえにくい。こうした批判を受けて、2010年に「租税特別措置の適用状況の透明化等に関する法律」が制定され、租税特別措置の適用状況等についての調査と国会への報

告が行われるようになった。

Ⅱ　法人税を納める法人の実態

1　単体法人と通算法人

　法人税を納める法人の実態をみるうえで，単体法人と通算法人を区別しておく必要がある。法人税は通常，各法人を単位としてその所得に課税されるが，一体的経営を行う企業グループの場合，グループを構成する複数の法人を実質的に１つの法人とみて課税するほうが実態に即している場合がある。そこで，日本企業の国際競争力強化の観点から2002年度税制改正で連結納税制度が導入された。連結納税制度は，親法人とその親法人が直接・間接に100％の株式を保有するすべての子法人（外国法人を除く）が連結グループの対象となり，その連結所得に法人税が課される仕組みである（制度の適用は選択制）。仮に，親法人が利益を出していても子法人が損失を出していればその分相殺（損益通算）されるので，別々に課税される場合よりもグループ全体の税負担が軽くなるというメリットがある。

　なお，連結納税制度は，申告・納付を親法人がまとめて行うものであったため，親法人の事務負担が大きかった。そこで，2022年４月１日以後に開始する事業年度より，グループの各法人が申告・納付を行うグループ通算制度へと移行することとなった。こうしたグループ通算制度が適用される法人を，単体法人と区別して，通算法人（旧連結納税制度では連結法人）という。

2　資本金階級別の特徴

　【図表６−４】は，日本の法人の実態を示したものである。ここでの法人とは，国税庁の「会社標本調査結果」の調査対象である内国普通法人（休業中・清算中の法人，一般社団・財団法人，特殊な法人を除く）であるが，2022年度は2,914,253社であった。単体法人は2,897,282社であり，連結法人は連結親法人と連結子法人を合わせて5,408社，通算法人は通算親法人と通算子法人を合わ

第Ⅱ部｜現代財政を支える租税

せて11,563社となっている。数のうえでは99.4%が単体法人であり，連結法人と通算法人は数としてはそれぞれ0.2%と0.4%を占めるに過ぎない。ただし，営業収入金額でみれば連結法人は全体の4.5%，通算法人は23.1%を占め，法人税額でもそれぞれ全体の3.0%，15.6%を占めている。これは企業グループを形成している連結法人あるいは通算法人には大企業が多いためである。

【図表6－4】 法人の実態

(資本金階級別，2022年度分)

項目 資本金階級	法人数	利益計上法人		営業収入金額 (百万円)	申告所得金額 (利益) (百万円)	法人税額 (百万円)	法人税 負担率 (平均)
		数	割合				
100万円以下	593,477	228,181	38.4%	30,089,021	2,441,739	465,814	19.1%
100万円超	85,957	31,514	36.7%	3,535,661	230,218	42,045	18.3%
200万円超	1,148,702	402,892	35.1%	66,403,121	3,599,179	670,037	18.6%
500万円超	705,163	272,668	38.7%	127,464,955	6,777,706	1,344,999	19.8%
1,000万円超	143,079	70,148	49.0%	53,605,165	2,962,282	598,129	20.2%
2,000万円超	150,262	78,437	52.2%	131,218,222	6,863,052	1,418,763	20.7%
5,000万円超	54,391	29,144	53.6%	141,477,605	8,147,970	1,688,794	20.7%
1億円超	10,121	7,349	72.6%	93,238,273	5,913,349	1,285,384	21.7%
5億円超	1,484	1,106	74.5%	23,048,991	1,580,107	341,947	21.6%
10億円超	2,908	2,182	75.0%	79,503,341	4,583,758	936,998	20.4%
50億円超	727	532	73.2%	36,000,375	2,614,369	462,370	17.7%
100億円超	1,011	807	79.8%	153,021,823	13,608,950	2,337,190	17.2%
連結法人	1,002	563	56.2%	57,940,571	3,161,195	424,554	13.4%
連結親法人	(1,002)						
連結子法人	4,406						
通算法人	(11,563)	6,911	59.8%	299,313,776	17,552,028	2,227,300	12.7%
通算親法人	921						
通算子法人	10,642						
合計	2,914,253	1,132,434	38.9%	1,295,860,900	80,035,902	14,244,324	17.8%

(注1) 2022年度分調査は移行期であり，旧制度（連結納税制度）の連結法人のデータも含まれている。

(注2) 利益計上法人の比率の合計欄の数値は，連結子法人を除いた法人数を分母として算出している。

(注3) 法人税負担率（平均）は，申告所得金額（利益）に対する法人税額の割合として算出している。

(出所) 国税庁「令和4年度分会社標本調査結果」をもとに作成。

第6章　法人税の仕組みと課題

　次に，単体法人について資本金階級別にみてみると，資本金10億円を超える
ような大企業は全体の0.1％に過ぎず，98.9％は資本金１億円以下の法人であ
る。なかでも資本金1,000万円以下の零細企業が圧倒的に多く，全体の86.9％
を占めている。また，資本金規模が小さいほど同族会社の割合が高い傾向にあ
り，資本金１億円以下の法人では98.6％が同族会社である。一方，法人税額で
みると，資本金10億円を超える法人は全体の26.2％を納めており，資本金1,000
万円以下の法人は17.7％にとどまっている。これには，所得金額の大きさの違
いだけでなく，欠損法人（赤字法人）の割合も影響している。資本金10億円を
超える法人では利益計上法人（黒字法人）の割合は75.8％だが，資本金1,000万
円以下では36.9％であり，実に63.1％が法人税を課されない欠損法人となって
いる。

　資本金階級ごとに法人税額を利益計上法人の申告所得金額で割って，法人税
負担率（平均）を算出してみると，資本金１億円超〜５億円以下の階級が21.7％
ともっとも高くなっている。資本金１億円以下の法人の税負担率がやや低いの
は，軽減税率の適用の影響と考えられる。一方，資本金５億円を超えると税負
担率が低下していく傾向については，利用できる税額控除などの差が影響して
いると考えられる。とくに単体法人の100億円超では17.2％，連結法人では
13.4％，通算法人では12.7％となっており，法人税の法定税率が23.2％である
ことを考えると，実際の税負担率との間にはかなりの開きがあることがわかる。

Ⅲ　法人税の理論と実際

1　法人税の存在理由と所得税との二重課税の調整

　なぜ個人のような自然人ではない法人の所得に課税するのだろうか。伝統的
には，法人実在説と法人擬制説の２つの法人に対する学説から法人税に対する
異なる考え方が展開されてきた。法人実在説では，所有と経営が分離した大規
模な株式会社を念頭に，法人をその株主とは別の独立した実体と捉える。法人
は個人とは異なる固有の担税力を有するとみなされ，法人税を課すことが正当

91

第Ⅱ部｜現代財政を支える租税

化される。一方，法人擬制説では，法人を個人株主の集合体と捉える。この立場からすれば，法人は株主が所得を得るための手段に過ぎず，法人の所得は最終的に株主の個人所得であるため，法人そのものには担税力はないと考える。しかし，法人税がなかったならば，株主に配当されずに法人内部に留保された分は無税のまま蓄積されることになる。そのため，法人擬制説に立つ場合でも，株主に課される所得税の「前取り」としての法人税は正当化される。このように，法人実在説と法人擬制説のいずれの立場でも法人税の存在理由を説明することは可能である。

　しかし，法人擬制説に立つ場合には，法人税と所得税の調整（統合）が必要となる。なぜなら，株主が受け取る配当所得にはすでに法人税が課されているため，もしそのまま株主段階でも所得税が課されるならば，同一所得に対する二重課税（経済的二重課税）となるからである。この二重課税の調整の方式は，大きく完全統合方式と部分統合方式に分けられる。

　完全統合方式は，配当，留保を問わず，実質的に個人段階でのみ課税する方法である。代表的なものとしては，組合方式とカーター方式がある。組合方式（パートナーシップ方式）は，法人段階では課税をせず，法人所得を株主の持ち分に応じて株主に割り当て，株主段階で課税する方式である。カーター方式は，カナダの『カーター報告』（1966年）で提案されたもので，法人段階で法人税を課し，税引き前の法人所得を株主に割り当てて所得税を課すが，株主段階で法人税分の税額控除を認めることで二重課税を調整する方式である。なお，法人税率と所得税率の最高税率を50％に揃え，大多数の納税者を税還付の対象者にすることで，組合方式で問題となる納税資金不足にも対応している。さらに，キャピタル・ゲインの課税でも留保分の課税との二重課税があるとみて調整を行う。

　部分統合方式は，法人税を課したうえで配当部分についてのみ二重課税の調整を行う方法であるため，配当救済方式とも呼ばれる。代表的なものとしては，インピュテーション方式と配当税額控除方式がある。インピュテーション方式は，個人株主の所得に課税前の配当所得を合算して所得税を課し，配当にかか

る法人税額分の税額控除を行う方法である。課税前の配当所得は「受取配当／（1－法人税率）」で得られ，税額控除額は「課税前の配当所得×法人税率」で得られる。受取配当と法人税率で計算できるため実行可能性は高い。配当税額控除方式は，配当を受け取る個人株主段階で一定の税額控除を認めるものである。あくまで概算で株主の税負担を軽減するものにすぎないため，配当部分に関してさえ完全な二重課税の調整にはならないが，その分執行コストが低い。

　国によって二重課税の調整のあり方は多様である。アメリカの場合は，法人実在説に立ち，C法人と呼ばれる通常の法人については調整をしていない（ただし，S法人と呼ばれる一定の条件を満たした小規模な法人については個人事業との中立性の観点から組合方式による二重課税の排除を行っている）。一方，多くの国は法人擬制説に立つ。理論的には完全統合方式が優れているが，法人所得の株主への割当ては実務上困難であり，現実には部分統合方式が採用されている。インピュテーション方式はオーストラリアやニュージーランドで採用されているが，近年，その採用国は減少している。かつては欧州諸国でも採用されていたが，EU条約への抵触などから，フランス，ドイツ，英国などでは廃止された。現在，ドイツは調整を行っておらず，配当に関しては申告不要（源泉徴収）の分離課税となっており，フランスと英国では配当税額控除方式による調整がなされている。日本では，シャウプ勧告以来，法人擬制説に立って二重課税の調整を行ってきた。現在は配当税額控除方式を取っており，配当について総合課税を選択した場合，受取配当の10％（一定の条件では5％）の税額控除が認められる。なお，法人間配当については，保有割合に応じて受取配当等の益金不算入制度によって調整している。

2　法人税の転嫁と帰着

　法人税は納税義務者である法人が負担者でもあることが想定されている直接税であるが，その経済的な負担を実際にどの経済主体がどの程度負っているかはまた別の問題である。納税義務者が価格等を通じて税負担を他の経済主体に移すことを転嫁といい，転嫁を考慮した最終的な税負担の発生を帰着という。

第Ⅱ部 | 現代財政を支える租税

先述の二重課税調整の議論は，法人税の負担がすべて株主に帰着することを前提にしているが，必ずしも株主だけに転嫁されるとは限らない。法人税は，消費者，労働者，経営者などにも転嫁される可能性があるということについては，理論的にも実証的にも広範な合意がある。

しかし，実際に転嫁と帰着がどうなるかは具体的な経済条件に依存する。たとえば，財・サービスの需要の価格弾力性が小さければ，価格を引き上げても売れるため，税負担は価格の上昇を通じて消費者に転嫁されやすい。また，賃金を下げても働きたい人が減らないのであれば，税負担は賃金の低下を通じて労働者に転嫁されやすい。こうした転嫁と帰着を明らかにするには，需要の価格弾力性，生産要素の代替性，企業の市場支配力，労働集約性，国際的資本移動の容易さ，経済規模などさまざまな要素を考慮しなければならず，現状では統一したメカニズムが明らかになっているとはいえない。

3 負債調達と株式調達の非対称性

企業は資金調達する際，社債発行等による負債調達か，株式発行による株式調達かを選択できる。しかし，税制上の両者の扱いは異なっている。負債の利子の支払いは費用として課税ベースから控除できるのに対し，配当の支払いは控除できない。この側面だけをみれば，法人税上は負債調達のほうが有利ということになる。こうした両者の非対称な取扱いがさまざまな歪みや問題を引き起こしているとの批判がある。

対称的な取扱いをするための法人税改革案としては，①利子の控除を否認するものと，②配当に控除を認めるものに分けられる。①の代表的なものとしては，米国財務省が提案したComprehensive Business Income Tax（CBIT）がある。②の代表的なものとしては，英国のミード報告が提案したキャッシュフロー税や，利子率相当のみなし収益率を用いて実質的に支払い配当の一部に控除を認める Allowance for Corporate Equity（ACE）がある。このうち ACE についてはいくつかの国で導入されているが，執行上の理由から廃止された国も多い。なお，経済的な課税ベースとしては，①は正常利潤と超過利潤となり，

②は超過利潤のみとなるため，投資への中立性という観点からは②が支持される。

Ⅳ 多国籍企業と国際課税

　大規模な法人の多くは複数の国に支店や子会社を有し，国境をまたいで活動する多国籍企業（multinational corporation, MNC）である。多国籍企業は複数の国で利益を上げるため，所得の源泉地国と企業が所在する居住地国との間で同一の所得をめぐる課税権の衝突が生じる。こうした国際的二重課税の問題に対処するため，1920年代の国際連盟の時代に国際課税のルールづくりがはじまり，各国が締結する租税条約の基礎がつくられた。

　しかしながら今日では，どの国も課税されない所得の存在，すなわち国際的二重非課税が大きな問題となっている。多国籍企業はグループ内の取引を活用し，高課税国から低課税国に意図的に所得を移して，グループ全体の税負担を最小化するインセンティブを有する。日本でも，移転価格税制，外国子会社合算税制（タックス・ヘイブン対策税制），過少資本税制，過大支払利子税制などを整備して，こうした多国籍企業による利益移転に対応してきたが，各国の税制の相違を利用するアグレッシブなタックス・プランニングに対しては，各国ごとの対応だけでは限界がある。たとえば，Apple社などが用いていた「Double Irish with a Dutch Sandwich」と呼ばれる租税回避スキームでは，米国，アイルランド，オランダ，バミューダという4つの法域の税制の相違が巧みに利用されていた。

　2008年のリーマンショック後の各国の財政悪化を機に，税負担を免れる巨大多国籍企業への批判が高まり，本格的に国際協調によって国際的二重非課税問題に取り組もうという機運が生まれた。これを受けて，OECDとG 20は「税源浸食と利益移転（Base Erosion and Profit Shifting：BEPS）」プロジェクトに着手し，2015年には15項目におよぶ行動計画についての最終報告書をまとめた。従来の国際課税制度の抜け穴を塞ぐ勧告がなされ，各国はそれを順次国内法に

95

第Ⅱ部｜現代財政を支える租税

反映させていった。BEPSプロジェクトは，その参加国の多さと国際協調のレベルにおいて画期的な成果をあげたといえる。

2015年までの取組みを「BEPS 1.0」とすれば，現在OECD／G 20が取り組んでいるのは「BEPS 2.0」である。これは，2021年10月に約140の国と地域が合意した「2つの柱」からなっている。第1の柱は，市場国への課税権の配分である。経済のデジタル化によって，プラットフォーマーのような物理的な拠点なしに活動する企業が増えてきたことを踏まえ，恒久的施設（PE）を有しない市場国にも一部課税権を配分するものである。第2の柱は，グローバル・ミニマム課税制度の導入である。国際的な租税競争を終わらせるために，世界のどこで活動していても最低15％の課税が行われるようにする仕組みである。その実施には多くの困難があるとみられているが，100年ぶりの国際課税ルールの改革とも評されており，グローバル化とデジタル化の時代にふさわしい国際課税の実現が期待されている。

＜参考文献＞

エマニュエル・サエズ，ガブリエル・ズックマン（山田美明訳）［2020］『つくられた格差——不公平税制が生んだ所得の不平等』光文社.

宮島洋［1986］『租税論の展開と日本の税制』日本評論社.

宮本憲一・鶴田廣巳・諸富徹編［2014］『現代租税の理論と思想』有斐閣.

諸富徹［2020］『グローバル・タックス——国境を超える課税権力』岩波書店.

第7章　消費税の仕組みと課題

　消費税（付加価値税）は，戦後に登場した比較的新しい税である。しかしながら，ヨーロッパ諸国を中心に世界中に広がり，今では170か国以上で導入されている。日本でも1989年に導入され，近年では所得税を超える税収をあげるようになった。一方で，消費税には逆進的な性格があるため，消費税への依存は税制全体の再分配機を低下させる。軽減税率などの逆進性対策も講じられてきたが，税収調達力や税務執行の面で問題も多い。本章では，消費税の仕組み，理論，課題についてみていく。

I　消費税の仕組み

1　消費税の負担と納付の仕組み

　消費税の課税対象は，原則として国内におけるすべての商品の販売やサービスの提供と輸入取引である。広義では，たばこ税や酒税のように特定の商品にかかる税も消費税の一種であるが，これらは個別消費税と呼ばれ，一般消費税である消費税とは区別される（本章では，個別消費税については扱わない）。消費税はその課税ベースの広さから，個別消費税に比べて，消費者の選択に対して中立であるだけでなく，低い税率で高い税収調達力をもつという利点をもっている。

　消費税の納税義務者は商品やサービスを提供する事業者である（輸入取引では個人も納税義務者となりうる）。一方，消費者は最終的な税の負担者として予定されている。このように消費税は，納税義務者と税の負担者が異なる間接税である（ただし，消費税法上定められているのは納税義務者のみであり，負担者についての定めはない）。

　各事業者が納付する消費税額は，次のような式であらわすことができる。

97

第Ⅱ部｜現代財政を支える租税

　　納付税額＝売上税額－仕入税額

　　　　　　＝（売上税×税率）－（仕入額×税率）

　　　　　　＝（売上額－仕入額）×税率

　　　　　　＝付加価値額×税率

　消費税の納付税額は，売上税額（売上げにかかる消費税額）から仕入税額（仕入れにかかった消費税額）を差し引いて算出する。この仕組みは仕入税額控除といい，消費税のもっとも重要な特徴となっている。もし仕入税額控除がなければ，各流通段階で税が累積し，取引回数が多いほど税込価格は上昇することになる。実際，消費税の前身である取引高税ではこうした税の累積が問題になっていた。また，上の式にあるように，「売上税額－仕入税額」は「（売上額－仕入額）×税率」ともあらわせる。「売上額－仕入額」はその事業者が付け加えた付加価値なので，「付加価値額×税率」とあらわせる。このことは消費税が各事業者の生み出した付加価値に対する課税であることを意味している。そのため，消費税は付加価値税（Value Added Tax：VAT）とも称される。

　消費税の納付と負担の仕組みについて，【図表７－１】の数値例を用いて確認しておこう。まず，原材料製造業者の売上額は20,000円，売上税額は2,000円となっており，完成品製造業者の仕入額，仕入税額とそれぞれ一致している。これは，原材料製造業者が完成品製造業者に税込22,000円で原材料を販売していることを意味している。このとき，原材料製造業者の納付税額は，売上税額2,000円から仕入税額０円を引くので，2,000円である。次に，税込22,000円で原材料を仕入れた完成品製造業者のほうは，製品を卸売業者に税込55,000円で販売している。したがって，完成品製造業者の納付税額は3,000円となる。同様に見ていくと，卸売業者は商品を小売業者に税込77,000円で販売しており，納付税額は2,000円，小売業者は商品を消費者に税込110,000円で販売しており，納付税額は3,000円となっている。最後に，消費者が小売業者に支払った110,000円の内訳は税抜100,000円と消費税10,000円である。この消費者が最終的に商品価格の一部として負担した消費税10,000円と各事業者の納付税額の合

計が一致している。

【図表7－1】 消費税の納付と負担の仕組み

(消費税率：10％，単位：円)

	納税義務者				消費者の支払額 110,000	
	原材料製造業者	完成品製造業者	卸売業者	小売業者		
売上額	20,000	50,000	70,000	100,000	税　抜	100,000
売上税額	2,000	5,000	7,000	10,000	消費税	10,000
仕入額	0	20,000	50,000	70,000		
仕入税額	0	2,000	5,000	7,000		
納付税額	2,000	3,000	2,000	3,000	納付税額合計　10,000	

（出所）　財務省ホームページ「多段階課税の仕組み（イメージ）」の数値例をもと
に作成。

　このように，消費税は，各事業者が販売価格に乗せて「前方」に転嫁して
いった税負担が最終的に消費者に行きつく仕組みになっている。そして，仕入
税額控除の仕組みにより，「後方」の事業者が納付すべき税額を控除すること
で，各事業者があたかも分担して税を納付するようなかたちになっている。

2　転嫁を巡る問題──市場における力関係，非課税取引，免税事業者

　しかしながら，税を確実に転嫁できるとは限らない点には注意が必要である。
中小の下請企業など市場における力関係が弱い場合，税を十分に価格に上乗せ
できずに，実質的な負担が発生してしまう場合がある。こうした懸念から，
2014年の税率引上げを控えた2013年に消費税転嫁対策特別措置法が施行され，
事業者間取引において価格転嫁を拒否する行為を禁止する措置が講じられてき
た。同法は2021年3月31日をもって失効しているが，引き続き，公正取引委員
会は独占禁止法違反行為および下請法違反行為の対象として厳正に対処するこ
とを言明している。

　また，非課税取引の場合にも転嫁の問題は発生する。消費税には消費税の性
格上非課税取引となっているもの（金融取引や行政サービスなど）と政策的配慮
により非課税取引とされているもの（医療保険法にもとづく医療，介護保険法にも

第Ⅱ部 │ 現代財政を支える租税

とづく居宅サービス，学校の授業料など）がある。非課税取引は事業者に納税義務がないため，仕入税額控除が適用されることもない。いわば消費税というシステムの枠外にある。しかしながら，非課税取引の場合でも，仕入れには消費税が含まれているため，仕入税額分を価格に転嫁できなければ，消費者の代わりに事業者が税を負担することになる。実際，非課税取引にもかかわらず税率引上げ時に診療報酬や薬価が改訂されてきたが，これは医療機関が仕入れ時に負担する消費税を反映させるためである。

免税事業者（年間の課税売上高が1,000万円以下で納税義務が免除されている事業者）もまた消費税のシステムの枠外であり，仕入税額控除を受けることができない。免税事業者は納税義務がないのに消費税を請求して「益税」を得ていると批判されることもあるが，少なくとも仕入税額分は価格に転嫁できなければ自ら税を負担することになる。

3　消費税の税率

現在の日本の消費税の税率は2種類あり，標準税率が7.8％，軽減税率が6.24％である。一般に消費税率は10％と8％の2種類として理解されているが，それは国税の消費税と地方税の地方消費税を合わせた税率である。地方消費税は消費税の22／78とされているので，標準税率は消費税7.8％と地方消費税2.2％の合計で10％，軽減税率は消費税6.24％と地方消費税1.76％の合計で8％となる。しかしながら，地方消費税の徴収は国が消費税と一緒に行っており，レシート上でも区別されていないため，消費者が地方消費税を認識する機会は少ないといえる。

消費税率は徐々に引き上げられてきている。1989年に消費税が導入された際の税率は3％であった。1997年に地方消費税が導入され，消費税と地方消費税を合わせた税率は5％となり，2014年にはそれが8％へ，2020年には10％へと引き上げられた。また，10％への引上げと同時に一部の取引に軽減税率が適用されることとなり，日本の消費税は単一税率から複数税率へと移行した。もともと，2014年の税率引上げのあと，2015年10月の引上げが予定されていたが，

100

第7章　消費税の仕組みと課題

経済への影響を考慮して2度延期され，最終的に2020年10月の引上げとなった。

　軽減税率の対象は，①酒類・外食を除く飲食料品，②定期購読契約が締結され週2回以上発行される新聞である。軽減税率の目的は生活必需品の税負担の軽減にあるため，外食サービス等は軽減税率の対象にならない。しかしながら，テイクアウトすれば軽減税率の対象となるが，店内でのイートインスペースでの食事は外食サービスを提供しているとみなされ標準税率の対象になるなど実際の運用は必ずしもわかりやすいものではない。軽減税率を採用する場合には，適用対象の線引きが必要となるため，このような複雑性の増加は避けられない。

4　帳簿方式における納付税額の計算

　課税事業者の納付税額の計算は，先述のとおり「売上税額－仕入税額」であるが，日本では消費税の導入以来，帳簿方式（1997年からは請求書等保存方式，複数税率が導入された2019年10月から2023年9月までは区分記載請求書等保存方式）が実際の税額計算で採用されてきた。帳簿方式の特徴は仕入税額控除を自己の帳簿上の記録によって行う点にある。具体的には，まず税込の課税売上高を「1＋税率」で除して税抜の課税売上高を計算し，そこに税率を乗じて「売上税額」を算出する。次に，「仕入税額」についても同様に税込の課税仕入高を「1＋税率」で除して税抜の課税仕入高を計算し，そこに税率を乗じて算出する。こうした計算を「割り戻し計算」という。こうして算出した「売上税額」から「仕入税額」を引いたものが納付税額となる。なお，複数税率の場合は，適用税率ごとに課税売上高と課税仕入高を区分して「割り戻し計算」を行うことになる。

　帳簿方式では自己の帳簿にもとづいて仕入税額が計算されるため，仕入税額控除にあたって仕入先が課税事業者であるか否かにかかわらず仕入税額控除が適用されることになる。たとえば，仕入先が免税事業者で，仕入価格に実際には消費税が含まれていない場合でも，仕入税額控除が適用できるため，意図せず過大な控除となり，その分の税収は失われることになる。帳簿方式は帳簿上で税込の課税売上高と課税仕入額の総額がわかれば計算できるため，事務負担

101

第Ⅱ部｜現代財政を支える租税

の軽減の点では優れているが，個々の取引単位の税の転嫁が不透明になってしまうという問題があった。

5　インボイス方式における納付税額の計算

そこで，日本でも複数税率に対応して転嫁の透明性を高める目的から，2023年10月からインボイス方式（適格請求書等保存方式）が導入されることとなった。インボイス方式はEU諸国で採用されてきた方式で，仕入税額控除の適用に課税事業者のみが発行できる適用税率と税額などが記載されたインボイス（適格請求書）を必要とする方式である。

インボイス方式のもとでの納付税額の計算は，基本はこれまでと同じであるが，「割り戻し計算」の他に，適格請求書に記載された税額を積算して売上税額や仕入税額を計算する「積上げ計算」も可能となった。売上税額の算出は，原則は「割り戻し計算」で，特例として「積上げ計算」がみとめられる。後者の場合は売上税額を確認するため，相手方に交付した適格請求書の写しを保存していることが条件となる。仕入税額の計算は原則が「積み上げ計算」で，特例が「割り戻し計算」となる。なお，売上税額の計算に「積上げ計算」を用いる場合には，仕入税額の計算も「積上げ計算」を用いなければならない。

インボイス方式のもとでは，インボイスを通じて事業者間に課税の連鎖が生まれるため，相互監視機能が働き，脱税や過少申告が困難になるとされている。しかし，インボイス方式の導入で既存の免税事業者は苦しい選択を迫られかねない。免税事業者からすればこれまでどおり最低でも仕入税額分は価格に転嫁したいが，納付税額の増加を避けたい取引相手側からは，値下げをするか，課税事業者になるように求められる可能性がある。そのため，インボイス制度を機に課税事業者になりやすいように小規模事業者向けに激変緩和の特例措置も設けられているが，免税事業者のままこれまでどおりの取引を行うことが難しくなったことに変わりはない。

第7章　消費税の仕組みと課題

6　簡易課税制度

　課税売上高が50,000万円以下の中小事業者については，上記の計算方法の代わりに簡易課税制度を利用することができる。簡易課税制度は第1種から第6種までの事業区分ごとに定められた「みなし仕入率」を用いて仕入税額を計算する方法である。この方法では，「課税売上高×みなし仕入率×税率」＝「売上税額×みなし仕入率」が仕入税額とみなされる。売上税額がわかれば仕入税額が自動的に算出できるため，文字どおり簡易である。

　しかしながら，実際の仕入額よりもみなしの仕入額のほうが過大であれば，本来納付すべき税が課税事業者の手に残ってしまう「益税」の問題が生じる。簡易さと転嫁の透明性とはトレードオフの関係にあるといえる。

Ⅱ　消費税の理論と実際

1　一般消費税の類型と付加価値税の類型

　間接税タイプの一般消費税は，製造者売上税，卸売売上税，小売売上税など特定の業種にのみ納税義務を課す単段階税と取引高税（累積型）や付加価値税（非累積型）のような多段階税に分けられる。日本を含め多くの国で採用されている付加価値税と，アメリカの州やカナダの一部の州で採用されている小売売上税は，多段階税と単段階税の違いがありながら共通する点も多い。両税とも最終消費を対象にしているので，課税ベースが同一で税率が等しければ，両税の負担，価格への影響，そして税収も同一になる。もっとも，執行面では大きな違いがある。小売売上税は小売段階で脱税が起こると税収がすべて失われるが，付加価値税ではすべての取引段階に納税義務者が分散されているのでそうしたリスクは少ない。また，小売売上税では，事業目的と消費目的を区別することは難しく，仕入税額控除の仕組みもないため，中間投入財にかかる税の累積を完全には排除できない。そして，実際には小売売上税をすべての財サービスに適用することは難しく，課税ベースが付加価値税よりも狭くなりがちで

103

第Ⅱ部｜現代財政を支える租税

ある。そのため，とくに中央政府レベルで採用する場合には，小売売上税よりも付加価値税のほうが優れているとされている。

付加価値税は理論上，消費以外を課税ベースとすることもできる。【図表7－2】は，課税ベース別の付加価値税の類型を示したものである。①は総生産タイプで，課税ベースは国民総所得と一致する，②は所得タイプで，課税ベースは国民純所得と一致する。③は賃金タイプで，課税ベースは国民純所得から利潤を控除したものと一致し，賃金を課税ベースとすることと等しい。そして，④は消費タイプであり，課税ベースは国民総生産から投資を控除したものと一致し，消費を課税ベースとすることと等しい。本章でとくに断りなく付加価値税という場合にはこの消費タイプをさしている。消費タイプの特徴は課税ベースから投資が即時控除される点にある。投資が即時控除される（資本財の購入にかかる消費税は仕入税額控除できる）ということは，税を考慮することなく投資できることを意味するため，消費タイプの付加価値税は他のタイプに比べ投資促進的ともいえる。

【図表7－2】 付加価値税の課税ベース別の類型

類　　型	課税ベース
① 総生産タイプ	国民総生産　　＝消費＋投資　　　　　　　　　＝賃金＋利潤＋減価償却費
② 所得タイプ	国民純所得　　＝消費＋投資－原価償却費　　　＝賃金＋利潤
③ 賃金タイプ	国民純所得－利潤＝消費＋投資－減価償却費－利潤＝賃金
④ 消費タイプ	国民総生産－投資＝賃金＋利潤＋減価償却費－投資＝消費

（出所） 宮島（1986）をもとに作成。

2　付加価値税の税収調達力——潜在的な税収と実際の税収のギャップ

付加価値税の税収構造に占める比重の拡大は，日本に限ったことではなく，世界的な傾向である。戦後，1953年にフランスで初めて付加価値税が部分的に導入されてから，ヨーロッパ諸国を中心に付加価値税は普及していき，現在，OECD加盟国の38か国だけでみてもアメリカを除く37か国が付加価値税を導入している。また各国は付加価値税の導入以来，税率の引上げを行っており，標

第7章　消費税の仕組みと課題

準税率が25％前後に達している国も複数ある。一方で，多くの国で，軽減税率，ゼロ税率，非課税が設けられており，標準税率がすべての財・サービスの取引に適用されているわけではない。そうした例外が多ければ，それだけ税収調達力は低下し，低い税率で高い税収調達力をもつという付加価値税の利点が失われ，必要な税収を賄うために税率が高くなりやすくなる。

　付加価値税の税収調達力を測る概念として「C効率性（C-Efficiency）」がある。これは，潜在的な税収（一国の総消費に標準税率を乗じて算出）に占める実際の税収の割合であらわされる。C効率性の値によって，軽減税率やゼロ税率，非課税，脱税などによる税収ロスの程度を知ることができる。OECDはこのC効率性の概念に依拠し，実際の国民経済計算（SNA）の最終消費支出の項目を用いて「付加価値税収率（VAT Revenue Ratio：VRR）」を算出している。なお，SNAの最終消費支出には付加価値税が含まれているので，税抜の最終消費支出を得るために実際の税収を差し引く必要がある。この点を踏まえたVRRの計算式は，次のとおりである。

$$VRR = \frac{実際の税収}{(SNAの最終消費支出 - 実際の税収) \times 標準税率}$$

　【図表7-3】は，OECD諸国の標準税率とVRRを示したものである。標準税率ではハンガリーの27％が最も高く，ノルウェー，スウェーデン，デンマークの25％がそれに次いでいる。全体としては20％付近が多い。標準税率が10％以下の国は日本や韓国など4か国にとどまっている。一方，VRRをみると，ニュージーランドの1.02が突出している。これはニュージーランドの付加価値税の課税ベースが単に広いというだけでなく，政府サービスにも課税していることが影響している。その他は0.34～0.77の間に分布している。日本は，標準税率は低いがVRRは0.71と比較的高いため，効果的に税収を上げられているといえる。反対に，ギリシャやイタリアは，標準税率は20％を超えているが，VRRは0.38にとどまっているため，税収ロスが大きい構造になっているといえる。また，OECD諸国の平均は0.56であり，潜在的な税収の半分程度しか実

105

第Ⅱ部｜現代財政を支える租税

際には税収が得られていない。

【図表 7 － 3】 OECD諸国における付加価値税率と付加価値税収率（VRR）

（2020年）

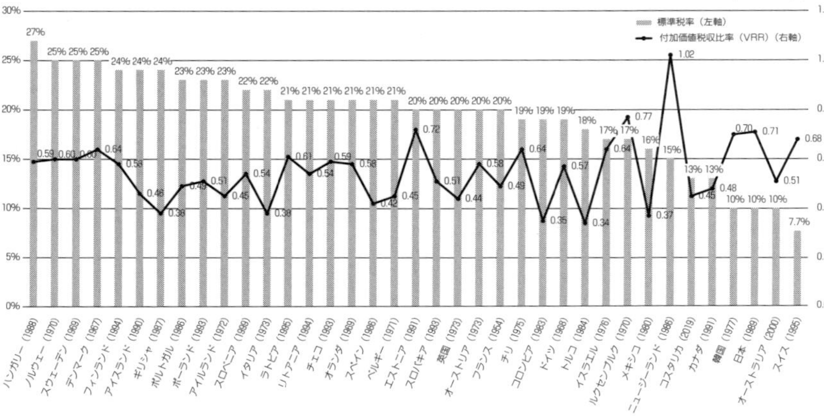

（注1） 国名の横の（ ）内は付加価値税の導入年。なお，フランスが全面的に付加価値税を導入したのは1968年だが，部分的ではあれ世界で初めて付加価値税を導入した1954年を導入年としている。

（注2） OECD加盟国は38か国だが，米国は付加価値税を導入していないので除外している。

（注3） カナダは州ごとに多様な消費税が存在するため，ここではオンタリオ州で適用されるGST/HSTの標準税率を用いている。

（出所） OECD（2022），*Consumption Tax Trends 2022 : VAT/GST and Excise, Core Design Features and Trends*, OECD Publishing, Parisのデータをもとに作成。

3 国際取引と仕向地主義課税の実現

　日本の消費税は国内で消費されるものは課税対象になるが，外国で消費されるものについては課税対象にならない。これは仕向地主義（Destination Principle）と呼ばれる課税原則であり，輸入は課税し，輸出は免税することを意味する。反対に，輸出に課税し，輸入を免税とする扱いは原産地主義（Origin Principle）という。原産地主義の場合はどこで生産したかによって税率が変わるため，生産拠点の立地を巡って租税競争が起きやすいが，仕向地主義であれば，どこで

106

第7章　消費税の仕組みと課題

生産されようとも最終消費地の税率のみが意味をもつためそうした問題は起きにくい。現在，ほとんどの国で付加価値税は仕向地主義で課税されている。

　仕向地主義課税を実現するためには，輸出取引は免税しなければならない。ここで注意すべきは，この場合の免税とは「ゼロ税率」の適用を意味し，「非課税」ではないということである。非課税取引は前述のとおり，売上に課税はされないが仕入税額控除も適用されない。しかしそうなると，前方転嫁されてきた税が輸出品の価格に含まれてしまう。そこで，完全に国内の消費税を免税するには，売上税額にゼロ税率を適用したうえで仕入税額控除を適用する必要がある。たとえば，前掲の【図表7－1】の小売業者が輸出業者であったなら，納付税額は売上税額10,000円×0％－仕入税額7,000円＝－7,000円となる。すなわち，7,000円の還付が生じることになる。この7,000円は転嫁されてきた税の合計（2,000円＋3,000円＋2,000円＝7,000円）を相殺するものである。法人税であれば，仮に輸出品の価格に税負担が転嫁されていたとしても輸出の際に取り除くことはできないので，付加価値税は法人税に比べて輸出促進的であると指摘されることもある。

　また近年，経済のデジタル化の進展のもとで，海外の事業者から国内の事業者や個人がオンラインでデジタル・サービスや無形資産を購入するケースが増えている。仕向地主義課税にもとづけば，輸入側での課税となるが，物品の輸入と異なり税関を通過しないため，従来の方法では実効性のある課税が困難であった。そこで，OECDの「税源浸食と利益移転（Base Erosion and Profit Shifting：BEPS）」プロジェクトの成果を受けて，購入者が事業者であるBtoB取引では国内事業者側に納税義務を課し（リバースチャージ方式），購入者が消費者であるBtoC取引では海外事業者側に国内の税務当局に登録させて徴収と納付を課す仕組みが導入されるようになった。日本でも2015年10月から「電気通信利用役務の提供に係る消費税」が導入されており，電子書籍や音楽の配信などデジタル分野においても仕向地主義にもとづく課税が行われるようになった。

107

第Ⅱ部｜現代財政を支える租税

Ⅲ　消費税を巡る課題

1　逆進性とその対策

　日本における消費税の導入は困難なものであった。日本は1973年の石油ショックを契機に低成長時代に入り，財政再建が課題となるようになった。新たな財源を求めた与党・政府は消費税の導入提案を行うようになったが，そのたびに国民の強い反発を招いた。1978年12月の与党の一般消費税（仮称）提案は，翌年9月には当時の首相が撤回することになった。1987年2月には売上税法案が国会に提出されたものの，5月に廃案となっている。そして，1988年の抜本的税制改革の一環として7月に消費税法案が国会に提出され，12月に可決，翌1989年4月に税率3％で導入された。しかしその代償として，政権支持率は急落し，その後の選挙で与党は大敗している。その後も税率の引上げのたびに，政権は支持率に気を配らねばならなかった。

　消費税がこれほど不人気な理由の1つは，その逆進的な負担にある。逆進的とは，所得が多い者ほど税負担が軽くなる性質をいう。高所得者ほど貯蓄率が高い（＝消費に回す割合が低い）ため，消費を課税ベースとする消費税の負担は，所得との割合でみると高所得者ほど小さくなる傾向がある。【図表7－4】は，年収に占める消費税負担額の割合であるが，年収が高くなるほど負担割合が下がっていることがわかる。こうした逆進性の問題に対応するため，2019年10月の税率引上げのタイミングで日本でも軽減税率が導入された。

　しかし軽減税率の採用は，税収調達力の低下，税務行政の複雑化，対象品目の決定の恣意性，資源配分の歪みといった問題を生じさせる。しかも，高所得者にも恩恵が大きいため，逆進性緩和効果は高くないことが知られている。実際，【図表7－4】で軽減税率導入前の2017年と導入後の2022年の数値を比べても特段，逆進性が緩和されているようには見えない。軽減税率やゼロ税率を採用してきたヨーロッパ諸国でも，近年，低いVRRが問題視され，消費税は単一税率が望ましいと指摘されるようになった（たとえば，英国IFSの報告書『マー

108

リーズ・レビュー（*Mirrlees Review*）』）。消費税の逆進性に対しては，執行が可能であれば，給付付き税額控除の仕組みを用いて所得税で対応する方法もありうる。消費税だけで考えるのではなく，所得税や社会保障の再分配機能を高めることが重要である。

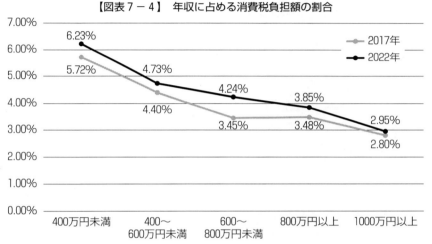

【図表7－4】 年収に占める消費税負担額の割合

（出所） 日本生活協同組合連合会政策企画室『家計・くらしの調査年次報告書』各年版より作成。

2 消費税の使途の限定

　消費税法の第1条第2項には，「消費税の収入については，地方交付税法（昭和25年法律第211号）に定めるところによるほか，毎年度，制度として確立された年金，医療及び介護の社会保障給付並びに少子化に対処するための施策に要する経費に充てるものとする」と定められている。これは2012年の社会保障・税一体改革で，今後の税率引上げにあたって，消費税の使途を上記の社会保障4経費に限定することが確認され，追加された項である。もっとも，1999年度予算以降，一般会計予算の「予算総則」に，消費税の使途を高齢者3経費（基礎年金，老人医療，介護）に充てることが記載されていた。そのため，社会保障・

第Ⅱ部 | 現代財政を支える租税

税一体改革は，消費税の「福祉目的化」から，消費税の「社会保障財源化」「社会保障目的税化」へと踏み込んだものといえる。

　しかし，消費税の使途が限定されたからといって，消費税の増収と社会保障４経費の増額が一致するわけではない。社会保障４経費に対して消費税収は14.8兆円（2022年度予算）も不足しているため，消費税収が増えて，社会保障４経費が増加しなかったとしても，消費税収のほうが少ない限り，消費税収はすべて社会保障４経費に充てていると主張することは可能である。むしろ反対に，使途が限定されることで，消費税率の引上げがなければ社会保障を充実させられないといった誤解を招く恐れさえある。

　消費税は一般会計で管理されており，そもそも使途を特定する方法はない。もし本当に「目的税化」するのであれば，特別会計で管理する必要がある。また，受益と負担の観点から消費税と社会保障を紐づけるべき理由も明らかにする必要がある。しかし，たとえそれができたとしても，ノン・アフェクタシオンの原則（**第1章を参照**）に反するような財政運営を消費税のような基幹税で行うべきではない。消費税という逆進的な税に依存する以上，本当に必要なのは「目的税化」ではなく，税制全体の公平性を高め，国民のニーズを予算に反映し，財政の透明性を高め，国民との対話を通じて信頼関係を築くことであろう。

＜参考文献＞

梅原英治 [2018]「消費税の『社会保障目的税化』『社会保障財源化』の検討」『大阪経大論集』第69巻第2号.

宮島洋 [1986]『租税論の展開と日本の税制』日本評論社.

諸富徹編 [2014]『日本財政の現代史Ⅱ─バブルとその崩壊　1986〜2000年』有斐閣.

Mirrlees, James (Chair), Stuart Adam, Tim Besley, Richard Blundell, Stephen Bond, Robert Chote, Malcolm Gammie, Paul Johnson, Gareth Myles and James M. Poterba (eds.) [2010], *Dimensions of Tax Design : The Mirrlees Review*, Oxford University Press.

第Ⅲ部

経済社会を支える現代財政

第8章　年金・医療・介護

　社会保障は，貧困の予防・救済が重要な機能として位置づけられる一方で，広く国民にとっての生活基盤として機能している。社会保障の中核的システムは，老齢，疾病，介護などの誰でも直面しうる生活上のリスクに対して共同して備える仕組みである社会保険である。本章では，社会保険の3本柱である，年金保険，医療保険，介護保険をみてみよう。

I　年金保険——老後所得保障の持続可能性

　公的年金保険は，老齢等により，長期にわたって所得が失われたり減少したりすることに対応し，これを補てんするため，定期的に年金給付を行う社会保険の1つである。日本は国民皆年金体制であり，高齢者世帯収入の約6割は公的年金（恩給を含む）であり，公的年金を受給する高齢者世帯の約6割は公的年金収入に8割以上依存した生活をしている（国民生活基礎調査）。年金保険は「社会全体での高齢者を支える仕組み（社会的扶養）」であり，高齢期における所得保障として重要な位置を占めている。しかし，少子高齢化の進行は，年金保険料を拠出する現役世代が減少する一方，年金を受給する退職高齢世代が増加することにつながっており，また制度立ち上げ期とは異なる経済状況を前提として，年金給付と負担のバランスをどう考えるのか，そして，将来的な年金財政の持続可能性への不安にどう対応するのかが問われている。

　国民皆年金体制が確立したのは，1959年に国民年金制度が創設されたことによる。それ以前から，被用者年金保険（厚生年金）は存在しており，第2次大戦後も公務員や私立学校教職員を対象とする各種共済が設立されたが，対象はいずれも被用者に限定されていた。他方，農業従事者等の自営業者等はそもそも加入できる年金保険制度自体が存在しておらず，また従業員5人未満の零細

第Ⅲ部 | 経済社会を支える現代財政

企業の被用者も被用者年金の適用外であった。国民年金制度は，国内に住所を
もつ20～59歳の日本国民のうち，被用者年金に加入していない被用者，自営業
者，家族従業員，無業者等を対象として，国民年金への加入と保険料の拠出を
義務付けたことで，国民皆年金体制が確立した。国民皆年金体制の確立後の大
きな枠組みの変更としては，1985年の基礎年金制度の導入（国民年金と厚生年金
の定額給付分を「基礎年金」として統合），合わせて，それまで任意加入であった
「被用者の被扶養配偶者」も強制加入として，基礎年金の受給権を付与（第3
号被保険者制度），2015年の厚生年金への一元化（民間被用者を対象とした厚生年金
に，国家公務員共済，地方公務員共済，私立学校教職員共済の年金部門を統合）があり，
現在の年金制度の枠組みとなった。

　現在の日本の公的年金保険は，国民（基礎）年金（1階部分）と厚生年金（2
階部分）の2階建て構造である。公的年金に加えて，国民年金基金やiDeCo（個
人型確定拠出年金）などの個人年金や，給料や退職金の一部を基金が運用して退
職後に給付する企業年金など，個人や雇用主による任意加入の私的年金保険が
あり，3階部分ともいわれる（【図表8－1】を参照）。1階部分である国民（基
礎）年金は，原則的に20～59歳の全国民が加入する義務がある。2階部分であ
る厚生年金は，上乗せの報酬比例年金部分であり，民間被用者，公務員と私学
教職員が対象である。公的年金に上乗せする3階部分については，金融庁の報
告書（2019年）を発端とした「老後2,000万円問題」（高齢夫婦無職世帯の平均実収
入と実支出の差額（－）を30年間積算して試算）を契機として注目されている。

　公的年金制度の財政方式としては，第1に保険料，第2に国庫負担，第3に
積立金とその運用収入を財源として，その時々の年金受給権者に対する年金給
付を行っている。つまり，その時の現役世代が納める保険料を財源としてその
時の高齢世代への年金給付を行いつつ，給付に充てられなかった保険料を積立
金として管理・運用して将来の年金給付財源とする，賦課方式（修正積立方式）
を採用している。

　まず第1の財源である保険料であるが，国民年金および厚生年金の保険料
（率）の決め方は，2004年年金制度改革によって大きく転換した。すなわち，

第 8 章　年金・医療・介護

【図表 8 − 1】　年金制度の仕組み

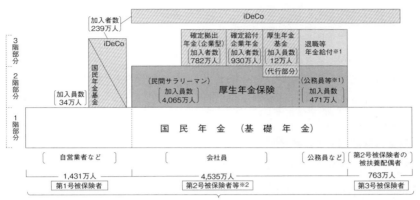

（出所）　厚生労働省(2023)『令和 5 年版厚生労働白書』, p.240。

　2004年改革以前では，物価や賃金の変動に応じて改定する年金額にもとづく将来見通しを作成し，必要な年金給付を賄うためにどれだけの負担が必要かを 5 年ごとに再計算して保険料（率）を設定していた。年金財政の収支バランスをとるために，年金給付の増加に合わせて保険料を引き上げることが繰り返されてきたのである。しかし2005年度以降は，一定の水準まで保険料（率）を引き上げたのちはそれで固定し，他方で年金給付水準を自動調整するという保険料固定方式がとられた。公的年金制度の成熟にともなう給付増や少子高齢化による人口構造の変化が進むなかでも，現役世代の保険料負担が過重となることを避けるための改革とされた。

　2004年改革以降の公的年金保険料は，以下のように決められている。まず，国民年金のみに加入する第 1 号被保険者の国民年金保険料は，2005年度以降毎年280円ずつ引き上げられ，2017年度に 1 万6,900円（2004年度価格）に固定された（産前産後期間の保険料免除制度が開始されたことにともない，2019年度以降は 1 万7,000円（2004年度価格））。民間被用者や公務員などは，厚生年金の被保険者

第Ⅲ部｜経済社会を支える現代財政

であるとともに，国民年金では第2号被保険者と区分され，毎月の給与と賞与に共通の保険料率をかけて算出された厚生年金保険料を，被用者本人と雇用主とで半分ずつ負担する。厚生年金の保険料率は，2005年度以降毎年0.354％引き上げられ，2017年9月分以降18.3％に固定された。第2号被保険者に扶養されている20歳以上60歳未満の配偶者は，国民年金の第3号被保険者と区分され，自らの保険料を負担する義務がない（配偶者が加入する厚生年金が共同負担するという考え方による）。

　第2の財源である国庫負担は，もっぱら国民（基礎）年金の財源に集中している。2004年改革で，長期的な負担と給付の均衡を図り，公的年金制度を持続可能なものとするため，段階的に国庫負担割合を引き上げ，2009年度までに国民（基礎）年金の給付費の2分の1に引き上げることとなった（それ以前は3分の1）。2014年4月からの消費増税（5％→8％）により財源が確保されたことで，国庫負担は「国民（基礎）年金給付額の2分の1」に恒久化された。

　第3の財源である積立金については，2004年改革で，運用収入だけでなく，積立金そのものについてもおおむね100年をかけて活用することとされた。公的年金の積立金は，年金積立金管理運用独立法人（GPIF）が管理，運用を行っており，国内外の株式・債券市場等での運用を開始した2001年度以降，累積収益額および収益率は2023年度時点ではプラスとなっている。しかし，年度ごとに国内外における市場動向に大きく左右されている。

　次に，年金給付の仕組みをみておこう。年金給付には，受給理由に応じて，老齢基礎（厚生）年金，障害基礎（厚生）年金，遺族基礎（厚生）年金の3種類があり，実際の年金受給者および年金給付総額の8割以上が老齢年金である。老齢基礎年金は，原則として65歳以上の人を対象とした年金給付で，10年以上保険料を納付することで受給できる。この受給資格期間は国民年金創設以来「25年」であったが，無年金となっている人も納付実績に応じた年金が受け取れるようにするため，2018年8月より「10年」に短縮された。

　個々の年金額は20歳から59歳までの保険料の支払い月数に応じて決定され，40年間（480か月）保険料を納めた場合に65歳から受け取れる年金額（満額）は

116

月額約65,000円（毎年度改定）である。老齢厚生年金は，老齢基礎年金に上乗せされて給付される部分で，民間被用者や公務員等として厚生年金や共済に加入した月数とその時期の平均給与の水準（標準報酬）によって決定される。老齢基礎年金の受給要件を満たし，厚生年金保険に1か月以上加入期間がある場合に受け取れる。

　そして，年金給付についても2004年改革により，その固定された保険料水準で確保される財源の範囲内で給付を賄うように「マクロ経済スライド」が導入された。年金額は毎年度改定され，その際には現役世代の賃金水準の変動あるいは物価水準の変動を加味して決められるが，これらの調整に加えて，社会全体の公的年金を財政的に支える現役被保険者の数と平均余命の伸びにともなう年金給付の増加というマクロで見た給付と負担の変動に応じて，物価や賃金の上昇率から，現役被保険者数の変動率（2～4年度前の3年間の平均変動率）と平均余命の伸びを勘案した一定率（スライド調整率）を割り引くことで年金改定率を引き下げるのが，「マクロ経済スライド」という仕組みである。国は5年ごとに経済成長や労働参加などの試算にもとづく財政検証を行い，そのなかで将来の給付水準やマクロ経済スライドの開始・終了年度の見通しを作成し，財政の健全性を検討している。2019年度の財政検証では，今後100年にわたり持続可能であり，積立金も活用しながら，年金給付水準の指標である所得代替率（モデル世帯［夫が平均収入で40年間就業し，妻がその期間すべて専業主婦であった世帯］が65歳に年金を受給開始する段階で受け取る年金額の，現役男子の平均手取り収入額に対する比率）も50％が確保されるとしているが，次回2024年度の財政検証結果を注視する必要がある。

　年金改革については，2004年改革で年金財政の基本的な方針が示され，ひとまず給付と負担の量的調整の問題への対応（段階的な保険料の引上げと固定化，年金額改定におけるマクロ経済スライドの導入）がなされた。そして，雇用形態の多様化に対応した将来的な年金給付水準の確保策として，2016年から順次，週労働時間30時間に満たない週労働時間20時間以上で，年収換算で約106万円以上の短時間労働者を対象として，被用者保険（厚生年金および健康保険）の適用拡

第Ⅲ部｜経済社会を支える現代財政

大が実施されている（2024年10月〜，50名超規模の企業等にまで適用拡大）。これにより，国民（基礎）年金しか受給できなかった非正規雇用者やパート・アルバイトも，将来受け取れる年金給付額を増やすことができるようになった。そして，現時点での低年金受給者を対象として，補足的給付を行う年金生活者支援給付金制度（全額国庫負担）も導入され，低年金を補う福祉的対応がなされた。

ただ今後も，5年ごとの財政検証に合わせた年金制度の改革は必要である。楽観的といわれる経済見通しが外れた場合は，固定した保険料の引上げ，給付の引下げ，受給開始年齢の引上げなどが検討されることになる。実際，長期にわたる保険財政の安定性と将来的な年金給付水準の確保のために，国民（基礎）年金の保険料拠出期間を延長し（60歳→65歳），それに合わせて基礎年金を増額する仕組みの検討が始まっている。また，老齢基礎年金の受給開始年齢は原則として65歳であるが，高年齢者雇用の促進に合わせて，この受給開始年齢下限を引き上げる案も取りざたされている。一方，20歳代，30歳代の国民年金保険料の納付率は他の年代と比較しても低く，また，年金保険料の一部・全額免除者，また未納者も多く，将来的な無年金・低年金のリスクが高い。国は，税制上の優遇措置のある私的年金による備えを促しているが，それらはあくまで公的年金の補足的位置づけであり，生涯にわたる長寿リスクに備える仕組みとしては公的年金制度に勝るものはない。国は，公的年金制度への理解と信頼を高める努力を続ける一方で，老齢期における所得保障としての公的年金保険の意味を実質化する責務がある。

Ⅱ　医　療　保　険──皆保険を支える仕組み

公的医療保険は，万が一の病気やケガなどにより医療サービスを利用した際に必要となる医療費の支払いに対し，一部または全部を保険給付する社会保険の1つである。日本では，すべての国民が公的医療保険に加入する国民皆保険体制をとっており，医療機関を自由に選べるフリーアクセス，患者が比較的低額な負担で必要な医療サービスや薬の処方などを受けられることを特徴とする。

第8章　年金・医療・介護

　しかし，高齢化の進展と医療の高度化は医療需要の増加と医療価格の上昇に結び付き，国民医療費は膨張している。社会全体で国民医療費を支えるために，皆保険システムの持続可能性をどう確保するかが問われている。

　日本で国民皆保険体制が実現したのは，1961年である。年金保険と同様，戦前から被用者保険（健康保険）があり，また1938年には農村医療確保のために国民健康保険法が制定されたが，市町村による国民健康保険の設立は任意であり，それへの住民の加入義務はなく，1950年前後でも，いずれの健康保険にも加入していない未適用者が多数存在していた。この状況を受けて，1958年に国民健康保険法が改正され，1961年までに市町村に対して国民健康保険の設立を義務付け，同時に既存の被用者保険でカバーされない自営業者や無職者などにそれへの加入を義務付けることで，国民皆保険体制が確立した。国民皆保険体制確立後の大きな改革は，1973年に始まった老人医療費支給制度（70歳以上の方の患者自己負担を公費負担）による老人医療費無料化とその後の見直し（1982年老人保健法による高齢者自己負担の再導入と国保・被用者保険による財政分担）があり，2008年に後期高齢者医療制度が創設され，前期高齢者に係る財政調整制度が導入された（詳しくは後述）。これにより，現在の国民皆保険体制となった。

　いずれの公的医療保険に加入するかは，年齢および働き方（勤め先）によって決まる。まず，75歳未満の人は，第1に国民健康保険（市町村国保，国保組合），第2に被用者保険（健康保険組合管掌健康保険（組合健保），全国健康保険協会管掌健康保険（協会けんぽ），各種共済組合，船員保険）のいずれかに加入し，そして75歳以上の人は後期高齢者医療制度に加入する。さらに，同じ制度でも複数の保険者がそれぞれ独立した事業管理，財政運営を行っている。ただし，高齢者医療を社会全体で支えるとの観点から，高齢者医療費については各制度間での財政調整が行われている。

　国民健康保険は，原則として「都道府県の区域内に住所を有する者」をその被保険者として，都道府県および市町村が管理・運営している。実際には，国民健康保険の主な対象者は，農業や自営業の人，年金受給者などの無職者，あるいは勤め先の健康保険の適用がない被用者やその家族であり，他の公的医療

第Ⅲ部｜経済社会を支える現代財政

保険（被用者保険や後期高齢者医療制度）の対象になる場合はそちらに加入し，また生活保護を受給する場合も対象外となる。逆にいえば，失業などにより被用者保険から脱退した場合にその受け皿になるのは国民健康保険であり，国民健康保険は国民が切れ目なく医療保障を受けることができるよう設計された国民皆保険体制の基盤であるといえる。一方で，被用者保険の対象となるのは，民間企業の勤め人とその家族，あるいは公務員や私立学校教職員とその家族であり，主に中小企業に勤める場合は全国健康保険協会が管理・運営する「協会けんぽ」，主に大企業に勤める場合はそれぞれの企業が設立した健康保険組合が管理・運営する「組合健保」，国家公務員あるいは地方公務員，私立学校に勤める場合はそれぞれの共済組合に加入して，医療保険の給付を受けることとなる。そして，75歳の誕生月を迎えると，74歳まで加入していた各種健康保険を脱退して，全員，後期高齢者医療制度に加入する（ただし，生活保護受給者は除く）。各保険者の特徴は【図表8－2】のとおりである。

【図表8－2】　公的医療保険の各保険者の特徴

	市町村国保	協会けんぽ	組合健保	共済組合	後期高齢者医療制度
保険者数 （令和4年3月末）	1,716	1	1,388	85	47
加入者数 （令和4年3月末）	2,537万人 （1,690万世帯）	4,027万人 被保険者2,507万人 被扶養者1,519万人	2,838万人 被保険者1,641万人 被扶養者1,197万人	869万人 被保険者477万人 被扶養者392万人	1,843万人
加入者平均年齢 （令和3年度）	54.4歳	38.7歳	35.7歳	33.1歳	82.9歳
65～74歳の割合 （令和3年度）	45.2%	8.2%	3.5%	1.6%	1.6%（※1）
加入者一人当たり 医療費（令和3年度）	39.5万円	19.4万円	17.1万円	16.7万円	94.0万円
加入者一人当たり 平均所得（※2） （令和3年度）	93万円 一世帯当たり 140万円	169万円 一世帯当たり（※3） 272万円	237万円 一世帯当たり（※3） 408万円	252万円 一世帯当たり（※3） 458万円	88万円
加入者一人当たり 平均保険料 （令和3年度）（※4） 〈事業主負担込〉	8.9万円 一世帯当たり 13.5万円	12.2万円〈24.4万円〉 被保険者一人当たり 19.6万円〈39.2万円〉	13.5万円〈29.5万円〉 被保険者一人当たり 23.2万円〈50.8万円〉	14.2万円〈28.5万円〉 被保険者一人当たり 25.9万円〈51.8万円〉	7.6万円
保険料負担率	9.6%	7.2%	5.7%	5.6%	8.6%
公費負担	給付費等の50% ＋保険料軽減等	給付費等の16.4%	後期高齢者支援金等の 負担が重い保険者等への補助		給付費等の約50% ＋保険料軽減等
公費負担額（※5） （令和5年度予算ベース）	4兆1,487億円 （国2兆9,879億円）	1兆2,60億円 （全額国費）	731億円 （全額国費）		8兆9,293億円 （国5兆4,653億円）

（出所）　厚生労働省（2023）『医療保険に関する基礎資料〜令和3年度の医療費等の状況〜』，p.98。

　公的医療保険はそれぞれ分立しているが，保険給付の内容はほぼ統一されて

120

第8章　年金・医療・介護

いる。加入者が医療サービスを受けた場合，病院や薬局などの窓口で支払うの
は，かかった医療費の一部（１割～３割）のみであり，残りは，医療機関が診
療報酬としてそれぞれの公的医療保険に請求し，医療機関に支払われる（現物
給付）。公的医療保険からの保険給付は，法律によって，その種類や保険から
の給付率や患者自己負担などが定められている。医療費の自己負担分が一定の
水準を超えて高額になる場合により負担を軽減する高額療養費制度，また介護
サービス利用の負担との合算でさらに負担軽減する高額医療・高額介護合算療
養費制度もある。医療保険からの給付には，被用者本人やその配偶者の出産に
あたっての給付（出産育児一時金等）や埋葬料（葬祭費）といった現金給付もあ
る。そして，国民健康保険との違いとして，被用者保険には，被用者本人が出
産したときや業務外での病気・ケガで仕事を休んだ時などに給付される現金給
付（出産手当金および傷病手当金）もある。

　国民健康保険は，以前は市町村および特別区（以下，市町村とする）が事業管
理していたが，2018年度より，都道府県が財政運営の責任主体として加わり，
より規模の大きな都道府県単位で財政的な安定を図るとされた。都道府県は毎
年度，市町村ごとの標準保険料率を算定，公表し，市町村はそれを参考に独自
の保険料を設定することとなり，いずれは都道府県単位での保険料の統一を目
指すとされている。国民健康保険料は世帯単位で算定され，加入する世帯員
各々の所得額や固定資産税額等に定率の保険料率をかけて算定する応能負担分
と世帯人員１人当たりや１世帯当たりの定額負担を求める応益負担分との組み
合わせであるが，その算定方式の組み合わせや保険料率は市町村ごとに異なる。

　国民健康保険の財源は，保険料と公費（国，都道府県，市町村），そして前期
高齢者交付金（後述）である。前期高齢者交付金を除く給付費の50％を保険料
で，残り50％を公費で賄うことを原則としているが，市町村によって保険料収
入に差がある一方で，給付条件は一律であることから，保険給付財源を支える
ために，市町村の一般会計からの繰入れも含め，より多くの租税資金が追加投
入されている。公費については，国が41％（定率国庫負担32％，調整国庫負担（都
道府県間での財政力の不均衡を調整）９％），都道府県が９％を負担するよう予算

121

第Ⅲ部｜経済社会を支える現代財政

が組まれているが，保険料収入は50％を賄うには不足している。足りない部分については，国による市町村への地方財政措置や高額医療費に対する国や都道府県による財政支援，低所得者数に応じた財政調整や保険料軽減による収入減分を賄うための財政支援によって補填している。

　被用者保険の財源は，保険料（被用者および雇用主）が主であり，一部国庫負担がある。保険料は，毎月の給与（標準報酬月額）とボーナス（標準賞与額）にあらかじめ保険者が定めた保険料率をかけて算定する応能負担である。組合健保の保険料率は保険者ごとに異なっており，保険給付などに充てる基本保険料と，後期高齢者支援金（後述）に充てる特定保険料を明示して，算定している（平均保険料率9.22％（2019年度））。協会けんぽの保険料率は，2008年までは全国一律の保険料率（8.2％）であったが，2009年9月までに，都道府県ごとの保険料率に移行した。協会けんぽの保険料率の平均は10.0％であるが，都道府県間で幅がある。協会けんぽでの保険料負担は労使折半であるが，健康保険組合や共済組合では，規約により事業主拠出の割合を増やしていることが多い。国民健康保険では，世帯人数によりその保険料が変わるが，被用者保険では被保険者である被用者本人の報酬に応じた保険料であるため，扶養家族の人数によって保険料が変わることはない。

　また国庫負担については，協会けんぽは比較的中小企業の被用者が多く，平均所得が低いことから，保険料引上げ抑制と財政安定化のため，給付費等の13〜20％の範囲内での国庫負担がある（〜2009年度13％→2010年度〜16.4％）。組合健保と共済は，事務費以外は基本的に保険料のみであるが，後期高齢者医療を支えるための支援金負担が重い保険者に対してはそれを軽減するための国庫負担がある。

　高齢者医療費については，2006年医療制度改革により導入された前期高齢者（65〜74歳）に係る財政調整制度と後期高齢者医療制度のもとで，社会連帯による相互扶助の考えにもとづき財源が確保されている。改革以前においても，高齢者医療費については制度間で費用分担されてきたが，被用者保険から老人医療費拠出金の負担増大と現役世代と高齢者との費用負担の関係が不明確であ

122

第8章 年金・医療・介護

るとの批判が高まっていた。2006年医療制度改革は，制度間での年齢構成や所得の違いを踏まえたうえで，保険者間の負担の公平化を図り，高齢者間の保険料負担の公平化，世代間の負担割合の明確化を図った。

65歳から74歳の前期高齢者は，退職等にともない被用者保険から国保に切り替える人が多いことから，国保にその医療費負担が偏るという構造的な課題がある。そこで，前期高齢者にかかる財政調整制度は，保険者間での前期高齢者の偏在による負担の不均衡を調整するため，前期高齢者の全国平均加入率を基準に，それより加入率が下回れば納付金を拠出，上回れば交付金を受け取ることで財政調整を行っている。前期高齢者の加入割合は，国保が高く被用者保険が低いため，被用者保険が拠出，国保が前期高齢者交付金を受け取っている。

75歳以上の後期高齢者を対象とした後期高齢者医療制度は，年齢で区分して被保険者集団を形成させた初めての制度であり，2006年の制度改革にもとづき2008年4月から開始された。後期高齢者医療制度の保険者は，都道府県ごとに設立された後期高齢者医療広域連合であり，都道府県下のすべての市町村が参加する。後期高齢者医療制度の財源は，高齢者の保険料，国保および被用者保険からの支援金，公費である。後期高齢者に係る医療費については，患者負担を除く残りの部分を，後期高齢者保険料で1割，社会連帯による相互扶助の考えにもとづき各保険者が後期高齢者支援金として4割負担するというように，高齢世代と現役世代の負担が明確化され，残りの5割は公費負担（国：都道府県：市町村＝4：1：1）とされた。後期高齢者の保険料は，都道府県単位で均一の保険料率で，応益負担部分である均等割と応能負担部分である所得割で構成される。ただし，低所得者の保険料は均等割のみで，その額も段階的に軽減されている。

今後も高齢化の進展と医療技術の進歩・普及が見込まれるなか，国民医療費の増加は避けがたい。分立的な皆保険システムのもとで医療財政を持続可能にするために，高齢者医療費を中心に制度間での財政調整の仕組みを整え，基盤的制度である国民健康保険はより大きな規模の都道府県単位で財政的な安定を図るとともに，全国規模での費用負担調整の仕組みを強化し，協会けんぽへの

123

第Ⅲ部 | 経済社会を支える現代財政

国庫補助率を引き上げてきた。しかし，比較的財政状況が良好とされる組合健保も赤字が続き，後期高齢者支援金の増加による財政負担が増しており，他方で医療費の地域差が大きく，過剰受診や過剰病床といった不適切な医療提供の問題を指摘する声もある。国は，医療費適正化計画（平均在院日数の短縮，後発医薬品の使用促進，生活習慣病の予防等）を推進するとともに，団塊の世代が後期高齢者となる2025年を展望して，病床の機能分化・連携，在宅医療・介護の推進，地域包括ケアシステムの構築といった医療と介護サービスの一体的な改革が急務の課題としているが，いずれも十分には進んでいない。財政的な制約があるなかでも，必要性に応じた医療へのアクセスを保障するという基本理念への影響を最小化する視点が不可欠であろう。

Ⅲ　介 護 保 険——制度の定着とニーズへの対応

介護保険は，加齢に起因する疾病や寝たきり，認知症などで介護が必要となった場合や，日常生活を送るうえで家事援助などの支援が必要となった場合に必要な保険給付を行う，介護サービス利用に関わる費用を保障する，比較的新しい社会保険である（1997年成立，2000年4月実施）。高齢化の進展にともなう要介護高齢者の増加と介護期間の長期化，高齢者のみ世帯の増加や老老介護の問題など，従来は家族の問題とされてきたが，既存の制度では十全に対応できないとの認識が広がり，高齢者の介護を社会全体で支えあう「国民の共同連帯の理念」を実体化する枠組みとして，給付と負担の関係が明確な社会保険方式を採用した。ただ，高齢者介護を保障する仕組みとして，医療保険とは異なる特色をもっており，また制度の定着にともない，介護サービスの質の確保の問題とともに，介護給付費の増加に対応するための改革が重ねられている。

介護保険制度以前の高齢者に介護サービスを提供する社会保障制度は，老人福祉法にもとづく措置制度と，老人保健法にもとづく医療保険給付の2つの枠組みであった。措置制度は，所得に関わりなく，すべての高齢者に福祉サービスを提供するとされていたが，利用申請にあたっては所得調査が行われ，中所

第8章　年金・医療・介護

得層以上には利用者負担が重く，実質的には低所得者を対象としたサービスとなっていた。また老人保健制度は高齢者医療の一部として提供されるものであり，介護を要する者が長期に療養する場としては不十分であり，このような長期の高齢者の入院が社会的入院として高齢者医療費の急増とも相まって問題視された。1980年代末から，高齢化に対応した福祉サービスの整備が喫緊の課題として計画的な施設整備等が進められる一方，1990年代半ばから新たな介護システムの構築のための検討が開始され，1997年に，措置制度は残しつつ，介護サービスについては介護保険制度に移行した。

　介護保険制度は，市町村および特別区（以下，市町村とする）が管理運営しており，40歳以上のすべての国民が加入する。65歳以上を第1号被保険者，40歳から64歳までの医療保険加入者を第2号被保険者としており，医療保険とは異なり，生活保護を受給していても脱退せず，介護保険料を生活保護費から支払う。第2号被保険者の場合，加齢にともなう一定の疾病を原因として要介護状態になった場合に限り，介護保険からの給付対象となる。

　【図表8-3】は，介護保険制度の全体像を示したものである。介護保険制度のもとで介護サービスなどを利用する場合，まずは市町村に要介護認定申請を行い，被保険者が要介護あるいは要支援の状態であるとの判定（要介護1～5ないし要支援1・2）を受けなければならない。その後，要介護・要支援認定に応じたケアプランが作成され，これにもとづき介護サービス等が提供される。保険給付の対象となる介護サービスは，大きく分けて施設サービス，居宅サービス，地域密着型サービスがある。居宅サービスの保険給付は，要介護度に応じた支給限度額が設定されており，その範囲内で介護サービスを利用する場合の自己負担は介護報酬により算定された介護費用の1割（ただし，現役並み所得の場合は2割なし3割負担）で残りは介護保険から給付されるが，支給限度額を超過して利用する場合の超過分は全額自己負担となる。施設サービスは要介護3以上に利用制限されており，施設入所した場合は，自己負担分と別に居住費，食費の標準的な費用の額（基準費用額）を負担する（低所得者に対する軽減措置あり）。そして，要支援と認定された場合は，予防給付にもとづくサービスや市

125

第Ⅲ部｜経済社会を支える現代財政

町村独自の地域支援事業の対象となる。また，利用者負担が過重となりすぎないよう，高額介護（介護予防）サービス費の支給制度，高額医療・高額介護合算療養費制度によって，所得段階ごとに負担上限額が設けられている。

【図表8－3】 介護保険制度の全体像

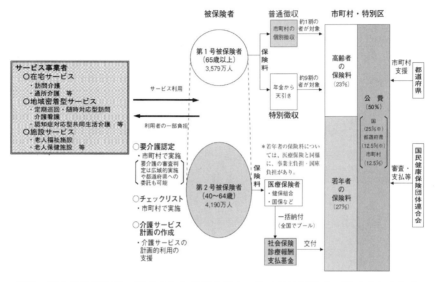

（注） 第1号被保険者の数は令和2年度末現在，第2号被保険者の数は令和2年度内の月平均値である。
（出所） 厚生労働省（2023）『令和5年版厚生労働白書』，p.230をもとに作成。

一方，介護保険給付の財源は，保険料50％，公費負担50％を原則として調達する。保険料によって確保すべき財源は，65歳以上の第1号被保険者と40歳以上65歳未満の第2号被保険者で，その人口比にもとづき分担しており，2021－2023年度は23％と27％で按分している。そして，公費負担50％による財源確保については，市（区）町村だけでなく，都道府県，そして国がその財政基盤と運営を重層的に支えている。国，都道府県，市町村間で，居宅給付費については25：12.5：12.5，施設等給付費については都道府県の負担分が多く，20：17.5：12.5に按分される。国の負担分のうち5％分は，後期高齢者比重が高い

第8章　年金・医療・介護

市町村や，所得水準が相対的に低い市町村などに対して手厚く配分する調整交付金となっている。

　市町村は，介護保険事業計画の3年ごとの見直しにより，ニーズ優先で必要な経費（確保すべき保険給付額）を見積もり，必要な介護保険料の総額を定める。必要な経費を見積もるうえでは，地域における高齢者の数とともに，要介護・要支援高齢者の数とそのサービス利用の見込み，その地域における施設型・居宅型などのサービス提供体制の充実度，介護予防・重度化防止策等の取組みなどが考慮される。そして，第1号被保険者については，市町村ごとに向こう3年間で必要な経費を市町村の高齢者人口で割って算出した保険料基準額をベースに，低所得者にはより低く，高所得者には基準額を超えて負担を求める形で，所得段階別の保険料を定めている。

　第2号被保険者集団では，第2号保険料として確保すべき経費を各医療保険者の加入者数に応じて按分する（加入者割，国民健康保険），あるいは報酬額に応じて按分する（総報酬割，被用者保険）としており，各医療保険者が医療保険料と合わせて徴収する（労使折半）。当初は，被用者保険も加入者割であったが，財政力の弱い保険者にとってより負担が重くなることから，被用者保険では報酬額に応じた按分（総報酬割）が導入され，2020年度から全面実施されている。医療保険者が徴収した第2号保険料は，介護納付金として全国でプールし，各市町村に配分する仕組みである。

　介護保険制度の定着，要介護認定者数の増加にともない，介護保険からの給付は年々増加している。介護給付費は，2000年度は3.2兆円であったが，2019年度には10.0兆円となっている。給付費の増加に対応するため，3年毎の定期的な制度見直しに合わせて，基本的な財源確保の考えにもとづきつつ，介護保険料の引上げが行われ，第1号保険料（基準額の全国平均額）は創設当初から2倍以上となっている。介護予防や家事援助等を行う一方，介護保険給付抑制のために介護報酬の見直し，サービス事業の見直しなどが行われてきた。また，介護保険の枠組みのなかで対象とするニーズそのものを見直し，一定所得以上の利用者負担の増加が行われている。2024年度の新たな介護保険事業計画の策

127

第Ⅲ部｜経済社会を支える現代財政

定では，第1号被保険者の保険料負担の見直し（第1号被保険者間での所得再分配の強化のため，所得段階別の保険料をより多段階化）が検討されている。

　介護の社会化を目的として導入された介護保険であるが，依然として家族のケア負担は重く，とくに女性にその負担が偏っている現状がある。また，介護と仕事の両立を支援する介護休暇や介護休業制度はあるが，認知度の低さや利用のしにくさの問題が指摘され，介護離職という選択をせざるを得ない実態もある。他方，介護ニーズの高まりの一方で，介護業界での人材不足は深刻なままであり，抜本的な処遇改善が不可欠であろう。

＜参考文献＞
厚生労働統計協会編［2022］『保険と年金の動向2022／2023』厚生労働統計協会.
丹波史紀・石田賀奈子・黒田学・長谷川千春編著［2021］『たのしく学ぶ社会福祉　誰もが人間らしく生きる社会をつくる』ミネルヴァ書房.
二木立［2022］『2020年代初頭の医療・社会保障』勁草書房.
持田信樹［2019］『日本の財政と社会保障—給付と負担の将来ビジョン』東洋経済新報社.

第9章　雇用・公的扶助・子育て・教育

　本章では，日本の社会保障システムや私たちのライフサイクルを想定して，雇用，公的扶助（とくに生活保護），子育て，教育などを取り扱う。そこには所得や資産を問わずに，国民全般を対象とする「普遍主義」の性格をもつ公共サービスがある。これに対して，「選別主義」の性格をもつものもある。また日本では人口減少や少子化が加速しているが，少子化・子育て対策を巡って国や自治体の役割はどこまで問われるのか，どのように現金給付や現物給付を行うのか，といった重要な論点が多くある。ここでは，自らの人生設計を重ね合わせるだけでなく，日本全体にまで視野を広げて，自らの回答を展開してもらいたい。

I　雇　　　用

　国の社会保険のうち雇用保険（失業保険）には，失業手当や雇用対策がある。すなわち，労働機会（所得の源泉）の喪失に対して，国が対応しようとする。また転職のような労働移動の円滑化，育児支援の強化にも重点が置かれている。国が賃上げにまで積極的に取り組んでいる昨今，雇用保険制度の拡充は，社会保険の範疇を問い直すことになりうる。

　国の本来的な役割とされる雇用保険は，保険料を納める被保険者が定年や倒産，自己都合等により離職し，1日も早く再就職することを支援するために給付される。雇用保険は3タイプからなる。すなわち，失業等給付，育児休業給付，雇用保険2事業である。財源としての保険料は被用者，事業主のいずれも2023年度時点で6／1,000である（雇用保険2事業分は事業主の負担のみで，プラス3.5／1,000）。また，国庫負担もある。失業等給付は4種類からなる。すなわち，求職者給付，就職促進給付，教育訓練給付，雇用継続給付である。

129

第Ⅲ部｜経済社会を支える現代財政

　一般に失業保険と呼ばれるのは，求職者給付のなかの基本手当をさす。基本手当は，すべての人が給付されるわけではなく，受給条件がある。たとえば，就職しようとする積極的な意思があり，いつでも就職できる能力があるにもかかわらず，本人やハローワーク（公共職業安定所＝厚労省の機関）の努力によっても，職業に就くことができない「失業の状態」にあることがあげられる。

　基本手当の支給を受けることができる日数は，受給資格にかかる離職の日における年齢，雇用保険の被保険者であった期間および離職の理由などによって決定され，90日～360日の間でそれぞれ決められる。自己都合や懲戒解雇，会社都合などほとんどの人が該当するケースは，最短の90日である。受給できる1日当たりの金額は，以下のとおりである。それは年齢区分ごとにその上限額が定められている。

【図表9－1】　雇用保険における基本手当日額

年齢（歳）	金額（円）
30歳未満	6,945
30歳以上45歳未満	7,715
45歳以上60歳未満	8,490
60歳以上65歳未満	7,294

　（注）　2023年8月現在。
　（出所）　厚労省ホームページ「雇用保険制度」より。

　雇用保険2事業は，雇用安定事業と能力開発事業からなる。そのなかで，コロナ禍において名称が一躍知られるようになった支援が，雇用調整助成金である。これはコロナ禍の前から存在するが，感染拡大時には特例の拡充措置が講じられた。すなわち，新型コロナの影響を受け，休業手当を支払った企業に，国が一定割合を助成する。支給決定額は5兆円を超えた。

　雇用調整助成金を巡っては，財源の不足と調達が大きな教訓となった。それは事業主負担の社会保険料を財源とし，不況期に備える雇用安定資金等（積立金等）と取崩し・繰入れの関係となる。特例措置を延長する場合の財源捻出が厳しくなることが懸念された。国の税金投入を増やしてでも支援を維持すべき

130

第9章　雇用・公的扶助・子育て・教育

か（一般会計からの拠出），あるいは支援の段階的縮減か，積立金等からの借入れによる財源確保か，企業の保険料率の引上げかといったことが論点となった。結果としては，失業等給付（労使折半負担）の大幅な引上げに加えて，雇用保険2事業の保険料率も引き上げられた。

　雇用保険制度は，育児休業給付や教育訓練給付（働く者の主体的な能力開発やキャリア形成の支援）で拡充されつつあり，男女ともに働きやすい環境づくりやワーク・ライフ・バランス等に資するとはいえ，その対象は本来の失業対策から広がっている。これに関しては，制度の目的が労働者の生活保障と雇用安定を図ることであるとはいえ，自己都合退職をはじめ，失業の理由はさまざまであるために，批判的に捉えられることがあり，重要な論点になりうる。また保険料率のさらなる引上げにも関わってくる。

　他方，雇用保険の枠を超えて議論を進めると，少子化の進行は，日本の生産・労働を支える生産年齢人口（15歳〜64歳）の減少が続くことを意味し，わが国の経済活動に大きな影響を与える。この経済活動の点では，賃上げあるいは所得向上が重要になり，結婚さらに出産にとって欠かせない要素とされる。また税財政の面では，課税・非課税等に関わる就労調整が大きな論点となる。

　賃上げには，非正規を主な対象とする最低賃金の引上げと，正規の基本給の引上げがあげられる。また所得向上にとっては，希望する非正規の方の正規化も重要になる。それらにおいては「年収の壁」が論点となる。それは税や社会保険料が課されるラインをさし，パートタイム労働者が負担を避けるために，年収を抑える就労調整を行うことが日本経済にとってよくないと指摘される。他方で，最低賃金を上げることは，労働時間（供給）を減らすことになり，雇用主にとっては悩ましい。

　歴史的にみれば，1990年代前半に，共働き世帯が専業主婦世帯を上回り，それらの差は大きくなるばかりである。女性の就業が主に非正規（パート）で進んだことによる。子育てに専念するような専業主婦モデルを前提にした，従来の諸制度の歪みが大きくなっていると指摘される。106万円，130万円といった「壁」は，女性が男性と同等に働くことを阻んでいるという意味で用いられる。

131

第Ⅲ部 | 経済社会を支える現代財政

それらの金額を上回れば，社会保険料の負担が発生し，手取りが減る。課税の水準や控除の適用にも関わってくる。さらに，このことは最低賃金の引上げに加えて，「同一労働同一賃金」化，短時間労働者への被用者保険の適用拡大にも派生する。

「年収の壁」が邪魔をするのであれば，年収の伸びにつながらず，最低賃金を上げる国の政策の実効性も弱まる。国は企業に対して，「壁超え」対象者1人につき，最大50万円を雇用保険制度から助成して，病気や老後等にかかるリスクに備える，社会保険料を充当するといった対応を検討するものの，一時的な「つなぎ」とする。したがって，抜本的な対策が欠かせない。このことは，日本経済の課題とされる，長時間労働の是正および生産性の向上にも影響を与えるだけに，重要な論点としてあげられる。

Ⅱ　公 的 扶 助——生活保護，生きづらさ

日本における公的扶助としての生活保護制度は，なんらかの原因で貧困に陥り，その利用しうる資産，能力等を活用してもなお生活に困窮する者に対して，公の責任において健康で文化的な最低限度の生活を保障するとともに，その自立を助成することを目的とする。それは日本国憲法第25条に規定される生存権の保障という理念の具体化である。生活保護の受給世帯は1990年代以降，増え続けており，また受給者数も高止まりしている。その半数超は高齢者世帯（大半が単身），1／4は障害者・傷病者世帯であり，就労が困難である状況が垣間見られる。

生活保護制度の窓口は自治体である。利用希望者の申請を受けて，受給の可否が決定される。受給世帯（者）は現金で支給され，その水準は世帯構成や家賃など，さらに居住地域によって異なる。生活保護費の財源は，国の3／4，自治体の1／4の負担による。自治体負担分は地方交付税の基準財政需要額の算定により担保される。他方，国の費用負担の規模は2010年代には3.3〜3.7兆円で推移している（2021年度当初予算約3.8兆円）。その半分は医療扶助が占め，

132

第9章　雇用・公的扶助・子育て・教育

【図表9－2】　生活保護の受給世帯等の推移

年度	受給世帯（千世帯）	受給者数（千人）	保護率（‰）
1975	708	1,349	12.1
1985	781	1,431	11.8
1995	602	882	7.0
2005	1,042	1,476	11.6
2010	1,410	1,952	15.2
2015	1,630	2,164	17.0
2020	1,637	2,052	16.3
2021	1,642	2,039	16.2

（出所）　厚労省ホームページ「制度の概要及び基礎統計」より。

高齢化を背景にして治療代や薬剤代にかかっている。

　生活保護に関しては，受給が認められる水準の厳しさが問題になることがあるが，国際比較からは母子世帯や稼働世帯の受給割合が低く，その一端が垣間見られる。見方を変えると，申請せずに限界的な生活を送っているかもしれない。また不正受給がクローズアップされると，行政側も世論も敏感になる。2020年代に入って，不正受給（年間）の件数は3万件超，金額は120億円超であり，10年代に比して低下している（厚労省）。受給世帯全体からみれば，それは微々たる割合であると捉えることができるが，どうしても目立つのであろう。

　誰しも失業や貧困に陥るリスクを抱えている。ここでは貧困を，人間らしい生活が保障されているとはいえない，非常に生きづらい状態とし，潜在性を抱える層（準貧困層）も含めて捉える。これに関しては，相対的貧困と表現されることが多い。その指標としては，等価可処分所得（世帯の可処分所得を世帯人数の平方根で割ったもの）の中央値の50％または60％が貧困ラインに設定されている。日本では，それは1人世帯で約130万円が目安となる。なお，日本は韓国ほどではないとしても，自殺の割合が先進諸国のなかで最大であり，貧困との関わりは従来から指摘されている。

　まず，幅広い年代で離婚の増加がみられるなか，子育て世帯でひとり親とな

133

第Ⅲ部 | 経済社会を支える現代財政

れば，貧困に陥りやすい。ひとり親世帯の相対的貧困率は日本や韓国で際立って高い。大半は母親というケースであるが，父親であっても，その改善は生活困窮者支援や労働面での支援の観点とあわせて重要な課題となる。親から子への貧困の連鎖も回避されなければならないとしても，自己責任の側面は全く見出されないのだろうか。

　ひとり親にも多い非正規は，不安定な雇用になりがちである。非正規が労働者の約4割を占めるなか，それを積極的に選択する労働者がいる一方で，その単身者は貧困のリスクを抱えやすい。親の介護は担えない。どの世代の貧困であっても，それと因果関係にある精神疾患や自殺，虐待，孤立などを防ぐことに，経済社会的なコストの点から意義があるとすれば，財政のあり方も問われることになる。

　生きづらさという点では，日本経済にとって，外国人労働者の存在は欠かせず，2023年には200万人超に達した。彼ら・彼女らの増加のための条件改善が避けられないとすれば，首都圏に集中することでよいのかが論点となり，外国人の割合が高まるなかで，家族との同居や生活・教育支援も重要になってくる。外国人に長期労働の場所として，「選ばれる国」になり続けられるかが多方面から問われている。このことは，各国の労働者それ自体に限らず，社会や文化を理解することでもあり，日本人の言語習得を含む国際感覚の醸成を意味する。

　生きづらさは親世代や外国人に限らない。若年者の教育を取り上げると，不登校があげられる。不登校の小中学生は急増し，2022年度に30万人に及ぶ（21年度24万人）。このデータは，一律に同じ内容を同じスピードで学習することの弊害が顕著にみられることを示唆する。生徒・児童の多様化にどこまで応えるかが問われている。教育のデジタル化も課題となっており，教育が歴史的な転換期にあるとすれば，国の財政も同様であることになる。小中学校が当然のごとく存在するのではなく，地域で多様な主体を形成し，支えていく気概があってもよい。ひとを「点」ではなく，「線」「面」でみる視点が求められよう。

　障害者（児）福祉も取り上げる。ここでは定義や法制度について詳述しないが，その最大の目的は，障害者の自立支援である（障害者総合支援法）。彼ら・

134

第9章　雇用・公的扶助・子育て・教育

彼女らの人権，人格，個性が尊重され，身近な場所で必要な社会生活（日常生活）にともなう支援が受けられることはいうまでもない。同様に，さまざまなバリアーが除去されるとともに，社会参加や他の人々との共生が確保されることが欠かせない。この点では，近年，公的支援の拡充がみられ，雇用の点では，人材不足も背景にしてさまざまな分野への就労が進んでいる。とはいえ，経済的自立の点では，賃金水準が低いという指摘が根強い。また生活面においても，バリアフリー環境の整備が不十分である。それが主要因となり死亡事故に至るケースも後をたたない。なお，障害者の生活資金源には，社会保障制度として障害年金（基礎年金）等がある。

　最後に，新型コロナウイルス感染症の感染拡大の影響による生きづらさに言及する。感染による死者数は，日本で関東大震災に匹敵する約8万人に達する（2020年〜2023年）。その家族や友人等にとっては，感染症に終わりはないであろう。また私たちの暮らしや仕事などにとってマイナスの影響が強いことは明瞭である。出生数の減少や自殺の増加，ひとり親世帯の生活困窮化といったデータがある。他方，公衆衛生あるいは保健所・保健師の重要性がクローズアップされた。財政面では，新型コロナ対策の財源は主に国債であり，それは100兆円超に及ぶ。本来であれば，その償還財源が正面切って議論されなければならないが，なかばタブー視されており，税財源問題の根深さが示唆される。

Ⅲ　子　育　て

　国レベルでは，岸田政権は2023年4月に「子ども家庭庁」（首相の直属機関）を新設し，同年6月に「子ども未来戦略方針」を閣議決定した。少子化対策と子育て対策は似て非なる側面があるものの，個人の幸福追求を支援することで，結果としての少子化のトレンドを反転させることを目指す。未来への投資として諸政策を強化するとともに，社会全体で子ども・子育てを支えていく意識を醸成していく。基本理念としては，若い世代の所得増加，社会全体の構造・意識の変化，すべての子育て世帯に対する切れ目のない支援があげられる。

135

第Ⅲ部 | 経済社会を支える現代財政

　こうした政策の推進は財政によって担保されなければならないが，当初，国から具体的な財源確保案は提示されず，多くの国民が冷やかであった。その後，公的医療保険料に上乗せする方法が実現しつつあるが，なぜそれなのかという指摘がある。とはいえ，財政学を学ぶという点では，歳入，歳出のいずれも大きな宿題が提示されていると捉えることができる。毎年，兆円単位の財源が長期で必要であるとすれば，大幅な歳出削減がありえるが，基幹税が対象とならざるをえない。

　公的支援を手厚くすると，個人・家族や企業の行動変容をもたらすことがある。すなわち，国民には従来よりも手厚くなった公的支援の対象を目指す行動がとられる。逆に，供給を民間企業に依存すると，利用料等が引き上げられるかもしれない（たとえば，出産育児一時金の引上げは，病院の分娩代等の引上げをもたらす）。かといって，財政によって，家庭内における家事・育児負担が女性に集中している実態を直接，間接に変えることができるか，職場や社会の支援体制も変えられるかといった疑問も生じるかもしれない。

　国の少子化・子ども政策の拡充を巡る論点として以下があげられる。第1に，児童手当の拡充を巡って，支給対象・金額や所得制限などをどうするかである。第2に，高校の無償化もあげられるが，それにも同様の論点がある。第3に，保育所等における待機児童の解消が進められ，一定の成果があったが，潜在的なものを含めて依然として課題である。なお，共働き家庭などの小学生を預かる放課後児童クラブ（学童保育）の待機児童も少なくない。第4に，保育士の処遇改善（担い手拡充を含む）である。第5に，育児休業中の経済的支援の強化である（過去には，2014年の育児休業給付の支給割合引上げ，50％→67％）。自営業者やフリーランスの育児期間の社会保険料免除も取り上げられている。第6に，親が働いていても，家にいてもすべての子育て家庭に対する支援を強化する。これはソフト支援をさすが，保育士等のマンパワー確保とも関わる。

　根本的には少子化対策は早期に講じられ，充実されるべきであった，という批判がある。というのも，それは早くからわかっていたことによる。時間を巻き戻せば，国は1995年から「エンゼルプラン」，2000年から「新エンゼルプラ

136

第9章　雇用・公的扶助・子育て・教育

ン」を実行に移している。それらは子育て支援，さらに少子化対策のための総合的な計画をさす。2005年度からは少子化社会対策大綱（20年にも作成）にもとづき「子ども・子育て応援プラン」が実施され，10年の「子ども・子育てビジョン」を経て，15年には「子ども・子育て支援制度」が導入され，幼児期の学校教育や保育，地域の子育て支援の量の拡充や質の向上などが目的とされている。

　少子化を反転させることが結果として問われ，結果的に難しいとなれば，国のやり方が不十分であり，マンパワーの確保を含めて，ステップを踏んで丁寧に改善していくことが求められる。岸田政権の重点政策では，子育て世帯への住居支援（とくに大都市では子どもの増加による追加的な居住コストが高い）もあげられており，切れ目のない，かつ総合的な支援の重要性が示唆される。他方，財政面からみれば，いかなる政策に重点をおけばよいのかとなる。たとえば，「産後ケア」（出産後の育児相談や授乳指導など）に関する国・自治体の利用料補助は対象者を限定していたが，「支援を必要とする者」は誰もが対象となった。また，国が自治体に補助する手法であれば，自治体の自己負担のあり方も問われる。財政力が弱い，あるいは対象数が多い自治体は積極的に取り組みにくいことがある。

　児童手当は，児童を養育する方に手当（現金）を支給することにより，家庭における生活の安定に寄与するとともに，次代の社会を担う児童の健全な育成および資質の向上に資することを目的とする（2023年現在，3歳未満・1人当たり月額一律15,000円等）。それは子育てを社会全体で担うという趣旨であれば，普遍主義的に行う論理が成り立つ。とはいえ，所得制限を撤廃すると，バラマキと批判される。これに対して，生活保護，就学援助，就学支援などは，困難を抱える国民に向けた選別主義的サービスである。これには，「機会の平等」の観点から，家庭環境に由来する格差を緩和する視点も含まれる。「所得・富の格差は家庭事情によるところが大きい」とのコンセンサスがあれば，再分配的なサービスも拡大することになる（池上岳彦「これからの財政と財源」，日本経済新聞『やさしい経済学』2023年3月）。

137

第Ⅲ部｜経済社会を支える現代財政

　これに対して，税制の点ではフランスで導入されているような「N分N乗方式」が論点になりうる。すなわち，それは所得ベースの課税とし，子どもの人数が多い世帯ほど所得税の負担が軽くなる方式である。税負担の算出方法は，1世帯の所得を合算し，これを子どもも含む「人数（N）」で割り，非課税枠を引いたうえで，税率をかける。そして，「N」をかけて納税額が決まる。フランスの場合，2人目の子どもまでは，その分のNは0.5×1人ないし2人でカウントする（夫婦は2.0，3人目以降の子どもは各人1.0）。ただし，日本では個人から世帯への課税単位に切り換えることが必要になり，容易ではないとされる。また，世帯の所得が同じ場合，累進税率の適用上，共働きよりも片働きの世帯に有利に作用する。

　最後に，少子化対策にとっては，未婚・子どもゼロ世帯が増える限り，多子世帯（3人以上）が増えないと，人口維持へのインパクトは大きくならない。晩婚化が進み，とくに男性の未婚が増えている。歴史的にはみられたが，「官製婚活」と呼ばれるように，結婚支援に財政が投入されている。出産に躊躇する最大の要因は経済的負担の重さである。いずれにしても背景には，雇用・所得のハードル（たとえば，長時間労働）がみられる。したがって，この点で公的支援の拡充等が求められることになるが，政権が代わっても継続できるのか，効果は十分に検証されるのか。まず，「1人目」を出産しにくい実態を改善すべきであるという声も小さくない。産科・小児科の立地・整備も軽視できない。他方，雇用・所得面では，個人の努力とともに，民間企業も含めて経済的環境の整備が欠かせない。

Ⅳ　教　　育

　社会保障の射程は，一般的に社会保険，公的扶助，社会福祉，保健医療・公衆衛生であり，これらは主に国や自治体によって担われる。別の見方をすれば，年少世代（子ども）から，労働世代あるいは子育て世代，引退世代（高齢者）まで，すべての人々の安心，安定した生活を，生涯にわたり支える。本章では社

第9章　雇用・公的扶助・子育て・教育

会保障システムの枠外となるが，私たちのライフサイクルにおいて欠かせない，教育の分野を加えて学習する。

日本国憲法第26条は，第1項で教育を受ける権利について記載しており，主に子どもの学習権の保障，さらに，国に教育制度の整備を求める権利を意味する。第2項は教育を受けさせる義務および義務教育の無償を規定する。前者は国民の三大義務の1つとされ，保護者の責任を意味する。後者は義務教育を公費負担により，無償で行うことを意味する。無償とは，授業料をさすようである。教育のイメージとしては，小中学校の義務教育に限らない。今や社会教育あるいは生涯学習も知られていようが，若年者であれば，高校や大学であろう。

義務教育は国や自治体が責任をもち，校舎等が整備され，教職員が確保される（資源配分機能や所得再分配機能）。他方，高校，大学，短大，専門学校などは国公立と私立によって運営されており，小中学校でも私立が存在する。教育は個人の能力を育てるだけでなく，社会を発展させる外部効果をもつが，具体的には経済的な自立と職業選択の自由に関する可能性を高めると理解される。高等教育（高校卒業後）となれば，高度職業人の育成に加えて，科学，技術，文化などの向上に資することになる。日本は高等教育修了者の割合は先進諸国でトップクラスであるが，大学や短大であれば，修了者の大半が私立出身であることは容易に想像できよう。

教育を財政面からみると，OECDデータ（2019年）によれば，一般政府総支出に占める公財政教育支出の割合は7.8％である。これはOECD平均10.6％を大きく下回り，先進諸国のなかでおおよそ最低の水準である。高等教育段階における私費負担の割合は67％に達し，OECD平均31％を大きく上回る。日本の大学の授業料はフルタイムの学生を前提とし，学生の私費負担が大きいために，奨学金と呼ばれる現金による支援制度が大きな意義をもっている。

私費負担が小学校時から既に重いと感じる世帯は多い。教材費，給食費，旅行代など日常的に徴収されている感覚がある。これは就学援助制度の実施状況をみれば明らかである。就学援助とは，経済的に厳しい家庭に対して，自治体が学用品その他の費用を援助することをさす。その利用率は2020年代以降，高

第Ⅲ部 | 経済社会を支える現代財政

止まりしており，小中学生の約７人に１人が対象となり，都道府県間の差異が非常に大きい（文科省）。そのなかで，学校給食費の無償化が論点になる。小・中学校で無償化を実施する自治体は１割にも届かないが，日本における深刻な「子どもの貧困」（先進諸国で最高水準のひとり親世帯の相対的貧困率）に鑑みると，改善されるべきかもしれない。

日本は高等教育段階の授業料が高く，国は主に奨学金制度によって家計負担を支援してきたが，2018年度あたりから高等教育無償化に本格的に動き始めた。これは，子育ての負担を個人（親）にとどめず，社会全体で広く負担する制度にするといえる。幼稚園・保育所などの無償化の動きと呼応しており，子育て対策に位置づけられる。国の政策は2020年から修学支援新制度として実施されているが，実際には，在籍学生の全員が無償化の対象になるわけではなく，むしろ，対象は限定的である。制度の詳細が説明されない，わかりにくい，聞いたことがないといったケースも少なくなく，無償化が虚偽といわれかねない。

日本では家庭の所得が高いほど，子どもの学力が高くなり，進学にも影響するという関係がある。すなわち，教育費の負担能力が高ければ，子どもの選択の幅が広がり，大学進学かつ私立大学，高い授業料の学部も可能になる。居住地域によっても進学率で差異が大きい。都市の性格が強い県では進学率が高いが，大学がより多く立地していることがあげられる。他方，大学進学に際して居住地を離れると，子どもは親からの仕送りで生活することになり，それだけ家計負担は大きくなる。また，子どももアルバイトで生活費を稼ぐことになれば，それだけ勉強時間を削ることになる。

日本の奨学金制度においては，国や自治体が大きな役割を果たしている。最も身近な日本学生支援機構の奨学金には，返済不要の給付型奨学金と，返済が必要な貸与型奨学金がある。貸与型には２種類が存在し，第一種と第二種がある。第一種は無利子，第二種は有利子となる。日本では，無利子よりも有利子の奨学金利用割合のほうが高い。奨学金はおおよそ２人に１人が利用しているが，その利用の最大の理由は，圧倒的な割合で家庭の経済的負担を軽くすることである。他方，奨学金には成績要件があり，打ち切られることがある。

第9章　雇用・公的扶助・子育て・教育

　奨学金制度には，返済の厳格なルールやローンの回避など多くの問題があげられ，硬直的な制度設計が批判されている。貸す側にとっては，返済において回収率を上げなければ成り立たない構造があり，借りる側には就職ならびにその後の生活に大きな影響が及ぶ。ローン回避に関しては，返済の目処が立たなくなるといった不安から奨学金に応募せず，進学を断念するケースがある。このようなことから，返済不要なシステムが問われており，またそこまでいかなくとも，制度の柔軟化が論点になる。とはいえ，高等教育の機会均等を巡っては，世論が国費の投入を支持しないかもしれない。

　新たな修学支援制度は2020年度から開始され，主に低所得層を対象に，給付型奨学金と授業料減免が拡充された。同制度を利用した大学進学者は増加する傾向にある。他方，中間所得層を対象とする授業料減免がなくなったため，給付世帯と非給付世帯の間に生じる不公平感や，新制度のもとで給付・減免を受ける層が三段階に分かれていることの不合理性，支援の対象が高等教育機関ではなく限定されていることなど，さまざまな問題点があげられる。2024年度から多子世帯や理工農系学生を対象に，中間所得層でも利用できるように拡充する動きがあるものの，多子世帯への給付額は上限額支援の1／4に抑えられており，不十分な見直しといわれかねない。

　他の分野の公的支援にも当てはまるが，その対象の設定を巡って所得基準が採用され，非課税世帯か否かで線引きされることが多い。それでは1,000円でも所得を減らそうと，モラルハザードが起こりうる。借りる側にとっては，卒業後の所得に応じて，返済方法・金額を変えてもらえないかといいたくなろう。返済の多様化が制度を複雑にしてもよいのか，給付対象をなだらかな設定にできないのか，さらに，他国に学びながら給付型を拡大していけないか，という重要な論点もあげられる。

　本章では教育や子育てなどを対象にしてきたが，財政面において世代間の対立をあおるように，特定の世代だけに税財政負担を求めることがよいのかは重要な論点となる。誰もが負担せよとなれば，消費税を選択することになるかもしれない。種々の格差是正あるいは所得再分配の強化であれば，所得税が第1

141

第Ⅲ部｜経済社会を支える現代財政

候補となろう。企業の人材育成の強化や労働環境の改善（増加する介護離職の防止を含む）が強く要請されているとすれば，企業の税負担も避けられない。なお，ここでは言及しなかったが，ジェンダー・ギャップ対策，さらに移民の受け入れについて，国の役割が高まるとすれば，その財政のあり方は欠かせない論点となろう。

　以上のとおり，雇用・貧困対策などにおいて，国の本来な役割（国民国家の重要性）があるものの，その内容が問われており，また財政はどれほど柔軟に対応できるのか，慣行や規範などまでは変えられないか，別の見方をすれば，本質的には，「生死」に対する行財政の向き合い方を考えるきっかけとなったのではないだろうか。

＜参考文献＞
OECDホームページ・「主要指標」　https://www.oecd.org/tokyo/statistics/
厚生労働省ホームページ　https://www.mhlw.go.jp/index.html
文部科学省ホームページ　https://www.mext.go.jp

第10章　公 共 投 資

　公共投資は財政活動の一環であり，資源配分機能，所得再分配機能，経済安定化機能といった財政の3つの機能を有する。戦後，公共投資は時代の社会的要請に応じてさまざまな役割を担ってきた。現在でも公共投資に期待されるものは大きい。一方で，財政的な制約のもと，耐用期限を迎えた社会資本の維持・補修や，災害に強いインフラ整備をどのように進めているかなど，検討を要する課題は尽きない。

　本章では，公共投資に関する基本的な理解を深めるとともに，終戦から今日までの変遷を概観し，これまで蓄積された理論の一端を学ぶこととしたい。

I　公共投資とは

　公共投資ないし公共事業とは社会資本整備のことであり，国や地方自治体などの公共部門による投資行動，とくに公共土木建造物（公共施設）造成に対する投資と定義される。公共投資がフローの概念であり，一定の時間当たりで測られる量であるのに対して，その累積である社会資本は社会資本ストックとも呼ばれ，一時点において測られた量である。ここで社会資本とは，道路や橋，公園，港湾など国民が共同で利用する資本をさし，広義には民間が整備する電気，都市ガス，バスや鉄道といった運輸サービス，病院など公共性の高いものも含まれる。

　一口に公共投資といっても捉え方の違いで付加価値ベースの「公的総固定資本形成」と，費用ベースで量られる「公共投資」や「公共事業」などに大別できる。「公的総固定資本形成」は，「国民経済計算（GDPの集計）」上の捉え方で，付加価値ベースの数値であり，その規模をあらわす総額には事業実施にともなう用地費や補償費等は基本的に含まれない。

143

これに対して、「公共投資」や「公共事業」、あるいは「行政投資」といったものは、会計（予算・決算）上の捉え方で、用地費や補償費を含み、事業に要した費用を金額ベースで捉えたものである。「公共投資」と「公共事業」、「行政投資」の違いは、事業主体の範囲をどこまで含めるかによる（【図表10－1】参照）。

【図表10－1】　フローからみた社会資本の範囲

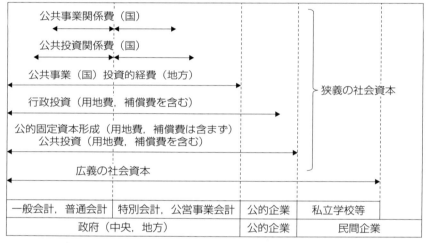

（出所）　内閣府「日本の社会資本2022」より作成。

II　社会資本の性質

　公共投資によって形成された社会資本は、純粋公共財としての性質をもつ。純粋公共財とは、非排除性と非競合性という性質をもつ財やサービスのことで、市場では供給されないか、または社会的にみて望ましい量が供給されないため、主に政府（中央、地方）が税を徴収して提供する財やサービスのことである。
　ただし、すべての社会資本が純粋公共財とはいえない。なかには、民間企業でも供給可能なものもある。これらは、主に金銭的対価を徴収し供給される。

第10章　公共投資

この場合，非排除性を満たしていないものの，それが社会全体に大きな影響を与えるため広義の社会資本とみなされている。

たとえば，交通・通信・エネルギーの分野では，旧日本道路公団（JH）やJR，NTT，各電力会社がサービスを提供している。これらは要する初期投資費用が莫大なため，当初は政府および関連機関が事業を行っていたが，のちに民営化されたものが多い。

それ以外の医療や福祉，教育などの分野における社会資本についても「外部効果」が大きく公共性が高いため，政府が自ら供給するのに加えて，民間に補助金を与えて供給を促している。

Ⅲ　公共投資の役割

公共投資も財政活動の一環であり，資源配分機能や経済安定化機能，所得再分配機能といった財政の3つの機能をもつ。

そのうち資源配分機能とは，公共財の供給を意味し，具体的には道路，港湾，空港などの社会資本を整備することにより，物資の流通や人の移動を円滑にし，民間企業の経済効率を高め生産性向上に寄与すること，公園，上下水道，病院等の施設整備によって生活水準（利便性）の向上を図ることである。このような社会資本の供給による利便性や生産性の向上を「事業効果」と呼ぶ。これは，公共投資という「フロー」が直接作用するものではなく，その蓄積である「社会資本（ストック）」が提供するサービスによって生まれるものであり，いったん整備されると長期間にわたって効果を発揮する。

次に，経済安定化機能とは，総需要の創出を意味する。すなわち，公共投資を実施することによって総需要を創出し，その波及効果（乗数効果）によって経済全体に乗数倍の新たな需要（有効需要）を形成するというものである。これは，公共投資というフローの金額による総需要の創出を意味し，短期的な効果である。

さらに，所得再分配機能とは，雇用の創出などをともなう所得移転のことを

145

さし，公共投資の財源を負担する納税者から，事業実施にともない賃金などの報酬を得る雇用者への所得再分配を意味する。これも経済安定化機能と同じく公共投資というフローの金額による短期的な効果である。

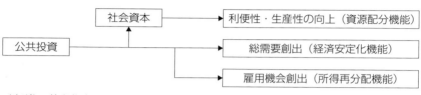

【図表10－2】 公共投資の3つの機能

（出所）　筆者作成。

上記3つの機能のうち，公共投資の本来の役割は，事業効果の達成すなわち資源配分機能の発揮である。経済安定化機能や所得再分配機能はあくまでも副次的なものと考えられる。

しかし，わが国では，とくに景気低迷期において，公共投資による景気の底上げや雇用対策，つまり経済安定化機能や所得再分配機能が過度に期待されたこともあった。このように公共投資が本来の役割を逸脱して実施されてきた結果，今日のような財政赤字が蓄積されたとの批判もある。

Ⅳ　公共投資の財源

2023年度の一般会計予算114兆3,812億円のうち，その5.3％に当たる6兆600億円が公共投資に充てられている。これを事業別にみると，道路整備が1兆6,711億円で最も多く，次に社会資本総合整備の1兆3,805億円，以下，治山治水対策9,544億円，住宅都市環境整備7,307億円，農林水産基盤整備6,078億円と続いている。

第10章　公共投資

【図表10－3】　2023年度一般会計予算（歳出）

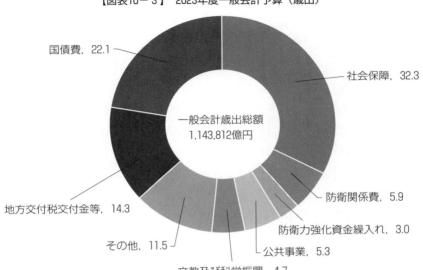

単位：％
（注）　見出し以外の歳出項目はすべて「その他」に分類した。
（出所）　財務省「令和5年度一般会計予算歳出・歳入の構成」より。

　前述のように，公共投資によって形成された社会資本は公共財としての性質をもつため，中央政府の一般会計や地方自治体の普通会計予算で実施されており，税収や公債収入によって賄われている。それに加えて，公営企業や公団，事業団などの特殊法人に関しては，料金・使用料収入や財政投融資資金などによって運営されており，どの財源を用いるかは社会資本の種類による。

　たとえば，空港や地下鉄，上下水道等の整備に関しては，財源は料金・使用料収入や一般会計からの繰入金や補助金，公的企業債，地方債，財政投融資資金，民間金融機関からの借入金など多種に及ぶ。これらは，事業ごとの特別会計で管理され，原則として「独立採算制」となっている。

　その理由は，これらの社会資本の供給にかかる費用は，その利用頻度や使用量に応じて実際の利用者（受益者）に負担を求めるべきと考えられているからである。

第Ⅲ部 | 経済社会を支える現代財政

　ちなみに受益者負担という点で，以前，社会資本整備のなかでも道路整備に関しては，揮発油税や自動車重量税，石油ガス税，軽油取引税などの道路特定財源で賄われていた。これらは戦後復興政策の一環として1953年に導入され，整備を促進する効果を有し，実際に道路を利用する受益者の費用負担が想定されていた。一方，これらの財源は使途が道路整備関連事業に限定される目的税であり，事業の必要性とは無関係に，財源ありきではないかとの批判があがっていた。そこで2002年度，自動車重量税の一部が一般財源化され，2009年度にはすべて一般財源化された。ただし，創設当初の「本則」から外れた暫定税率（税額）については，今日に至るまで継続されている。

Ⅴ　公共投資と公債残高の累積

　国の借金には，特例国債と建設国債がある。そのうち建設国債は社会資本の整備を目的とするものである。財政法第4条では，原則として国の歳出は国債（公債）以外の歳入を財源とすることを定めているが，社会資本整備に要するものについてはその例外とされ，特別法の制定によらず調達が可能となっている。

　これは，公共事業によって整備された社会資本がいったん整備されると長期間にわたって国民に利益をもたらすと考えられるからである。もし，この財源をすべて現世代への税で賄うと，将来世代は負担をせずに利益だけを受け取る「世代間の不公平」の問題が生ずる。したがって，とりあえず国債で資金を調達し，社会資本の耐用年数にわたって利用する国民からの税負担で返済するほうが望ましいという「利用時払いの原則（pay-as-you-use principle）」が適用されるためである。これにもとづき発行される国債を，建設国債または四条国債と呼ぶ。

　ただし，国債発行による社会資本整備が結果的に国債残高の累積および国債（公債）費の増大を招き，財政の硬直化をもたらしているとの批判もある。

　政府一般会計予算（歳入）に占める国債収入の割合（公債依存度）は，1970年

第10章　公共投資

代後半には30％超であった。財政再建とバブル景気による税収増で，1990年前後にはいったんは10％前後まで低下したものの，バブル崩壊後の度重なる景気対策等により，1999年度には約40％の水準まで上昇し，2009年度は48.0％に至るまでとなった。その後，幾分改善が見られ2020年度は31.7％となっている。国債発行金額としては32.6兆円で，そのうち建設国債が7.1兆円で22％程度を占めている。

　また，残高ベースでは，2022年度末残高（見込額）で建設国債が289兆円，特例国債が732兆円となっている。これに2011年度より発行された東日本大震災関連の復興債5兆円を合わせると国債の累積額は1,026兆円にのぼり，財政運営上の大きな課題となっている。

Ⅵ　公共投資の政策目的の変遷

1　終戦直後の公共投資

　一般に社会資本整備は，政府や地方自治体の長期計画にもとづいて実施される。各時代の事業計画は，その時代の要請を反映して作成される。したがって，社会資本の整備状況を見れば当時の社会情勢がどのようなものであり，いかに変遷したのかがわかるともいえる。この節では，戦後から現代にいたるまでの公共投資の展開過程を見ていくこととする。

　終戦直後の公共投資の柱は，失業者対策と災害復旧であった。とくに戦地からの復員兵や戦争被災者の失業救済が課題であった。これについては，連合軍総司令部よりの指令もあり，1946年度の一般会計より公共事業費の大幅な積み増しが見られた。

　さらに，1945年の相次ぐ大型台風の襲来により災害復旧事業に取り組まなければならなかった。そのため，治山治水事業など国土の維持保全が事業の中心となり，1950年度は公共事業費総額のうち，災害復旧事業費が全体の65％を占めた。

　その後，戦後の混乱が収束すると，食料増産が課題となり，大圃場整備など

149

第Ⅲ部 | 経済社会を支える現代財政

農業基盤整備への取組みが本格化した。このような取組みは効率化による農業従事者の労働時間の短縮をもたらした。このことが一方では，農業部門における過剰労働化を招き，公共投資の追加による雇用の場の提供が求められるようになった。

2 高度成長期（1950年代半ば〜1960年代）の公共投資

経済成長の基盤づくりに向けた社会資本整備は，戦後の経済復興段階を終えた1950年代後半から本格的に展開された。とくに京浜・中京・阪神・北九州の代表的な工業地帯を中心に産業活動が活発化した。その一方で，民間投資がこれら中心地域に集中したため，社会資本の不足が深刻な問題となった。そのため，これに対応して大都市圏を中心に産業基盤整備が重点的に進められた。

この時期，国民総生産（実質）の前年比伸び率は8〜10％程度であった。これに対して，公共事業（公的総固定資本形成）は年平均12.4％増と大きな伸びがみられた。とくに道路や港湾，工業用水など産業基盤の整備が重点的に進められた。1960年の行政投資実績の数値でみると，道路が全体の21.5％，災害復旧が12.4％，農林水産関係が8.1％，治山治水が同じく8.1％の順となっている。

しかし，高度成長後期にあたる1960年代後半〜1970年代後半にかけては，これまでの高度成長のひずみが深刻化した。産業基盤整備が優先された結果として，生活基盤整備の立ち遅れが目立つようになった。これが深刻な生活環境の悪化をもたらした。大気汚染や水質汚濁，騒音など公害問題が深刻化し，通勤ラッシュや交通渋滞なども目立つようになった。

これらに加えて，大都市圏と地方圏の所得や生活水準の格差が大きな問題となった。それまで高度成長の果実が全国的に分配されることによって，やがて地域間の格差は解消されると期待されていた。しかし，それに反して大都市圏と地方圏の所得格差はますます拡大していった。

このような成長のひずみを是正するため，地方圏での社会資本整備が主要な政策課題となった。当時の池田勇人首相は，1962年「地域間の均衡ある発展」を標榜する全国総合開発計画を策定した。また，1965年は成長のひずみ是正を

150

第10章　公共投資

主要なテーマとする「中期経済計画」が，1970年には社会資本の整備に関して，ナショナル・ミニマムの拡充を最重要課題に位置づける「新経済社会発展計画」が相次いで策定された。そこでは，生活環境基盤整備の拡充と公共事業の地方圏への重点的配分が重点テーマとされた。

3　石油ショック後の公共事業

　1973年の石油ショックは，資源多消費型の重化学工業に深刻なダメージを与えた。それはわが国の経済環境の転換を促した。その不況対策の一環として，政府は積極的な国債発行によって公共投資を拡大していった。

　産業構造も，鉄鋼，石油化学，造船などの重化学産業から自動車や家電，エレクトロニクスなどの加工組立型の産業へと大きく変化した。このような産業構造の転換にともない，民間投資の地域配分にも変化が生じ，1970年代後半より大都市および近隣地域へとその軸足を移していった。その後を追うように公共投資全体に占める大都市圏の比重が高まっていった。

　また安定成長への移行にともなう国の税収の伸び悩みにより，公共投資に占める国の経費負担の割合が低下した。そのため事業の実施に際して，地方団体の負担が増加し，これが財政力の弱い地方団体における公共投資の実施を抑制した。このように地方団体の財政力格差が，地域に投下される公共事業配分額の差となってあらわれた。

4　1980年代の公共事業

　戦後一貫して増加の一途を辿った公共投資は財政上の制約を受け転換期を迎えた。行政投資額の数値でも1981年度にいったんピークに達し，1985年度まで前年割れの状態が続いた。

151

第Ⅲ部｜経済社会を支える現代財政

【図表10－4】　行政投資額の推移

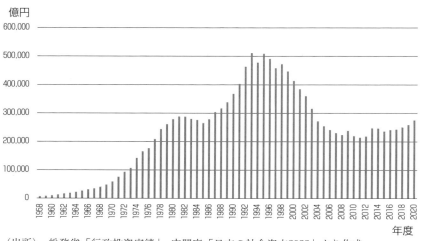

（出所）　総務省「行政投資実績」，内閣府「日本の社会資本2022」より作成。

　しかし，1980年代半ばから1990年代初頭にかけて，新たな動きが見られた。わが国の産業国際競争力の高まりが貿易黒字の大幅な増加をもたらし，アメリカなどから日本国内での内需拡大が求められた。その頃開催された日米構造協議においてアメリカ側からとくに要求されたのが，公共投資の拡大である。1990年の構造協議の最終報告においては，2000年までの10年間で総額430兆円の公共投資の実施を約束した。さらにその後，その事業総額は630兆円へと上方修正された。

　ただし，当時は「増税なき財政再建」のもと，財政赤字の削減に取り組んでいた。そこで全体として公共事業費を抑制しつつも，事業量の拡大を図る「民活」型公共投資が注目されるようになった。そのための条件整備として，1986年には「民間事業者の能力の活用による特定施設の整備の促進に関する臨時措置法（民活法）」が制定された。つづいて1987年には「総合保養地域整備法（リゾート法）」と「民間都市開発の推進に関する特別措置法」，さらに「日本電信電話株式会社の株式の売却収入の活用による社会資本の整備の促進に関する特別措置法（社会資本整備特別措置法）」が相次いで制定された。

第10章　公共投資

これにより1986年の総合経済対策では民活が内需拡大の柱とされ，規制緩和による都市開発など民活型の社会資本整備が国をあげて推進された。

さらにもう1つの特徴としてあげられるのが，地方財政の動員である。地方自治体において1985年以降は補助事業よりも単独事業が主流となった。財源としては起債充当率の引上げや元利償還額の相当部分の「交付税措置」といった手段を講じて地方債による公共投資の拡大が図られた。

5　1990年代以降の公共投資

1990年代初頭のバブル崩壊後，大都市圏では工場の相次ぐ海外移転などが産業の空洞化をもたらし，とくに製造業での雇用状況を悪化させた。大都市圏においては，雇用の一部はサービス業や情報産業といった他業種に吸収されたが，地方圏では，その受け皿が少ないため，失業問題が深刻化した。

1990年代前半の公共投資額の拡大は，補正予算と地方単独事業によって支えられていた。政府は引き続き地方債に依存した地方単独事業の増大により不況を克服しようとした。その中心的な役割を果たしたものが，元利償還金の措置率を優遇した「事業費補正」と起債充当率を高めに設定した「地域総合整備事業債（地総債）」の活用である。

しかし，国の景気対策に協力して地方債を発行し，投資的経費を膨張させた自治体では経常収支比率の上昇に見られるように，財政の硬直化が深刻な問題となった。

1990年代半ば以降，土建国家と呼ばれ，対GDP比でみても先進国中最高レベル水準を維持してきた日本の公共投資は，以後，急激に低下し，2000年代後半には他の先進諸国と同等の対GDP比3％程度まで落ち込んだ。行政投資額でその推移を見ても，1986年度以降増加傾向にあった投資額は，1993年度から1995年度にかけてピークに達し，その後年を追うごとに減少していった。

その背景には，1995年の武村正義蔵相による「財政危機宣言」，1997年の橋本首相の「財政構造改革法」の制定があげられる。とくに橋本政権では，財政再建の具体的な数値目標を定める財政健全化目標を閣議決定し，2003年までに

153

第Ⅲ部｜経済社会を支える現代財政

財政再建を達成することを目指した。

その後，2009年夏，民主党による政権交代が実現し，「コンクリートから人へ」の掛け声のもと，群馬県長野原町に建設予定の八ッ場ダムをはじめ，国が関与する143か所のダム・導水路事業が見直しの対象となり，2010年度予算の公共事業費は前年比18.1％減となった。

しかし，リーマンショック後の景気対策の一環として公共投資額は2009年度に増加に転じたほか，2011年度と2012年度は，東日本震災後の復旧・復興事業により削減傾向に歯止めがかけられた。

八ッ場ダムに関しても，建設費用を負担してきた首都圏6都県より建設中止に対する批判の声が上がり，結局，2011年に建設再開が決定された。

また2012年12月の衆院選での民主党の大敗後，第2次安倍政権において国土強靭化を目指し公共投資が積み増しされた。2013年度予算では，公共事業費は前年度比16％増と，これまでのような削減の流れは大きく変化した。行政投資額の数値でも2020年度まで緩やかながら増加傾向が認められる。

Ⅶ　受益者負担原則と間接的評価

この節からⅨ節にかけては，公共投資に関する理論的な内容となる。最初に取り上げるのが受益者負担原則である。受益者負担原則とは，公共サービスの恩恵を受けるものが，そのサービス供給にかかるコストを負担することが望ましいということである。

現在，ローカルな公共投資についても，その財源を含め国の関与の度合いが大きいといわれている。これが受益と負担の乖離をもたらし，無駄な公共投資を増やしていると批判されている。そこで無駄を排除するためには，公共投資においても受益者負担原則を適用することが重要とされる。そのための政策手段の1つが地方分権の推進である。

社会資本も含めて公共財については，それから発生する便益の地域的な広がりにより供給主体を考えると，大規模な社会資本からの便益は全国に広がるの

で中央政府が供給すべきであり,一方,水道や公園からの便益は地域に限定されるので地方政府が供給すべきである。なかでも後者の供給に関する意思決定は,その地域住民にゆだねられるべきで,それによって公共財（社会資本）からの受益と供給にかかる負担を一致させることが望ましい。

この理論的な命題が「公共財の最適供給に関するサムエルソンの公式」と呼ばれるものである。ここで,公共部門の目的（役割）は,国民（住民）の厚生水準（満足度）を可能な限り引き上げることと仮定すると,「最適な公共財供給点」は次の式で定義される社会的総厚生を最大化することである。

社会的総厚生＝（社会的総便益－社会的総費用）

【図表10－5】において,今,社会資本の供給量を増やすにつれて社会的総便益は逓減的に,社会的総費用は逓増的に増加すると仮定する。総厚生水準の最大化点は,efの距離が最も大きくなる点Q＊である。

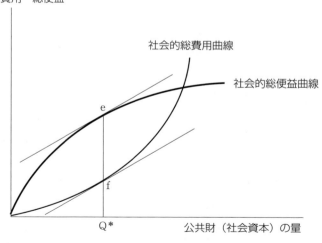

【図表10－5】 公共財（社会資本）の最適供給点

（出所） 筆者作成。

第Ⅲ部｜経済社会を支える現代財政

またその時，点eと点fでの接線の傾きは等しくなる。この接線の傾きが社会的限界便益（総便益曲線の接線の傾き）であり，社会的限界費用（総費用曲線の接線の傾き）である。

すなわち，公共財（社会資本）の最適供給に関するサムエルソンの公式では「最適な公共財の供給条件は，公共財の限界便益と限界費用が一致する点」であり，上の図では最適な供給量は点Q＊であらわされる量となる。

Ⅷ　便益の評価

これまで社会資本からの便益は計測可能なものであるとして話を進めてきた。ところが現実問題として，社会資本からの便益の客観的な評価は困難である。その理由は，社会資本（公共財）が原則，無償で提供されており，市場で評価されないからである。そこで実際には，社会資本整備に関して間接的な評価方法が試みられている。

その1つがトラベルコスト法（TCM）と呼ばれるものである。これは特定の施設から受ける便益を，その場所を訪問するために必要とされる交通費や時間などの旅行費用によって評価する。すなわち機会費用の概念を適用したものである。これは公園や公共施設の整備の際に用いられている。

次に，ヘドニック・アプローチ（ヘドニック法）と呼ばれるものは，社会資本のもたらす便益が，関連する他の財（とくに土地）の価格（地価）に反映されると考えて，公共事業の実施前後の価格の変化から，社会資本の便益を推定するもので「資産価値法」とも呼ばれている。これは市街地再開発や土地区画整理事業で用いられる。

また，仮想的市場評価法（CVM）とは，社会資本の便益を事業者（＝政府）が評価するのではなく，仮想的状況をうまく設定して，便益を享受する住民に「その事業による便益と引替えに，いくらまでなら支払えるか（最大限支払意思額）」を答えてもらう方法で海岸や河川敷などの浸水防護事業で適用可能である。

第10章　公共投資

　さらに，消費者余剰推定法とは，事業の実施前と実施後の一般化費用（たとえば有料道路を利用する際には，通行料金やガソリン代，時間など）を比較し，その節減分を社会資本からの便益（消費者余剰）として評価する手法である。

　最後に，代替法とは似たような私的財の需要を比較・検討することで，その便益を推計する方法である。公営文化施設や公営住宅の整備の際に有用とされる。

　いずれにせよ，それぞれの事業ごとに分析の手法は異なるので，得られた数値を単純に比較するのは問題がある。そのため，こうした定量的な便益推計をきちんと行い，それを公表し，住民などから寄せられた意見を踏まえて絶えず検証を重ねることが重要となる。

Ⅸ　公共投資の費用便益分析と最適配分

　ある公共投資を実施することが社会的にみて望ましいか，どの程度の規模で実施することが望ましいのかという問題に関して，費用便益分析とは公共投資によって生ずる社会的便益と費用の現在価値を比較し，実施の可否を決定する手法である。

　Ⅷ節で述べたように，仮に公共投資を実施することでその便益がどれだけ高まるのかが推定できれば，実施の可否を判断できる。その際の注意点としては，社会資本整備（公共投資）の便益や費用は多期間（異時点間）にわたり生じるということである。とくに便益は異世代間にわたり発生するので，費用と便益を比較するためには，「割引率」を用いてその現在価値を求めなければならない。

　仮に社会的便益の割引現在価値（評価額）が費用のそれを上回れば，公共投資を実施すべきということとなる。その差引額を「ネットの便益」と呼んでいる。それは次の計算によって求めることができる。

157

第Ⅲ部 | 経済社会を支える現代財政

0時点からt時点までのネットの便益（便益−費用）

$$= B_0 - C_0 + \frac{B_1 - C_1}{(1+r)} + \frac{B_2 - C_2}{(1+r)^2} + \frac{B_3 - C_3}{(1+r)^3} + \cdots\cdots + \frac{B_t - C_t}{(1+r)^t}$$

ここで，Bi：i時点の便益，Ci：i時点の費用，r：割引率である。

こうして求めたネットの便益が0より大きい場合，事業を実施すべきという結論となる。また，複数の事業が計画されている場合には，ネットの便益が高い順に実施するのが望ましい。

X　今日の公共投資をめぐる問題
――インフラの維持・補修と災害への対応

2012年12月の中央自動車道笹子トンネルの天井板落下事故では，走行中の車3台が下敷きとなり9人が犠牲となった。当時，笹子トンネル以外でも全国約4割のトンネルで同様の事故発生の可能性が指摘されていた。

一般なインフラの耐用年数は建設後おおよそ50年とされる。わが国の社会資本は高度経済成長期以降に急速に整備がすすめられた。したがって，今後，耐用期限をむかえる施設が増加する見込みである。その維持・補修にかかる費用をどのように賄うのかが，大きな課題となる。この問題については，**終章**であらためて取り上げる。

また，近年相次ぐ大規模災害の被害状況を踏まえて，その対応をどのように進めていくかも重要な課題である。2011年3月の東日本大震災から2年後の2013年に国土強靱化基本法が成立し，その後インフラの補修・強化のために多額の予算が投じられた。さらに，2016年の熊本地震や2018年の西日本豪雨による被害を受け，2020年10月には国土強靱化計画を策定，2021年度から5年間で約15兆円規模の事業が盛り込まれた。しかし，2023年5月に会計検査院の報告書で指摘されたように，閣議決定とは内容が異なり妥当性が問われる事業に約672億円が投じられていた問題が露呈した。このような事業費の使途について

158

第10章　公 共 投 資

の問題に加えて，2024年1月の能登半島地震により判明したのは，今後とも起こりうる災害に備えて，地域の実情に合ったインフラ整備をどのように進めていくかということである。このように今後の社会資本整備に関して，これまでよりきめ細かな対応策の検討が求められている。

＜参考文献＞

井手英策・諸富徹・小西砂千夫企画編集［2014］『日本財政の現代史』（Ⅰ，Ⅱ，Ⅲの各巻）有斐閣．

奥野信宏・焼田党・八木匡編著［1994］『社会資本と経済発展―開発のための最適戦略』名古屋大学出版会．

山田明［2003］『公共事業と財政―戦後日本の検証』高菅出版．

第11章　軍　事　費

　20世紀は2つの世界大戦とその後の冷戦体制により，軍事費が膨張し恒常的に定着した時代であったが，他方で世界大戦の反省から戦争がはじめて国際法上違法とされた時代でもあった。冷戦後，さらに21世紀もまたこうした軍事費膨張と非戦の対立軸を引き継いでいる。

　日本の軍事費を巡っては軍事費膨張か軍縮かという論点が最も顕著に問われ続けている。その意味で日本の軍事費を巡る論争は，戦争か平和か，軍拡か軍縮かという対立軸が典型的にあらわれている。そのことは日本国憲法第9条と日米安保条約との相対立する法制度の併存にもとづいている。

　それゆえ本章では，日本国憲法の平和条項と日米安保体制という相対立する視点から日本の軍事費の推移をトレースする。次に，経済面からみた軍事費の役割について検討する。そのうえで，今日の日本の軍事費を巡る諸課題について検討していく。

I　日本国憲法，日米安保体制と軍事費

1　日本の軍事費を考える基本的視点

　軍事費はその目的からすれば他国との戦争のための支出であるから，本来的に国際的な側面をもっている。他方で，経済的基盤からみれば，軍事費は「国防」（国家安全保障）の名のもとに国民を守るために負担を強制するという意味で一国的でありナショナルな側面をもつ。それゆえ，財政学や公共経済学において軍事費は純粋公共財とされ，政府が資源配分を担うべき不可欠の要素とされてきた。

　しかしながら，2度にわたる世界大戦を通じて，戦争の違法化が国際法でうたわれるようになって以降，軍縮平和こそが今日の世界が目指す方向であると

161

第Ⅲ部｜経済社会を支える現代財政

の理解が一般に共有されるようになっている。軍事費は国家にとって必要不可欠であるとの理解は軍縮平和こそが今日の社会が目指すべき進路であるとの理解と相対立する。それゆえ，軍事費は国家財政にとって必要不可欠なのか，それとも軍縮平和を目指すべきなのかという両側面から検討する必要がある。

　加えて，第2次世界大戦後の軍事費は，軍事同盟という国際的側面に大きく規定されるようになっていることも踏まえる必要がある。戦後日本は，アメリカの同盟国として，アメリカを頂点とする西側同盟の一角となってきた。島（1966）は，アメリカを頂点とした軍事同盟体制を共同防衛体制と呼び，軍事費の分析にはアメリカの軍事戦略をはじめとした国際的視点が不可欠であるとした（pp. 100 – 102）。

　それゆえ以下では，戦後日本の軍事費の歴史的推移について，軍拡か軍縮かという対立軸，さらにはアメリカの軍事・安全保障政策との関係に着目して検討していく。

2　冷戦下の軍事費

　第2次世界大戦終戦直後，アメリカ占領軍は日本の軍事体制の徹底的な解体を追求した。同時に，戦争によって大きな痛手を被った日本国民は反戦と平和を希求した。この両者の動きが相まって，日本国憲法には日本のみならず世界の恒久平和を追求することが謳われ，第9条において戦争と武力行使の放棄が盛り込まれた。

　しかしながら1940年代末に，アメリカはソ連をはじめとした共産主義諸国を仮想敵国としたいわゆる冷戦体制へ移る。アメリカの対日戦略は，日本をアジアでの共産主義圏に対する防波堤として位置づけ直し，日本の再軍備化と西側同盟への組み込みへと転換した──いわゆる「逆コース政策」。その結果，日本の独立承認とともに締結されたのが日米安保条約であった。

　締結当初の日米安保条約においては，日本に有事が生じた際にはアメリカが軍事協力を行うという片務的なものであったが，1960年に改訂された第2次日米安保条約においては，日米双方が有事にあたって軍事協力を行うという双方

第11章　軍　事　費

的なものに改訂され，アメリカの行う戦争に日本が同盟国として協力する道が
開かれた。さらに，西ヨーロッパ諸国におけるNATO（北大西洋条約機構）と
同じく，先進諸国が経済復興を果たして高度成長期に入ると，アメリカは自国
の軍事負担を同盟諸国に移す，いわゆる「バードン・シェアリング（軍事負担
の分担）」の要求を強めていった（坂井1984，pp. 130 - 132）。

　以上のように，戦争放棄と武力の非保持を謳った日本国憲法第９条と，日米
安保条約に依拠した日米軍事同盟強化という相対立する論理のなか，日本の再
軍備と軍事費拡大が進んだ。すなわち，警察予備隊から自衛隊へと日本の再軍
備が進められた。また，日米同盟を担保するために沖縄をはじめ多くの米軍基
地が維持され，その駐留経費を日本が負担してきた。

　他方で，日本国憲法第９条の擁護と，世界で唯一原爆投下を経験した被爆国
として核兵器廃絶を求める国民世論のゆえに，日本の軍事費は比較的低位に抑
えられ，自衛隊の活動は国内防衛に限られた。また，実際の核兵器のもちこみ
はブラックボックス化されたものの，政府は少なくとも公式には，核兵器をつ
くらない，もたない，もちこませないという非核三原則を堅持した。

　こうした軍拡と軍縮という対立を反映して，日本の軍事費は，実際の軍事行
動においては憲法上厳しく制約されるもとで，もっぱらアメリカからの兵器の
買い手として貢献するという，いびつな構造となった——この点については後
述する。

3　冷戦終結後の軍事費——1990年代

　1989年のいわゆるベルリンの壁崩壊以降，東欧・ソ連の体制転換が進み，冷
戦時代は終わりを告げた。アメリカにとってこの事態は，巨大な軍事力と
NATO，日米安保条約をはじめとした軍事同盟の根拠が喪失することを意味
した。それゆえ，アメリカは対ソ戦略に代わる新たな安全保障戦略の再編構築
に迫られた。

　冷戦後の新たなアメリカの安全保障政策について，ブッシュ（父）政権は，
地域紛争防止を打ち出した。冷戦後も反米を掲げる諸国は各地に存在する。ア

163

メリカはこれら諸国を「ならず者国家」と名づけてソ連に代わる仮想敵国とした。このことは1991年の湾岸戦争において実証のお墨付きを得た。

クリントン政権は，上記に加えてアフリカや旧ユーゴスラビアなどでの地域紛争の解決にアメリカは積極的に取り組むべきだとして，ブッシュ（父）政権の地域紛争防止戦略を継承した。しかしながら，ソマリアへの国連PKO活動を通じた紛争介入の失敗，旧ユーゴへのNATOによる空爆がさらに紛争を激化させるなど，アメリカの新たな戦略はアメリカ国民と同盟諸国の合意を得るには至らず，アメリカのポスト冷戦戦略は混迷を深めた。その結果，【図表11－1】に明らかなとおり，1990年代には，アメリカ，NATO諸国を中心に軍事費削減の傾向が支配的となった。

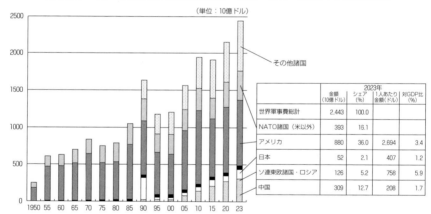

【図表11－1】 主要国の軍事費の推移：1950－23年（2022年ドル実質値）

（注1） ソ連東欧諸国・ロシアは，1990年はソ連および東欧諸国の総計，それ以降はロシアの数値。
（注2） 1985年以前のソ連東欧諸国・ロシア，中国，およびその他諸国は，データ不備のため記されていない。
（注3） NATO諸国（米国以外）は，新規加盟国の軍事費について，加盟年以降加えた数値。
（出所） SIPRI, *Military Expenditure Database*, (https://milex.sipri.org/sipri) Accessed on July 3, 2024, より作成。

第11章 軍　事　費

　このようなアメリカの安全保障政策再編の混乱は，日本においては沖縄に集中している米軍駐留基地の再編問題として集中的にあらわれた。しかしながら，1996年に合意された日米安保再定義では，日本国内の米軍駐留基地の移転は沖縄県内で行われるという，沖縄県民をはじめ日本国民の世論からすればきわめて不十分な到達点に終わった。また，1991年の湾岸戦争を契機に，アメリカは日本の自衛隊に対して直接海外派兵への要求を強め，自衛隊の海外派兵への動きが急速に進展した。ヨーロッパ諸国において，冷戦後軍縮が一定進んだのとは対照的に，日米安保再定義をはじめ日米同盟強化に規定され，日本では軍拡の傾向が進んだ（【図表11－2】を参照）。

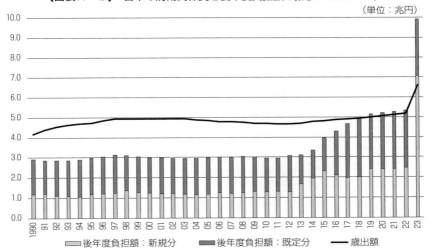

【図表11－2】　日本の防衛関係費と後年度負担額の推移：1990－23年

（注）　防衛関係費は当初予算額で，SACO，米軍再編経費等は含まない数値。
（出所）　防衛省『防衛白書』各年度版より作成。

4　21世紀の軍事費

　1990年代の軍縮トレンドを一気に変えたのは，2001年9月11日に勃発した同時多発テロ事件であった。アメリカ政府はこの事件の首謀者をオサマ・ビンラ

第Ⅲ部｜経済社会を支える現代財政

ディンを筆頭とするイスラム・テロ組織アルカイダであるとし，アルカイダら
テロリストとそれを擁護しているテロ支援国家に対する報復戦争として，アフ
ガニスタン戦争，イラク戦争に踏み切った。同時多発テロ事件を契機に，ポス
ト冷戦のアメリカの安全保障戦略は対テロ戦争へと一気に舵を切った。【図表
11－1】に明らかなとおり，1990年代の軍縮傾向は21世紀に入って一転し，戦
争と軍拡の時代に回帰している。

　日本では，1990年代からの日米同盟の強化と自衛隊の海外派兵，駐留米軍支
援といった傾向が同時多発テロ事件を契機にさらに加速することとなった。

　しかしながら，アメリカはイラク戦争，アフガニスタン戦争において，早期
の政権転覆は果たしたものの，その後の復興統治には苦戦した。対テロ戦争が
長期化して米兵の死者が増え，戦争が泥沼化の様相を呈することで，アメリカ
国内の世論は孤立主義的な傾向へと転換し，対テロ戦争を始めたブッシュ
（子）政権は，イラク，アフガニスタンからの撤退路線への転換を余儀なくさ
れた。これに2008年の世界金融危機が重なることにより，アメリカの「内向き
世論」は今日に至るまで構造的に定着し，アメリカの覇権の制約となっている。

　他方で，アメリカがはじめた対テロ戦争を契機に，地域紛争は世界各国に広
がった。また，中国，ロシアをはじめとした大国がアメリカに対して非対称の
軍事戦略をとることにより，アメリカの覇権の間隙を突いた紛争・戦争が勃発
することとなった。近年のロシアによるウクライナ侵略，ガザ市民を巻き込ん
だイスラエルのハマスに対する「報復」戦争はその典型である。国内の「内向
き世論」と世界での紛争激化の狭間にあって，アメリカは自国の軍事費・援助
拡大とともに，日本を含めた同盟国に戦費負担の要求を強めているのが現状で
ある。

　日本政府は，とりわけ2013年に成立した第2次安倍政権以降，こうしたアメ
リカの要求に積極的に応えてきた。2015年に成立した安保関連法により，同盟
国であるアメリカに積極的に協力する体制が整備され，日本の軍事費は，自衛
隊の海外派兵の強化，アメリカからの兵器購入を中心に増加傾向にある（【図
表11－2】，【図表11－3】を参照）。

166

第11章　軍　事　費

【図表11－3】　防衛費の構成の推移

① 金　　　額

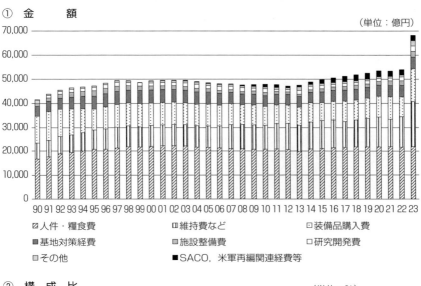

② 構　成　比

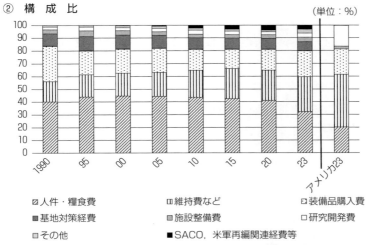

(注)　1990－96年度までは、SACO、米軍再編関連経費等は含まない数値、97年度以降はそれを含んだ数値となっている。

(出所)　防衛省『防衛白書』各年度版、DoD, Office of Under Secretary of Defense：Comtroller（2023）Defense Budget Briefing；FY 2024. より作成。

第Ⅲ部 | 経済社会を支える現代財政

Ⅱ 軍事費とその経済的機能

軍事費が経済に及ぼす役割は，軍事費拡大が公共事業と同じく景気拡大に寄与するという，マクロ経済面での軍事的ケインズ主義と，軍事目的での研究開発が民間部門を含めた技術革新に寄与し，経済成長を促すとするミクロ経済面の双方において論じられてきた。

1 軍事的ケインズ主義

第2次世界大戦，戦勝国でかつ自国が戦争被害にあわなかったアメリカにおいては，戦時の兵器生産が需要を創出して世界大恐慌以来の不況からの脱却に貢献した。また，大戦後もアメリカでは冷戦体制のもと，巨額の軍事費が温存されたため，軍事費がマクロ経済的に景気を浮揚させるとの理論が台頭した——ニュー・エコノミクス（坂井1984，pp. 46-64）。

しかしながら，軍事費拡大が有効需要の創出によって国民経済の成長に寄与するという軍事的ケインズ主義の議論はその妥当性が失われる傾向にある。たとえばポースト（2007）は，アメリカの軍事費の経済浮揚効果を検証し，近年になるほどその効果は低下していることを明らかにしている。

さらに強調されるべきは，軍拡がもたらす経済面での負の影響である。第1に，実際に戦争当事国となって敗戦した諸国では，人的被害も含め経済的な被害は甚大である。さらに，戦争を開始したアメリカをはじめとした当事国においても，戦費の巨額化に加え，帰還兵たちへの肉体的，身体的ケアなど巨額の負担が残る。第2に，沖縄をはじめとした米軍駐留地においては基地が雇用を生み出し，基地維持のための国からの補助金が地元経済を潤しているとされる。しかしながら，こうした事態は地方産業の公共事業依存と同じく，地域経済の自立的発展を逆に阻害しているのが現実である。これらを考えると，軍事費拡大で経済成長が図られるという主張は今日では正当性を失っているといわざるをえない。

168

第11章　軍　事　費

2　技術開発と軍事費

　軍事費が経済過程に及ぼす第2の効果は，軍事費によってなされた研究開発
が民生部門に波及し，新産業の育成を通じて経済成長に貢献するというもので
ある。たとえば，1990年代に普及し今や不可欠となっているインターネットは
1960年代にアメリカ国防総省において開発された技術を基盤としている。こう
した事例は数多く存在する。このことから，軍事技術開発が自国の産業競争力
の確保，さらには新産業の創出をもたらすと主張されている。

　しかし，軍事技術と民生技術との関係はそれほど単純ではない。この点につ
いてサミュエルズ（1997）は以下3つの立場があるとしている。第1は，軍事技
術が民生分野を含めた経済全体の技術革新の源泉になるという議論である――
スピン・オフ理論。第2は，軍事技術が特殊化，奇形化し，民生技術への波及
が困難になっているとする議論である――スピン・アウェイ理論。すなわち，
兵器に特有のスペックが求められることにより，民生品を開発する技術とは乖
離しているという議論である。第3は，第1の立場とは逆に，民生技術が軍事
技術に応用され移転されるという議論である――スピン・オン理論。スピン・
オン理論の背景には，そもそも軍事開発が厳しく制限されてきた日本企業にお
いて，民生品として開発された自動車や電機産業の技術が，アメリカをはじめ
とした軍事技術の基盤技術として採用されているという現状がある。

　軍事技術と民生技術とのこれら3つの立場のうちどれが支配的であるのかを
考えるには，個々の技術特性に依存することを踏まえつつも，軍事技術，民生
技術双方の担い手が構造的にどのような経済関係にあるのかが重要となる。

　冷戦終結後，軍事専門産業においては世界的な集約化と独占が進んだ。それ
ゆえ，第1のスピン・オフ理論が想定する波及効果はますます限定されるよう
になっている。他方で，第2のスピン・アウェイ理論や第3のスピン・オン理
論において強調されている民生技術の優位性の強調は，今日の軍事技術開発に
おいて，民生技術の囲い込みが軍事当局および軍事産業にとってより重要に
なっていることを意味する。

169

第Ⅲ部｜経済社会を支える現代財政

　上記のような議論を超えてさらに検討されるべきは，軍事技術を発端として開発された技術が社会にもたらす「負の経済効果」の問題である。たとえば，核兵器を誕生させた核技術は，世界中の脅威となっている核爆弾や，放射性廃棄物の処理技術が未確定なままの原子力発電の普及につながった。こうした軍事技術がもたらす膨大な社会的コストは看過できない問題である。

Ⅲ　日本の軍事費を巡る諸課題

1　冷戦後の日本の軍事費の特徴

　以上を踏まえ，ここでは日本の軍事費の特徴について改めて検証してみたい。第1の特徴は，第2次安倍政権以降の兵器調達額の急増である。【図表11－2】は，当初予算ベースでの日本の防衛関係費の予算と，後年度負担額の推移を示したものである。防衛関係費については，前述のとおり冷戦終結後の1990年代に日本は逆に微増傾向を続けていた。21世紀に入って若干抑制気味であったのが，2013年の第2次安倍政権以降増加傾向を辿り，現在の岸田政権で急増している。

　同じく同図表より，後年度負担の状況をみてみよう。後年度負担とは，第1章で解説した国庫債務負担行為での予算計上である。すなわち，毎年度での予算編成において審議議決を必要とするものの，期限を設けることなく複数年度での予算契約を可能にするものである。それゆえ，軍事費における後年度負担額は，大型兵器の購入にあたって用いられることが多い。すなわち，新規後年度負担額は，当該年度において新規に契約した兵器購入額を，既存後年度負担額は，過去に契約した兵器購入額の残額をあらわしていることになる。2010年度までは，こうした兵器の複数年度契約について，継続費で処理する部分もあったが，近年ではもっぱら後年度負担にて処理されている。

　【図表11－2】に明らかなとおり，後年度負担は第2次安倍政権が発足した2013年度より増加傾向にあり，とりわけ現在の岸田政権において急増している。要するに，第2次安倍政権以降兵器購入契約が急増し，これに近年の岸田政権

170

第11章　軍　事　費

のさらに大規模な新規後年度負担契約が加わることにより，今後の軍事費の巨額化と財政負担の増加が懸念される。

　第2の特徴は，【図表11－3】に明らかなとおり，軍事費の内訳において現実の自衛隊の行動費（図表では「維持費など」にあたる）が増加傾向にあるとともに，そもそも兵器購入にあたる装備品購入費の比重が大きく，その両者が増大していることである。このことは，自衛隊の行動が日米共同演習の実施を含めて活発化していることに加え，日本の軍事費の伝統的特徴であった兵器購入の割合が近年いっそう高まる傾向にあることを示している。

　第3の特徴は，日米同盟に規定された駐留米軍に対する経費──いわゆる思いやり予算──の日本側負担の比重が大きいことである。【図表11－4】は，日本の在日米軍関係経費を示したものである。2023年度において6,000億円を超える経費が支出されていることがわかる。その内訳はいずれも2023年度当初予算額で，①米軍施設整備（米軍の住宅施設を含む）や基地で働く従業員への給与，水光熱費等からなる「在日米軍駐留経費負担」（2,112億円），②米軍基地に貸与している地代や周辺対策として日本の国から基地立地自治体に対する補助金などからなる「周辺対策費等」（2,142億円），③1996年の日米合意にもとづいて，沖縄で米軍が起こした住民への損害に対する補償の日本政府負担である沖縄に関する特別行動委員会（SACO）経費（115億円），④米軍のグアムへの基地整備を中心とした米軍再編関係経費（2,103億円）からなる。これらの経費は本来ならアメリカ側が負担すべきものが大多数を占めるが，もっぱら日米地位協定にもとづいて日本政府が「自発的」に負担していることから，思いやり予算と呼ばれる。その負担は先進国でも突出しており，米軍のグアム基地移転経費を含め負担額は増加傾向にある。

第Ⅲ部｜経済社会を支える現代財政

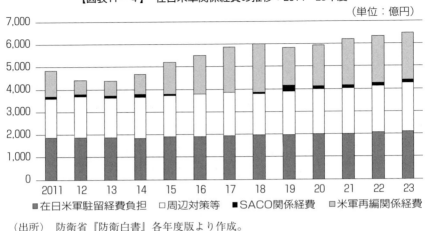

【図表11－4】 在日米軍関係経費の推移：2014－23年度

（出所） 防衛省『防衛白書』各年度版より作成。

　第4の特徴は，第2の特徴とも関わるが，兵器購入（装備品購入費）の比重が高いことである。これは日本の軍事費の伝統的な特徴であり，【図表11－3】の②にあるとおり，アメリカの軍事費構成比と比較すれば，日本は装備品購入費の比重が高いことがわかる。さらに，アメリカは研究開発費が日本に比べて突出していることもわかる。このことは，日本の兵器調達が独自の兵器開発・製造によるのではなく，もっぱらアメリカからの兵器購入に依存していることを示している。さらに，【図表11－5】がそのことを如実に示している。日本は兵器輸入国の世界第9位であるが，その輸入先はほぼすべてアメリカである。これに対して，世界最大の兵器輸出国であるアメリカは，サウジアラビアに次いで日本が第2位の輸出対象国となっている。サウジアラビアはアメリカからの軍事援助で兵器を購入しているのに対して，日本は自国の予算ですべてアメリカからの兵器購入を行っている。この点で日本はアメリカ製兵器の「お得意先」となっているといえる。

第11章　軍　事　費

【図表11－5】　兵器輸出トップ5国と兵器輸入トップ10国

	兵器輸出国	世界輸出シェア		主要輸出先トップ3とそのシェア（2018-22年）					
		2013-17	2018-22	1位	%	2位	%	3位	%
1	アメリカ	33	40	サウジアラビア	19	日本	8.6	オーストラリア	8.4
2	ロシア	22	16	インド	31	中国	23	エジプト	9.3
3	フランス	7.1	11	インド	30	カタール	17	エジプト	8
4	中国	6.3	5.2	パキスタン	54	バングラディシュ	12	セルビア	4.5
5	ドイツ	6.1	4.2	エジプト	18	韓国	17	イスラエル	9.5
	兵器輸入国	世界輸入シェア		主要輸入先トップ3とそのシェア（2018-22年）					
		2013-17	2018-22	1位	%	2位	%	3位	%
1	インド	12	11	ロシア	45	フランス	29	アメリカ	11
2	サウジアラビア	10	9.6	アメリカ	78	フランス	6.4	スペイン	4.9
3	カタール	1.5	6.4	アメリカ	42	フランス	29	イタリア	14
4	オーストラリア	3.6	4.7	アメリカ	73	スペイン	19	スイス	3.0
5	中国	4.2	4.6	ロシア	83	フランス	8.1	ウクライナ	5.6
6	エジプト	4.5	4.5	ロシア	34	イタリア	19	フランス	19
7	韓国	2.2	3.7	アメリカ	71	ドイツ	19	フランス	7.9
8	パキスタン	3.0	3.7	中国	77	スウェーデン	5.1	ロシア	3.6
9	日本	1.2	3.5	アメリカ	97	イギリス	1.9	スウェーデン	0.3
10	アメリカ	2.0	2.7	イギリス	24	オランダ	13	フランス	11

（出所）　SIPRI（2023）*SIPRI Yearbook 2023 : Armaments, Disarmament and International Security,* より作成。

2　軍事費を巡る今日的課題

　以上を踏まえ，今日の日本の軍事費が抱える課題を4点指摘してまとめとしたい。

　第1は，昨今の大幅な軍事費拡大は，本当に日本の国益に適ったものなのかという点である。【図表11－2】に明らかなとおり，岸田政権による軍事費拡大，とりわけ兵器の新規契約による新規後年度負担額の増加は日本の軍事費の一大転換といってよい。しかしながら，この急速な軍拡は，日本国民の要請によるものというよりは，アメリカからのバードン・シェアリングの要請によるところが大きい。少子高齢化，経済停滞といった諸課題を抱える日本財政においてこうした軍事費急拡大が適切な政策であるのかが問われている。

　第2に，上記の急速な軍拡予算が予算の決定過程を曖昧にし，ブラックボックスのなかで行われていることである。岸田政権は，2023年度の予算の概算要

173

第Ⅲ部｜経済社会を支える現代財政

求の段階で，防衛関係費を青天井とする事項要求扱いとした。また，ウクライナ戦争に際して特別予備費を創設してきた。これらの政策措置は，軍事費に対する財政民主主義によるチェックを大幅に後退させるものであり，軍事費のブラックボックス化を進めるものである。

　第3に，アメリカの安全保障戦略に即応した形で進められている，軍事技術開発に対する規制緩和の動きに関する問題がある。これまで，日本の産業競争力は非軍事化の制約のもと進められてきたが，武器輸出解禁の動きを含め，近年軍事への日本企業の技術開発の取り込みが急速に進められている。このことにより，これまで民生技術を中軸に発展してきた日本の産業技術はどのように変化するのかという課題がある。

　第4に，冒頭で提起した「軍拡か軍縮か」という世界的な課題に日本がどのようなスタンスをとるのかという問題がある。日本は，一方で日本国憲法第9条と世界唯一原爆投下を体験した被爆国であることをよりどころに世界の軍縮平和をリードしてきた。他方で，日本は日米同盟のもと，アメリカ主導の軍拡路線に加担し，軍事費拡大を進めている。日本は世界平和の使徒となるのか，それともアメリカの盟主として今日の軍拡路線を先導するのか。日本の軍事費の動向はこの点で重大な岐路に立っている。

＜参考文献＞

坂井昭夫［1984］『軍拡経済の構図─軍縮の経済的可能性はあるのか』有斐閣.
島恭彦［1966］『軍事費』岩波書店.
ポール・ポースト（山形浩生訳）［2007］『戦争の経済学』バジリコ.
リチャード・J.サミュエルズ（奥田章順訳）［1997］『富国強兵の遺産─技術戦略にみる
　　日本の総合安全保障』三田出版会.

第 IV 部

現代財政の新しい課題

第12章　地域づくり

　地域づくりには確たる定義がないことが特徴である。それにはさまざまな可能性があり，創造性にもとづく自主的，自律的な取組みが求められる。このことから地域づくりへの国・自治体の関わりも多様であってもよく，財政民主主義の充実・強化にとってアプローチしやすい。とはいえ，財政面になるとイメージしにくい典型的な分野である。財政面では国と自治体の関係から，事業規模がかさばるハード面を中心に，集権的な側面がみられることがあり，そのあり方は論点になりうる。他方で，民間企業や非営利・協同組織も含めて協働による地域づくりが問われている。財政はどうすればよいか。ここでは思考を広げられるように，検討素材を提供する。

I　地域づくりと人口・少子化対策

1　地域づくりへのアプローチ

　「地域」とは，区画された，ある範囲の土地と説明されることがあるが，空間をイメージする人もいよう。「足元の」あるいは「身近な」地域とすれば，自分の住まいや職場の周辺のエリアとなるかもしれない。「地域づくり」とは，文献によっては定義されることがあるが，ここではあえて定義をしない。たとえば，「づくり」を「作り」や「造り」ではなく，「創り」とすれば，創造的な（自由な）発想で地域をより良くしていくと捉えることができよう。また「地域」を「まち」や「むら」と置き換えてもよい。それぞれを「町・街」，「村・邑」であらわすことは少なくなり，ひらがなが一般的になっている。ここでは地域の住民みんなが主役であるという意味で，わかりやすいひらがなが用いられると解釈することができよう。

　ここまでくると，地域活性化という用語を思い浮かべるかもしれない。それ

177

第Ⅳ部｜現代財政の新しい課題

も頻繁に用いられるが，各人のイメージはバラバラであることが多く，それを共有することが肝要になる。そうでないと，地域の活性化に向けて実践に移す場合，誰もついてきてくれない。では，活性化の成功（上手くいった）と失敗（上手くいかなかった）は，どのように理解すればよいか。私たちは成功となると，たとえば，地域の名所を10人にPRすれば，全員の来訪をイメージするかもしれない。しかし，来訪者が非常に少ない地域にとっては，「来年度の来訪者は1％増とする」という目標を設定し，達成すれば，成功といえるのではないか。「づくり」，「活性化」のいずれにせよ，域内住民向けあるいは地道な取組みかもしれない。地域は多様であることを理解しておきたい。

　では，なぜ財政学において地域づくりを学ぶ意義があるのか。足元の地域にせよ，広大な地域にせよ，空や海といった自然資源を除けば，私たちが目にする道路や車両，家屋やベッド，パソコン，工場や印刷機，病院や手術台，スーパーや食料品，さらには家族や友人などは，すべて「ひと（労働）」が生み出す。また，企業，家計，政府など，誰かがどこかでおカネを投入しているわけである。したがって，地域づくりでも税財政が関係しており，国家プロジェクトになれば，ハード事業を中心に大規模になる。足元の地域でソフト事業を中心に小規模で実施されることもある。農山漁村であれば，地域経済における公共部門の比重が大きいために，地域づくりでも財政の役割は高まる。とはいえ，そこでの財政は何気なく24時間，365日を過ごしていると，気づきにくい。国と自治体が財政を分担している，国から自治体への財政移転が行われていることになれば，なおさらかもしれない。

　私たちは地域づくりにおける目的ならびに公共部門の存在を把握するとともに，どのような財源で構成され，何に使われているかを理解する必要がある。

2　人口減少・少子化を巡る論点

　地域づくりとそれに対する財政に関しては，人口対策あるいは少子化・子育て対策が最も重要な課題にあげられることが多い。というのも，多くの方が次のように理解することによる。自分の住む地域は長らく元気がなく，その最大

178

の要因は人口・若者減少，少子化にある。したがって，人口や子どもなどの減少に歯止めをかけ，それらを増やすことが最大の課題になる。今や，市町村長選挙の公約には子ども医療費の無償化の年齢引上げ，あるいは保育料や学校給食などの無償化があげられ，無償化競争は消耗戦の様相を呈している。また日本全体の人口が減少するなかで，移住・定住や就業などにかかる現金給付による公的支援も激しくなり，「ひと」の奪い合いの状況がみられる。世帯当たり100万円の給付という公的支援も少なくない。これらには自治体が自主財源で実施する支援だけでなく，国の自治体への交付金等が充当される支援もある。こうした支援により人口が増えれば，地域経済（GDP）が成長するということが強調される。

　以上の展開には，個人の価値観に関することに公権力が介入すべきなのかという根本的な論点があるが，ここでは本章の趣旨にそって，わかりやすい論点を提起する。すなわち，地域づくりの本質は人口規模にあり，最大の目的は人口や子育て世帯の早期の増加になるのかである。

　地域の持続可能性に鑑みると，人口がゼロになれば，地域住民の生活や生産，コミュニティは成立せず，公共サービスにも影響を与えるために，人口は最も重要な要素になりうる。とはいえ，人口増それ自体が目的化されてよいのか。ありえる反論は次のとおりである。平時において，人口を減らすことを目的にして，居住地を離れる住民は1人もいないはずである。多くのありえるケースは，地域に（行きたい）大学がない，職場・仕事がないといったことである。人口の増減は「結果」であるといえる。地域づくりにとってより重要なのは，地域全体を見渡しながら，なぜ人口が減少したのか，魅力ある仕事がないのか，どうしたら諸問題を解消できるのか，進学や就業を機に地域を離れた若者に戻ってきてもらえるかという思考の組み立てではないか。

　とくに生活・生産等の状況が厳しい地域ほど，最短距離で早期の人口増を目指せば，企業や若者の誘致に，あるだけの財源を投入しようとならないか。企業がとにかく来れば，地域経済は何とかなる，という何十年も前からの発想は，地域で雇用さえも確保できない状況下で通じないことは明瞭であろう。地域づ

第Ⅳ部 | 現代財政の新しい課題

くりの三要素として，目的（ビジョン），主体（誰が），方法（どのように進める
か）があげられる。諸状況が厳しい地域ほど，それらを盛り込んだ地域計画を
丁寧に策定し，地道に実践していくことが望ましい。そのためには，人材に加
えて，自然，技術，歴史，文化などの地域資源（ハードとソフト，可視化できる
ものとできないもの）に向き合い，まず「ないものねだり」ではなく，「あるも
のさがし」を徹底する。その「あるもの」に新たな価値を吹き込んでいくので
ある。

Ⅱ　人口規模と地方行財政

　安倍晋三政権下で「地方創生」という言葉が頻繁に用いられるようになり，
2014年に「まち・ひと・しごと創生法」が制定された。また具体的な政策とし
て，第1期（5年間）の「まち・ひと・しごと創生総合戦略」が打ち出された
（2023年12月現在，第2期継続中）。基本的視点は3つあり，①東京一極集中の是
正（東京圏と地方の転出入を均衡する），②若い世代の就労・結婚・子育ての希望
の実現，③地域の特性に即した地域課題の解決である。ここでは目標人口とし
て2060年に1億人とすることが明記された。

　各都道府県・市町村は全国版「総合戦略」を踏まえた，地方版「総合戦略」
を策定した。この地方版の特徴は，将来の人口シミュレーションが詳細に行わ
れ，リアリティのある情報が発信されたことである。人口の推移はあらかじめ
わかることであるものの，そうした全国的な取組みはおそらく初めてであった。
そして，多くの自治体で人口規模や合計特殊出生率などの目標数値が設定され，
なかには野心的な数値もみられた。「総合戦略」とは地域活性化策と言い換え
られようが，財政面では国から自治体へ，単年度で千億円単位の交付金（特定
財源）が交付された。また地方交付税の基準財政需要額にも算入されたが，制
度の本来的な性格になじまない，取組みの成果主義へシフトし，自治体間競争
をあおるようになった。

　こうして真正面から人口対策が講じられることになったが，これは次のとお

180

第12章　地域づくり

り，地方行財政に大きなインパクトを与える。第一に，「産めよ，殖せよ，お国のために」というような仕掛けが自治体の事業を「上滑り」させうる。日本の合計特殊出生率は2012年1.41（22年1.26，同年出生数77万人）であるが，人口が増加も減少もしない均衡した状態となる，合計特殊出生率の水準，すなわち人口置換水準は2012年現在2.07であった。したがって，その水準に急ぎ近づけようとすれば，結婚・出産や子育てを社会で支える仕組みづくりといっても，税財政面での負担は過去にないようなレベルで増やさなければならない。また増税を含めて税収増のためには，非常に大きな経済成長が求められる。人生や世帯の多様化のなかで，「ひと」が「モノ」のように取り扱われ，社会の合意形成が実現できないのではないか。

　第二に，人口規模へのこだわりは，「平成の大合併」にもみられた。国の「アメ」（合併自治体には国からの財政移転を手厚くする）と「ムチ」（人口が少ない非合併自治体への財政移転を縮減する）などを背景に，2000年代に市町村合併が全国的に推進された。ここでは合併の是非にまで踏み込まないが，格付けされるかのように，人口が増えると，地方分権推進のための「受け皿」，すなわち行財政基盤が強化されるとPRされてきた。とはいえ，合併によりほぼ東京都の面積となった自治体が誕生しており，逆に，合併の意義が問い直されることにもなった。人口があたかも欲望の対象として捉えられ，エンドレスの政策的な側面が垣間見られた。国の合併推進政策はゾンビのごとく復活するかもしれない。

　第三に，東京都は確かに人口が多く，若者も集まるが，最も出産，子育てできない地域である。その合計特殊出生率は2022年1.04であり，出生数も減少し続けている。東京の一極集中度合いは先進諸国のなかでソウルと並んで突出しているが，人口を典型として，集中化に歯止めはかかっていない。東京都や都内の市は経済力や財政力が非常に高く，子育て支援が拡充されているが，財政は出産・子育て環境を大きく変えるほど万能であるかが問われている。他方，都市住民向けの全国的なアンケートによれば，農山漁村に関心がある割合は増えている。また，総務省の「地域おこし協力隊」制度（特別交付税措置）にみる

181

第Ⅳ部 | 現代財政の新しい課題

ように，実際，農山漁村に移住する若年世代は増加している。彼ら・彼女らの主な理由は経済的豊かさではなく，働き甲斐，生き甲斐，心の幸せといったことである。

Ⅲ　地域づくりへの地方財政対応

　人口減は自然減と社会減からなる。それらを一体的に取り組むことが，国の地方創生政策であったとすれば，自然減の対策は薄かったかもしれない。とはいえ，それ自体も論点になりうる。自治体は，現に住む地域住民の暮らしや仕事も大事にしなければならない。住民や企業に愛されてこその地域の維持可能性であろう。この視点から，少ない人口なりの社会システム構築や資金循環システムの形成の重要性は見出される。もちろん，そうした視点にもとづく各種の施策も講じられてきたが，目的設定をはじめ地域づくりの構造的な見直しのなかで実践されてきたかどうかである。

　地域はさまざまな利害をもった住民や企業などからなり，時に対立を生む。そこから得られるものはあろうが，諸状況が厳しい地域ほど，地域の生活や生産は，個々の利害にブーメランのようにかえってくる。産業面に焦点を当てよう。1人当たりのGDPあるいは労働生産性を増大させることは重要であるが，たとえば，地域の産業そのものが地盤沈下するなかで，私益の追求が厳しくなりうる。したがって，地域全体を見渡し，調整できるスキルが求められる。かつてと違い，さまざまな場で地域課題の解決に取り組む機会を得られるようになっていることは，人材育成にとって展望が見出される。

　域外に目を向けると，地域によっては「交流人口」や「関係人口」の増大を重視した地域づくりが，現実的なステップとして具体化されることがある。交流人口とは観光で訪れるような人びと，関係人口は地域と多様に関わるような人びとをさす。いずれも地域との関わり（想いを含む）がより強く，移住するような「定住人口」には届かない水準をひとまず想定している。こうしたエッセンスは以前から多くの地域づくりに含まれていたが，「人口」の重層的な位

182

第12章　地域づくり

置づけのなかで，取組み事例等が共有されていることは重要な意義をもつ。

　最新の状況としては，法制度の制定・改正等を背景に，全国で多様化する非営利・協同組織（たとえば，「特定地域づくり事業協同組合」や認定NPO法人），「ひと」（多様な働き方，職種，スキルなど）を利活用する仲介企業やコンサルタントが相次いで誕生している。こうしたなか，地域・自治体がそれらといかなる関係づくり（経営・行財政関係）を行えるか，あるいはそのような組織を企業間や自治体間の連携等を通して，域内で創出，育成できるかも地域づくりのキーになりうる。

　これに対して，グローバリゼーションとローカリゼーションが進み，国民国家・経済の役割や国境の経済的意義が低下する現代において，地域を広域的に捉える視点も必要になる。そこには地域間の連携も含まれる。歴史的には，国レベルでは1960年代以降，全国総合開発計画が策定され，国土の均衡ある発展が掲げられ，主に事業規模がかさばる，ハードのインフラ整備が進められた。それは，具体的には産業基盤整備，次いで生活基盤整備であり，全国を網羅する（高速）道路網や鉄道網などの整備も象徴的であった。地域・自治体レベルでも，全国版を踏襲し，地域版の開発計画が策定されたが，集権的な側面が強かった。また情報公開や住民参加あるいは環境アセスメントは，貧弱であった。

　1980年代後半以降，レジャー・リゾート施設（各種の体験，スキー，スポーツ，温泉，宿泊など）をはじめハコものと呼ばれる公共施設が相次ぎ建設された。また都市部では至るところで市街地（再）開発が進み，各種のインフラ整備をともなった。1990年代のいわゆるバブル経済の破裂後には，国の景気対策にともない自治体財政が動員され，ハード中心の事業が実施され，後にソフト事業も積極的に展開されるようになった。この間，休憩にとどまらない多目的施設として，「道の駅」が各地で整備された。また「コンパクトシティ」が推奨され，実践されている。さらに，2003年の「観光立国」宣言以降，訪日外国人客の誘客を中心に観光政策が積極的に進められている。

　こうした政策に，財政はどのように対応してきたか。賛否が分かれる政策は少なくないが，国の財政としてはとくに1990年代以降，国債が次々に発行され，

183

第Ⅳ部｜現代財政の新しい課題

建設公債から赤字公債にシフトしながら，財源として充当されている。自治体の財政にとっては，手厚い補助事業（補助金）が中心であったが，単独事業にシフトした時期があった。その際には，「起債優遇措置＋元利償還金の地方交付税措置」が主な手法となり，国からより手厚い措置が講じられた。この手法は今なお続いている。自治体の地方債残高（普通会計負担分）は1990年度末の67兆円から急増し，2004年度末の201兆円をピークに，横ばい，微減となっている（2021年度末191兆円，2022年度末187兆円）。

2000年代後半以降，地方分権推進の影響から，使途が比較的緩やかである交付金（特定財源）が増えている。それは東日本大震災にかかる復興ハード事業に，復興交付金として大規模に充当された点を除くと，ハード中心からソフトへのシフトがみられる。地方創生政策や新型コロナ対策となると，交付金の規模はさらに高まり，10／10の補助率も登場した。また交付金は，国家ぐるみのデジタル化の推進（マイナンバーカードの利用促進を含む）や雇用吸収力の大きな地域密着型企業の立ち上げ支援など多様化している（デジタル田園都市国家構想交付金，地域経済循環創造事業交付金）。

地域づくりへの自治体財政の対応を巡っては，理念と現実のギャップの捉え方が分かれる局面が少なくない。地域内資金循環や地方分権推進を目指していながら，域外の大手開発企業の誘致や公民一体の陳情行政に取り組む姿は典型例である。自治体が国の補助金を上手く利用している側面があるとはいえ，地域の内発的な取組みとしてどこまで許容されるのか。公共施設の整備は生活・生産等の環境改善をもたらすが，その老朽化が進んでいる。それは次々に更新時期を迎えており，縮減や廃止等がアジェンダとなる。自治体は自らの財源でやりくりしなければならない維持管理を含めて，どのように向き合うかは大きな課題である。なお，自治体独自の子育て支援策が広がれば，自治体から国が責任をもって取り組むべきであると主張されることがある。このような論理は受け入れられるのか。

最後に，デジタル化は地域づくりの財政対応においてコスト削減に資するのか，という問いもあげられる。たとえば，人口集中エリアで生活，生産を行う

第12章　地域づくり

必要性が低下しうる。そして，その空間を広く使うことができ，防災の観点からも望ましい。住民等の来客縮減や事務処理の効率化が図られ，ペーパーレスも進む。とはいえ，住民への丁寧な対応や情報管理の徹底は可能か。他方，情報の発信量，閲覧量は飛躍的に増えており，消費者が熟慮せずに商品を購入すれば，宅配量や梱包紙は大きく増える。これは生産量の増加を意味するが，易々と廃棄することにもつながる。したがって，ゴミ処理コストやCO_2排出量は大幅に縮減できないかもしれない。

Ⅳ　データを踏まえた検討素材

　前節の地域づくりへの自治体財政対応を，目的別歳出としてデータで裏づけると，町村と政令指定都市の場合は次のとおり整理することができる（各市町村，各都道府県のデータは2001年度決算以降であれば，総務省ホームページ・「地方財政状況調査関係資料」より入手できる）。

　まず町村である。第一に，1980年代に最大の比重を占めていた農林水産業費は90年代に大きく増大し，リゾート事業や経済対策などに向けられた。しかし，それは2000年代以降，低水準となり，とくにハード事業は少なくなっている。第二に，土木費（道路整備，下水道系特別会計への繰出しなど）は1980・90年代に農林水産業費よりも大きな伸びを示し，2000年代に入って大きく減少している。とはいえ，それは2010年代に10％程度の水準を維持している。第三に，民生費（社会福祉，児童福祉，医療・介護系特別会計への繰出しなど）は1980・90年代に急増し，会計の見直しを経て数値上いったん低下するものの，増加し続け，20％超の比重を占めている。

　町村の財政対応を政令指定都市と比較すると，両者の違いは明瞭になる。政令指定都市では，第一に，土木費（道路整備，都市計画，住宅整備など）は1980・90年代を通して最大の比重を占めるとともに，大幅に増加したが，2000年代に入って大きく減少し，2010年代には10％前半で推移している。第二に，民生費が1990年代以降，町村と同様に大きく増大し，2003年度に土木費を上回り，4

185

第Ⅳ部｜現代財政の新しい課題

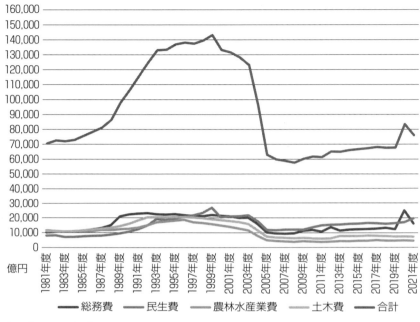

【図表12－1】 町村の主な目的別歳出の推移

(出所) 総務省『地方財政白書』各年度版，地方財政調査研究会『地方財政統計年報』各年度版より。

割にせまる水準となっている（政令指定都市は町村と違い，生活保護も担当する）。高齢化を背景に，ハード（とくに施設）もソフトも充実が図られている。民生費が歳出合計を押し上げる最大の要因であるといえる。

なお，町村とともに，2020年度の総務費が急増している理由は，新型コロナ対策であり，特別定額給付金事業（国民1人当たり10万円の給付）が実施された。

その他に，観光関連の支出であれば，いくつかの費目にまたがることがあるものの，商工費によることが少なくない（全国の統計として，観光推進費，人口対策費といった分類で整理，公開されていない）。とくに都市部における行財政の役割としては，たとえばイベントのようなソフト事業であっても，市が主催して開催することはあまりない。むしろ，性質別歳出でいえば，補助費等にあらわ

第12章　地域づくり

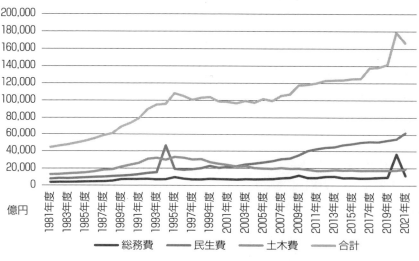

【図表12-2】　政令指定都市の主な目的別歳出の推移

（出所）　総務省『地方財政白書』各年度版，地方財政調査研究会『地方財政統計年報』各年度版より。

れるように，NPO法人や観光協会など非営利・協同組織等に補助金を交付することがあげられる。観光分野あるいは補助金に限らないが，自治体から非営利組織に対する支出は多くなっている。

　企業経営の観点から，「稼げる自治体経営・公共施設づくり」が主張されることがあるが，どの場面で，どこまで許容できるかは重要な論点となる。ここでは民間企業との関係（たとえば，指定管理者制度）や使用料等の引上げが関わってくるかもしれない。企業・産業の目線では，最小限の規制行政，広域行政の推進が強調されるかもしれないが，国・自治体の固有の役割や狭域行政としての意義も十分に理解する必要がある。

　他方で，地域づくりの可能性は，農山漁村，都市のいずれの医療や介護，福祉の分野であっても十分に見出すことができ，財政面では部分的とはいえ，上記のデータでみたとおりである。それらは主要な産業であり，大規模な需要に支えられる。見方を変えると，高齢化のなか，年金受給世帯の消費が大きなイ

187

第Ⅳ部｜現代財政の新しい課題

ンパクトをもつ。ただし，高齢者の所得分布は二極化しており，資産規模の低下もみられることには注意を喚起しておきたい。

　医療費を巡っては，子どもの無償化であっても，そこには国や自治体の財政負担がある。医療費は必要以上に増加していないだろうか。子どもが軽症でも受診するから，不要な診療や薬剤処方，救急外来の利用が生まれていないか。費用対効果が内部で検証されない限り，なかなか表面化しない。またどこまで費用対効果がなじむのだろうか。別の見方をすれば，そもそも小児科も，産科も，民間にせよ，公立にせよ，近隣にないというエリアは多数ある。親にとっては電話相談サービスがあっても，不安がつきないこともある。少し踏み込んで，別の財政的な側面を理解することも，財政民主主義の充実にとって意義がある。

　最後に，グローバルな側面から言及する。今や広く知られている「ふるさと納税」は自治体間競争の様相を呈しているが，国際的な都市間交流の活発化や情報発信等の工夫によって，海外からの送金が増えるかもしれない。また外債の発行は，東京都をはじめいくつかの自治体で以前から行われているが，どの自治体でも予算編成ではドル建ての側面が重視されたり，それにより基金を保有したりすることもありえる。他の章で取り上げられている，外国人労働者の増加にともなう暮らし，仕事，コミュニティの一体的な支援システムの再構築を含めて，地域づくりの財政にも新たな対応が求められるであろう。

＜参考文献＞
岡田知弘［2020］『地域づくりの経済学入門─地域内再投資力論（増補改訂版）』自治体研究社.
小田切徳美［2022］『新しい地域をつくる─持続的農村発展論』岩波書店.
総務省ホームページ　https://www.soumu.go.jp

第13章　環　　　境

　財政学において環境を扱うことの意味は，生産や経済活動によって生じる汚染を費用として経済活動に埋め戻すことといえる。本章では，そのための基礎的な概念である汚染者負担原則，外部不経済，外部不経済の内部化の概念を学ぶ。続いて，内部化の手段としての環境税の議論を概観する。

　環境に関する基礎的理論を学んだ後，環境問題を社会的課題とするうえで重要な世論の状況を，国際的な意識調査や政府調査をもとに確認しその意味を考察する。最後に，日本における具体的な環境政策として，近年実施された森林環境税とエネルギー政策を巡る矛盾について学ぶ。

I　環境政策のなかでの財政

　財政学とは，民主的な意思決定プロセスを用いて，何をどれだけ，どのように調達するのかを決めることと，誰がどのようにその負担を追うのかについて，経済的，社会的，倫理的に合意可能な方法を探る学問といえる。環境と財政を巡る議論も，人が生存可能な条件を，財政を通じてどのように供給するのかに関わるものである。

　財政学に強い影響を与えている経済学は，長らく自然を自由に利用可能なもの，「安い自然（チープネイチャー）」として捉えてきた。財政等で環境や自然を扱うということは，このような経済学が安易に想定する「安い自然」というビジョンを転換し，人間が心地よい自然を維持管理するために必要な経費を払うことにほかならない。

　人間が生存するために必要な生態系や仕組みを，経済学者の宇沢弘文は「社会的共通資本」と呼んだ。財政は人々が税などを通じて共同の負担を担うことで，個人では購入できない，あるいは個人の利益に還元しないものを共同で買

189

第Ⅳ部 | 現代財政の新しい課題

う行為である。このような財を「公共財」と呼ぶことを，読者は**第3章**で学ん
でいる。社会的共通資本は，公共財も包摂する概念である。しかし，さきほど
述べたように，経済学や資本主義は，生産を支える要素である自然環境をでき
るだけ安く使い倒したいという欲求を隠すことができない。その帰結が，さま
ざまな公害や環境破壊，気候変動の不安定性といった，いわゆる「環境問題」
なのである。

再び，宇沢の議論を参照しよう。宇沢は経済学がこうした問題を「コスト」
として単純化して認識することに警告を発した。コストのような抽象化は，問
題を整理する場合に役に立つ。ただし，抽象化による理論は問題を単純化して
整理するその手法そのもののために，必然的に構図の外にある問題を軽視する
ようになってしまう。

たとえば，環境問題をコストとして理解した瞬間に，その問題は「コストを
かければ解決可能な問題」というように単純化されてしまう。しかし，公害問
題で被害にあった人間の肉体と，失われた人生はたとえ何十億円のコストをか
けても絶対に取り戻すことはできない。

宇沢は経済学の「コストをかければ取り戻せる」という考え方を，「可塑性
（マリアビリティ）」と呼んで，その前提の非人間性を批判した。おりしも，地
球沸騰時代におけるティッピング・ポイント（転換点）が議論されている。あ
る段階でCO_2の排出を抑制できなくなれば，人類がいかなるコストをかけても
地球環境の回復を期待できない，取り戻すことができなくなるラインのことを
そのように呼ぶ。

本章でも，環境問題を外部不経済というコストと認識し，市場メカニズムを
使ってコントロールしようとする概念を説明するが，そうしたコスト概念は取
り戻し不可能な問題を抑制し，問題に予防的に対応するために用いるのだとい
うことを忘れてはならない。

本章では，財政による環境政策を考察するうえでの基礎的な用具である，外
部不経済の理論的な側面をまず学ぶことにしたい。続いて，環境問題が現代日
本や国際社会のなかで，どのように認識されているのかを世論調査データを通

じて理解する。その考えの背景とも密接に関係する，日本のエネルギー政策をめぐる資本と地域産業のねじれを理解し，環境政策を動かすためには何が必要なのかを考察することとしよう。

Ⅱ　環境政策と資源に対する責任，汚染者負担原則

環境に対して財政学がもつ道具立ての話をする前に，Ⅰ節で議論した安い環境と経済学におけるコストの考え方をもう少し広げておきたい。

経済学は，一般的に（極限の状態を仮定して）資源をどのようにすれば最も無駄なく効率的に利用できるかを考える学問とされる。この学問において，大気や水，自然資源や広くいえば人間の再生産のような自然環境が問題とされないのは，環境資源が無尽蔵に安価に利用できるという仮定をおいているからである。つまり，安い自然は，希少で有限な資源の効率的利用を考える経済学の枠組みでは必然的に無視される対象となってしまうということを意味している。この問題を解決するには，何らかの方法で自然を「高く」することだというのが，経済学的な環境問題へのアプローチとなる。

自然資源の利用には，直接的な資源の利用だけでなく，排出も含まれている。ある商品を生産するのに，人の健康を害し，農地や大気を汚染するような物質が出されるとしよう。環境の汚染や人間の健康への被害を無視して汚染物質を放出して生産したほうが，事業者はより安く多くの商品をつくることができる。これが，排出において環境や自然を「安く」使っていることの例である。

実際，近代産業の歴史は，汚染物質を周辺環境に無秩序に排出してきた歴史ともいえる。その結果，周辺に住む人々や土地が汚染され，大規模な被害が広がることが多かった。日本でも四大公害病をはじめ，地球温暖化の原因物質や，近年の原発事故による放射性物質による土壌汚染まで，排出が引き起こす問題は継続して生じている。

このような，無責任な汚染物質の拡散によって人の生活が破壊されることは決して許されない。そこで，環境を汚染する主体に，汚染に対する責任を取ら

第Ⅳ部 | 現代財政の新しい課題

せるべきであるという原則が，「汚染者負担原則（Polluter Pays Principle：PPP）」である。PPPは，1972年にOECDの環境委員会において加盟国間で採択された原則である。汚染者負担原則は，汚染物質の排出に関して予防する責任をもち，その排出を抑制するように価格に含めること，そして汚染によって生じた環境破壊や被害に対する回復措置を講じる必要を課すことにある。つまり，PPPの原則にしたがって，安い自然をコストのかかる経費として扱おうということを意味する。

　PPPの原則を適用する手段として，政府は直接的な規制を用いて事業者に環境汚染に対する防止措置を義務付けることができる。また，財政は市場経済と異なり，課税によって代替物を渡さずに一方的に貨幣を取り上げることができる。そのため，**第2章**においても説明されるように，民主主義社会においては租税に対して公平性や中立性，簡素など守られるべき原則が存在する。こうした原則から外れた税制は，税制に対する信頼性を損なう危険性が生じる。しかし，環境政策においては，租税原則から外れた課税が行われる。それが環境税である。

　環境税は経済活動に直接的な影響を与えるため中立性の原則を満たしていない。その代わり，市場取引の仕組みを通じて汚染物質の排出を抑制する効果をもっている。たとえば二酸化炭素の排出量に対して課税を行うことで，二酸化炭素の排出量を価格に転換することができる。その他の汚染物質に対しても，税をかけることで，大気中や環境中への排出行為を，コストとして生産活動の費用のなかに埋め戻すことができる。このような汚染を，経済学では「外部不経済」と呼ぶ。そして，外部不経済を課税によってコストに上乗せすることを，「内部化」と表現する。

　ここで，簡単な図を用いて外部不経済を内部化するプロセスを表現しよう（**【図表13-1】**）。今，外部不経済が内部化されていない，つまり自然資源を使い倒している生産者が行う生産での供給曲線をS_1としよう。需要曲線Dとの交点において，消費者余剰と生産者余剰が最大となり，市場均衡となる価格p_1と均衡数量q_1が求められることは経済学の基礎的な知識である。

192

第13章 環　　境

　この均衡数量と均衡価格には，さきほどから議論しているように自然資源を護るための費用が計上されていない。そこで，このコストを環境税として課税して，コストを引き上げることとしたい。

　その結果，環境税として汚染費用を内部化した供給曲線S_2が新たに引かれる。この供給曲線には生産者によるコスト負担だけでなく，汚染を税によって事業者にコスト化させ，社会的に望ましい水準を満たすように設定される。結果的に，価格はp_1からp_2に上昇し，生産量と消費量の均衡もq_1からq_2に減少する。この新たな均衡が，外部不経済が内部化された，社会的に望ましい新しい均衡点となるのである。

　環境税は，課税が政府によってのみ可能という点で，財政のみに許される外部不経済の内部化の手段である。ただし，さきほどの宇沢の議論に戻れば，内部化されるためのコストが社会的共通資本を維持するものなのか，あるいは可塑性の議論からすれば，コスト化されたものが自然の復元力の範囲内なのかといった論点は必ずしも自動的に与えられるわけではない。

　外部不経済の内部化の議論は，市場均衡を通じて達成される極めてクリアなものであるゆえに，読者はこの方法のもつ強みと限界を適切に理解しておく必要があるといえる。この点を考えるために，Ⅲ節において人々の環境問題に対する認識の点を確認しておくこととしよう。

【図表13－1】　環境税の概念図

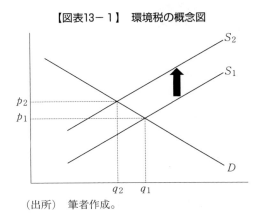

（出所）　筆者作成。

第Ⅳ部 | 現代財政の新しい課題

Ⅲ　環境問題を人々はどう理解しているのか

　環境と財政の関係において重要なキーワードとして，PPP（汚染者負担原則）と，汚染を外部不経済として税や規制によって価格のなかに内部化する議論を先に確認した。財政には，税制や法規制を通じて，環境が安く使い倒されることを予防することが求められる。しかし，すでに指摘したように，外部不経済とされるコストは必ずしも自動的に決まるわけではない。

　環境規制において，いかなる水準を望ましいとするのか，ある地域における汚染をコストとして認識するのかどうか，この問題は簡単なようで簡単ではない。たとえば，日本で最も深刻な環境と人的被害を引き起こした公害の1つである水俣病においても，初期にはその被害の特定を先延ばしし，場所を極めて限定的に区切ろうとするなどの政治的動きに学術部門すら相乗りすることで問題を深刻化させたことは繰り返し思い起こさなければならない。

　環境汚染のような自明の問題に思えるようなことも，人々の認識が社会問題として取り上げなければ，そもそもコストとして認識されないことも起こり得るのである。そして，財政は民主主義を用いて運用される以上，その決定に際して人々がどのように社会問題を認識し，限られた財政資源の優先順位をつけるかにも依存している。公害問題のような明確な不正義も，それが人々にとって社会問題として認識される必要がある。しかし，環境問題に対する情報が人々に対して正しく与えられるかは，置かれている状況や雇用，地域経済やそれまでの社会経済システムからも影響を受けざるを得ない。

　財政学のなかで，環境問題を考えるには，財政的なツールの概念だけでなく，その社会問題を政治・経済のなかでどのように認識されるのかを抜きには語ることができないといえる。さしあたり，日本と世界における環境問題に対する優先度合いの順位を確認しておく。

　国際的な世論調査であるISSP（International Social Survey Program）が2020年に行った調査では，28か国で経済やテロ対策，健康福祉や貧困削減など10の政

194

策課題のなかで何が最も重要かを聞いている。10の政策課題のなかで環境問題を最も重要な問題だと回答した人の割合が，残り9よりも高い国は調査28か国オーストラリア1か国（25.7％）だけにとどまる。ただし，第2位か第3位に入る国は少なくなく，日本でも第1位の経済，第2位の医療健康に次いで割合としては小さいものの3位の水準（10.3％）につけている。

ここで，各政策に対する優先順位と各国の経済水準との関係に注目してみよう。2019年の1人当たりGDPの水準と，各政策課題の優先順位の高さの割合について相関係数を計算してみた。その結果，環境問題と1人当たりGDPの水準との相関係数は0.82（帰無仮説は0.01％以下で棄却）となり，他の9つの社会問題と比べて最も高い正の相関関係がみられた。一方で，貧困問題に対する内容は1人当たりGDPとの間で負の相関関係が最も高い結果となった。

つまり，国際的にみると環境問題はある種の贅沢品のような位置づけになっている可能性が指摘できる。所得水準の高い地域では，環境問題に対する関心が保たれる一方で，所得水準の低い地域では貧困や経済問題など，より個人の生活環境に直結する問題についての関心が高いといえる。しかし，これは所得水準の低い地域において，環境問題から生じる影響が小さいことを意味しない。

この調査では含まれていないが，南太平洋の多くの国では気候変動により生じる海面上昇の影響に悩まされているし，農業生産によって国内経済が成り立っている地域ほど環境問題から受ける影響は高い。環境問題によってむしろ貧困問題が深刻化する可能性は高いにもかかわらず，所得水準や経済情勢によってこうした社会問題への関心が十分高まらない点はSDGsの第1のゴールが貧困の削減と撲滅にあることと決して無関係ではない。

さらに日本における世論調査をみると，環境問題と社会問題に対する認識との間には深刻な課題が横たわっていることがわかる。2016年に内閣府が行った「地球温暖化対策に関する世論調査（概要）」によると，2016年時点で環境問題に対して，関心があると回答した割合は87.2％であった。国民の9割近くが環境問題に関心を示しているため，一見，日本では環境問題に対して充分に社会的関心をもっているように思える。しかし，2007年度に行われた同様の調査

第Ⅳ部 | 現代財政の新しい課題

では，関心があると回答した人の割合は92.3％であった。

　つまり，10年間で日本における環境問題に対する関心度は下がっていること
になる。2000年代以降，地球温暖化や熱帯雨林の減少など，質問事項にあげら
れている環境問題は深刻化こそすれ，解消しているわけではない。また，環境
問題に関心がないとする回答は，7.3％（2007年）から12.6％（2016年）と倍近
くまで高くなっている。

　環境問題の深刻さが，必ずしも人々の意識を直接的に変えるわけではない可
能性をこの調査は示している。加えて，2016年時点では環境問題に対して，10
代から20代の25.2％が，「関心がない」と回答している。本来，地球環境問題
からより深刻な影響を受けるのは，生存年齢が長く残されている若者のはずで
ある。しかし，日本では若者ほど環境問題に対する関心が低く，年齢が上がる
ほど，関心が引き上がるという矛盾した結果を示している。

　財政は，民主的プロセスを通じて必要な財の供給や政策を実施することにほ
かならない。政策や財の必要性を認識するための構造が不十分ならば，あるい
は民主的にそれを反映する仕組みを阻むものがあれば，人々の関心から問題が
隠されることも少なくない。

　環境問題は，最初に示したように，何をどれだけ外部不経済と認識するかに
よって政策として求められる水準が変わってくる。国際的な世論調査や日本に
おける人々の意識調査には，外部不経済の仕組みだけでなく，環境問題に対す
る認識をどのように涵養するのかという点も，財政における環境政策において
極めて重要な課題であることを我々に突きつけているといえる。

Ⅳ　環境問題に対する日本の地域と経済

　本章をまとめるうえで，日本における近年の具体的な環境政策や，環境問題
を巡る経済的構図を確認することで，財政によって環境を外部不経済としてコ
ストとしていくという意味を考えておこう。

196

第13章　環　　　境

1　新しい環境税：森林環境税

　最初に，日本において2024年から新たに導入された環境税を冠する，森林環境税について説明しておきたい。

　先にも見たように，環境税とは本来，外部不経済を課税対象にすることで，生産価格のなかに汚染コストを内部化するものをいう。この機能によって，環境税は税収を上げることで汚染物質の排出量を削減すると同時に，生産部門に対して汚染物質の排出を削減するような自主的な取組みを奨励することになる。また，環境税によって集められた財源を環境問題の予防や解決に用いることができれば，問題の解決によりつながる。

　近年では，環境関係の税収が新たな財源として認識されるなかで，外部不経済を自動的に解決すると同時に，一般会計の税収を涵養する意味で，環境税には「二重の配当」があるとされる。しかし，森林環境税はこのような外部不経済の内部化という議論とは異なった理屈によって組み立てられている。

　森林環境税とは，2024年度から住民税の定額分に対して，1,000円を上乗せして徴収される税である。このような1人当たり定額の税を徴収することは，人頭税（ランプサムタックス）と呼ばれ，不平等な税の代表ともいわれる。もともと，森林環境税の税収分は2011年3月11日に発生した東日本大震災の再建のために課税された復興特別税としての上乗せ分1,000円が，24年度に失効する際に横滑り的に移行したことに起因する。森林環境税の課税がこのような形をしているのは，上記の制度を引き継いだからである。

　このような税が，何らかの外部不経済を吸収するような制度にならないことは，課税の状況からも明白である。なぜなら，外部不経済が多い少ないにかかわらず，1人当たり定額で取られる課税ではコストを内部化するインセンティブはゼロになるからである。ただし，環境税の広い定義のなかには，環境関係のための特定目的税も環境税に位置づけることもある。外部不経済の広い意味でのコスト化と，社会でそのコストを負担するという意味を環境税にも含めるとするならば，森林環境税も広義の環境税と呼ぶことはできるかもしれない。

197

第Ⅳ部 │ 現代財政の新しい課題

　課税の制度的枠組みや，環境税としての定義において，森林環境税には疑念
が残るものの，日本の森林資源の持続的な利用にこの税が役に立つのであれば，
森林環境税を環境政策のなかに位置づけることはできるだろう。実際，森林環
境税の目的は，荒廃山林の整備，林業人材の育成，国産材利用の促進など人工
林を持続的に管理するために必要な内容に支出することになっている。しかし，
森林環境税の配分方法は，個別の自治体の森林面積（私有林人工林）で5割，
林業労働者の数で2割，人口数で3割となっている。

　森林面積や林業労働者の数によって，7割が決まる一方で，人口数で3割が
決まる配分方法は，都市部に加重な財源を振り分ける原因となっている。税収
の小さな制度である一方で，森林環境税をめぐっては，都市が山地，自然資源
産業をできるだけ安く利用したいという環境問題を引き起こす構造そのものを
改善する仕組みは，不十分なままとなっている。政策課題に対して，予算や税
制がついたからといって，問題が自動的に解決するわけではないことを，森林
環境税を巡る議論は我々に教えてくれる。

2　エネルギー問題を巡る2つの矛盾

　地球沸騰時代と呼ばれ，気候変動問題がもっとも顕著な人類生存上の問題と
なりつつある今，CO_2の排出をどのように抑制するかは一国を越えて世界的課
題となっている。日本のCO_2排出量の40％近くは，電力部門によるものであり，
電源をいかに脱炭素型に切り替えていくかは，以上の問題を考えるうえで避け
て通れない課題である。そして，脱炭素電源として現在利用可能な技術は，風
力や太陽光，カーボンニュートラルの観点からはバイオマスなどのいわゆる再
生可能エネルギーと，原子力発電の2種類といえる。

　再生可能エネルギーは，現在，世界中で広まっている。かつて，石炭火力よ
りも高いとされた大規模太陽光発電や，風力発電のコストは21世紀になって急
速低下している。The International Renewable Energy Agency（IRENA）が
発表した報告によると，2010年から2022年にかけて，太陽光発電の世界的な平
均発電コストは89％下落し，0.049米ドル／kWhとなった。陸上風力発電は

198

第13章　環　　境

69％減の0.033米ドル／kWhとなり，最も安価な化石燃料火力発電の半分以下になった。

このように，価格面では再生可能エネルギーはすでに高い電力とはいえなくなってきている。しかし，日本において再生可能エネルギーを普及させるうえでは，このようなコスト以外の面でも課題が少なくない。

再生可能エネルギーは，設置地域において発電を行うことが可能なため，大規模な水が利用可能な環境が必要な既存の発電方式と比較して，立地地域が分散することが期待される。実際，アメリカでは風の強い砂漠地域と，山間部における太陽光発電を1つの州内で組み合わせることで電力供給の平準化を計るケースもある。電源の分散立地は，地域に複数の電源選択の可能性を提示してくれる。しかし，環境経済学者の山川俊和と筆者が行った研究では，たとえば日本の木質バイオマス発電所は燃料である木材が多い山間部でなく，大規模な発電所が沿岸部に広がっていることが示されている。

その理由は，既存の配送電インフラが，沿岸部に偏在して敷設されていることに起因している。このような既存インフラ偏重型の発電やエネルギー利用の姿が，日本全体のエネルギー政策を大規模な輸入燃料を利用したものを所与とした構造にとどめてしまっているのである。この結果，日本の電力事業は再エネよりも既存の火力発電所や原子力発電を温存する物理的な成約を課されることになる。日本の産業構造や発電事業には，「炭素に魅了された政治経済構造」が刻印されているのである。

同じ文脈から，原子力発電への回帰も読み解くことができる。

日本では，戦後，エネルギー部門における原子力発電の利用が積極奨励され，電力料金を財源とした補助システム（「電源三法交付金」）を通じて原発立地自治体に手厚い財政支援を行ってきた。しかし，福島第一原子力発電所における事故発生によって，原子力発電の安全神話の前提は崩れた。

現在でも福島県双葉町や大熊町，浪江町の多くのエリアが放射能物質の汚染によって住民が立ち入れない帰還困難区域に設定されている。加えて南相馬市をはじめ4市町村内に一部の帰還困難区域が設定されたままである。廃炉作業

第Ⅳ部 | 現代財政の新しい課題

が進まないなか，渋谷区よりも大きい1,600ヘクタールに及ぶ中間貯蔵施設が事故によって最も被害を受けている双葉町と大熊町の沿岸部に広がっている。

双葉町の国勢調査人口は2020年段階で0のままであり，作業者などの関係で居住実態をともなわない5,641人の人口が住民基本台帳に記録されている。双葉町の2021年度決算は歳入総額331億円，歳出は314億円が計上されている。このうち，150億円は基金に編入されており，双葉町の基金積立の総額は740億円にのぼる。しかし，仮に潤沢な財政があっても，人が安心して生活を送れない土地が生まれてしまったことは取り戻すことのできない社会的なコストが生じたことを意味する。

最初に述べたように，宇沢はコスト化によって経済学は支払いによってすべての弁済が済むような錯覚を人間に与える点を戒めていた。環境と財政をつなぐものは，コストの社会化であるが，仮にコストとして計上されても，それが人間生活と切り離されてしまうことは，財政の本質的意味を揺るがすことになる。

エネルギー政策と財政を巡る関係は，私たちに何が社会的に引き取るべきコストなのか，何のために我々は財政を通じて環境を持続可能なものにしようとするのかを絶えず問いかけてきているといえるだろう。

＜参考文献＞
諸富徹［2000］『環境税の理論と実際』有斐閣.
吉弘憲介・山川俊和［2023］「再生可能エネルギー施設立地の政治経済学―日本の木質バイオマス発電を中心に」『大阪公立大学経済研究会　季刊経済研究』41巻1－4号.

第14章　災　　　害

　災害が頻発化，激甚化するなか，国の財政には制約があるとはいえ，復旧，復興といった災後の対策の対象は拡大し，実質的に個人資産の形成に資するような支出もみられる。他方，事前対策をさす「予防」の重要性が高まっている。国と地方の責任・役割や財政負担，国民の自己責任と相互扶助などが問われるなか，私たちはどのような防災を目指すのか，つまり事前に災害の発生を防ぎ，また被害の拡大を抑えることを考えよう。ここでは，災害につながる社会や経済の構造等を踏まえたうえで，災害財政の到達点を共有し，その課題を検討する。

Ⅰ　災害と私たちの社会・経済

　災害とは，地震，噴火，高潮などさまざまな自然災害素因による，社会とその成員の暮らし（生活）や仕事（生産）などの被害をさす。それは，人的，物的あるいは経済的，社会的な損失と言い換えられよう。日本では1990年代以降，大災害が頻発しており，それも多種多様である。また被害額が格段に大きくなっている。台風・豪雨の頻度が最も高く，最大の被害をもたらしている。

　日本は災害大国と呼ばれるにふさわしい。近い将来の発生が予想される首都直下地震，南海トラフ地震となれば，非常に多くの死者がでることが想定されている。私たちはどこに避難すればよいのか，どうすれば自宅や職場を守れるのかを考えなければならない。これに対して，国や地方は基本，支援する側である。復旧，復興に際してどのような公的支援が可能か，人材や財源は確保できるか，どれほどの時間を要するのかとなる。

　災害による死者ゼロは，誰もが望むことである。とはいえ，死者は直接死だけとは限らない。災害による負傷の悪化または避難生活等における身体的負担

第Ⅳ部｜現代財政の新しい課題

による疾病により亡くなることは，関連死と呼ばれる。それは，2011年の東日
本大震災で約4,000人（死者・行方不明者約2.2万人）に及び，2016年の熊本地震
では直接死の4倍に達した。こうした被害を防ぐ取組みが優先されなければな
らない。

　ここでは復旧とは，破壊されたライフラインやインフラの原状回復（被災前
の同水準の回復）をさし，個人でいえば暮らしや仕事の再開となろう。復興とは，
人々の生活やコミュニティの活動，国レベルの経済社会の維持可能な発展に資
する諸政策，取組みをさす。ここでは建造物のような物的な側面に限らず，組
織や文化あるいは心身の側面も射程に入れている。

　災害は地域や全国の経済や社会に大きな影響を与えるために，国や地方が責
任をもって積極的に対応すべく，法制度・対策を充実させていくか，逆に，個
人にせよ，企業にせよ，できるだけ自己責任で対応してもらうかとなる。この
核心的な論点に対しては，災害の社会経済的要因と行財政的要因の解明が欠か
せない。というのも，被害の拡大は社会経済の構造，まちづくり，防災活動
（とくに予防）などに左右されるからである。

　社会経済の脆弱性はキーワードになる。日本は人口減少および少子高齢化が
急速に進み，脆弱性が増しており，復旧できない範囲が増えている。したがっ
て，脆弱性に起因する被害拡大の要因を人為的に断絶する必要がある。都市や
農山漁村のそれぞれが共通，独自の脆弱性を抱えている。個々人が住宅の耐震
化を図る，災害保険に加入する，食糧等を備蓄するといった自助努力は欠かせ
ないが，それで済むほど単純な構図ではない。

　東京23区や大阪市などに人口や企業あるいは高層ビル，道路・鉄道網など，
各種のインフラが集中している。密集市街地・商店街も少なくない。消防車や
救急車も入れない。昼間と夜間で異なる社会構造は防災を複雑化させ，高度化
を求められる。近年，短時間の大雨が大きな被害をもたらすことがあるが，下
水道の排水能力を超えて，用水路やマンホールから水があふれ，浸水被害をも
たらす。こうした都市化の進展が災害の要因となる。

　生物的・社会的弱者あるいは外国人，独居高齢者，要介護者，生活保護者，

202

第14章　災　　害

低所得者の増加や孤立がみられ，居住・労働環境，心身の状況もすぐれないことが多い。社会経済の階層性は被災・復旧の階層性となってあらわれる。災害時には自力で避難するという考えは，地域・自治体にとっては頼もしい限りであるが，避難行動要支援者といった呼び方があるように，多様な対応を要する。さまざまな避難訓練が欠かせない。

これまでの経済成長や経済効率を優先した都市づくりにより，アメニティが著しく欠けており，防災も遅々として進んでいない。在宅労働化は企業の防災力にとってマイナスになる側面がある。また災害弱者の増加やコミュニティ機能の低下は地域の防災力の脆弱化を招来し，自己責任化（脆弱性）を進めている。低所得者や小企業であれば，防災対策に躊躇してしまうかもしれない。それは何らかの支出を要するからである。

こうした要因により被害が拡大するから，土砂災害や浸水被害の危険性が高い地域の住民ほど移転せよということであれば，大都市も，山間地も対象地域は広範にわたる。国や地方が諸対策として強い建築規制をかける，あるいは応急対策に公的支援を行うことは最適解となるのだろうか。逆に，土地をかさ上げすれば，地域住民は安心して避難しなくなるかもしれない。そこに難しさがあり，慎重さも要する。

大災害における国と地方の役割分担はどうなるだろうか。国の地方に対する権限や責任（たとえば，地方への義務的な事務事業実施の指示）を高める場合，地方分権に逆行していないか，地域の実状が丁寧に把握され，人材や財源は確保されるかが問われる。そもそも国側に非常時に対応できる基礎条件は整備されているか（国自身が被災しないか）。逆に，地方が国の指示に意図的に従わない，あるいは従う能力がないことがありうるが，地方への責任転嫁では困るために，平時から国と地方の協議を積み重ねる必要性が高まっている。

被災時に，大企業は早期に再建できるのに対して，小企業は逆に廃業の可能性が高まるというのであれば，国の復興予算は小企業に向けられるべきである。他方，それではいわゆるゾンビ企業を創出するのであれば，支援そのものが行われないほうがよいとなる。こうなると，自分の今日，明日を考えるだけで精

203

第Ⅳ部 | 現代財政の新しい課題

一杯となるため，まちの復旧，復興は他の誰かに任せてしまい，時に不満や後悔を生むことがある。これは難しい局面である。

防災面ではどうか。国が予防に熱心になって，いわゆる「空振り」に終われば，無駄な支出であったと批判される。なぜ生活や仕事に困っている層により多く支出しないのかと指摘されると，国からすれば両方に対応できればよいが，実際は難しい場合もある。国には倒産がなく，どこかに資金があるために，支援を求め続ける国民にも困ろう。防災にせよ，被災者対応にせよ，被災者のモラルハザード，補助金による受益格差，国の支出の過度な拡大などが指摘されることがあり，公的支援の対象範囲の設定は容易ではない。

Ⅱ　災害対応財政の到達点

災害財政は必要な財源の確保，支出や融資（貸付）の配分の問題などを分析対象とする。国の財政対応としては，臨時の予算を編成し，国債の発行などで財源を確保する。国や地方の財政は原則，単年度主義であるために，災害財政の原則は，単年度ベースの「防災（予防）→応急対応→復旧→復興」への対応となる。また過去のケースを踏まえながら，被災の程度に応じた地域ごと，短期や長期といった時間軸の対応があげられる。

通例，国と地方の平時の財政関係に準拠して，災害救助（避難所の運営や仮設住宅の供与など），公共事業などが実施され，地方に対しては，国庫補助負担率のかさ上げのような財政支援，普通交付税の繰上交付や特別交付税の加算措置などが講じられる。地方にとっては，数％の自己負担で済むことがある。逆に，補助金中心の財政措置であるために，地方は国の各省庁の縦割り（割拠主義）に悩まされ，総合的な対策に支障を来すことがある。

東日本大震災は原子力発電所の過酷事故をともない，都市，農山漁村のいずれも含めて，広域的な被害をもたらした複合災害の代表例に位置づけられる。国の復興予算は最初の10年間で約32兆円に達し，そのうち防潮堤や道路整備などのハード事業は少なくとも半分に及ぶ。これに対して，1995年の阪神・淡路

204

第14章　災　　害

大震災は大都市直下型地震の代表例であり，その特徴には違いがある。両者とも特例法が制定され，国の財政支援は上乗せされたが，国の財政措置に関しては東日本大震災がおおよその到達点を示す。

　暮らしの基本となる住宅の再建では，被災者にとってはまず被災直後の被害把握を経て，自治体による罹災証明あるいは修繕，解体などにかかる費用や公的支援の可能性が最も気になるであろう。住宅の解体・滅失か，あるいは改修・補修かで再建のプロセスは大きく異なってくる。日本の場合，災害公営住宅という選択肢があり，とくに低所得層にとってはそれが終の棲家となりうる。

【図表14－1】　主な住宅再建パターン

●住宅の解体（全壊，半壊）・滅失 　　→仮設住宅等→①自力再建 　　　　　　　　②災害公営住宅 　＊移転による再建あるいは現地での再建（換地を含む） 　＊敷地：購入あるいは賃借 　＊住宅：持家あるいは賃借（戸建，集合）
●住宅の補修・改修（応急修理制度等）→そのまま居住

（注）　避難所，災害公営住宅の一時入居は省略。
（出所）　筆者作成。

　東日本大震災では，実質的に個人の財産形成に資するような国の財政支援が増えた。がんばる養殖復興支援事業や中小企業等グループ施設等復旧整備補助事業（グループ補助金）などのように，共同化にもとづく活動を制度の建付けとするものの，個々の漁業者，中小企業の設備や施設などの再建に対する直接支援が登場した。

　なお，インフラ整備を典型として，災害前の水準とする原状復旧を超えて，改良復旧が積極的に採用された。

　柴田［2016］で小括されているように，東日本大震災における国の財政措置を評価すると，生活（暮らし）面と産業（仕事）面では後者における公的支援の見直しに重点が置かれていた。これに対して，前者は量的に十分であるという国の認識があったのではないか。ここでは産業面について踏み込んで展開する。

205

第Ⅳ部 | 現代財政の新しい課題

　東日本大震災下での産業再建に対する主な公的支援としては，次のとおり，中小企業を対象にした事業等があげられる。仮設工場等の整備と無償貸与。グループ補助金の創設・拡充。復興特区制度の創設とそれにもとづく税制・金融上，規制・手続きの特例。二重ローン対策。雇用確保のための雇用創出基金による被災地での仕事づくりや，震災による離職者等を雇用した事業主に対する助成金の創設。東日本大震災までの災害では，中小企業に対する直接支援が融資等にかかる利子補給中心であったが，その枠を超えて実施されている。

【図表14－2】　被災事業者の主な再建パターン

●土地あり（換地対象）→グループ補助金（公的支援）により施設や設備を復旧
●土地なし→①市町村から借地・店舗整備 　　　　　②商業施設に入居 　　　　　③仮設店舗のまま営業継続（有償・無償譲渡，移築を含む）

（注）　商業施設以外のテナントへの入居は省略。
　　　　従業員の場合は失業→再就職（正規雇用あるいは非正規雇用，収入増あるいは収入減）あるいは就労困難が考えられる。
（出所）　筆者作成。

　生産面ではソフト事業の創設，拡充も特筆に値する。時限的に創設された復興庁を典型として，複数の省庁のスタッフが，被災企業の商品開発や販路拡大のために，大手企業とのつなぎ役を直接，間接に担い，それらにかかる財政支援を行った。また新たな産業創出に関する取組みという点では，震災復旧・復興の文脈でなくとも，関係省庁の補助事業を利用するという選択肢があった。
　なお，分権推進の文脈により，2000年代後半に個別補助金の交付金化が進んだ影響から，防災対策もその一部に組み込まれている。たとえば，農山漁村地域整備交付金，防災・安全交付金，社会資本整備総合交付金があげられる。東日本大震災からの復旧，復興であれば東日本大震災復興交付金が代表例である。こうした交付金は，2020年度から数か年度続いた新型コロナ対策においても継承されている。

206

第14章　災　　害

Ⅲ　災害財政の論点

　東日本大震災では，日本が人口減少の時代を迎え，日本経済も停滞するなか
で発災し，復興ビジョンにおいて，阪神・淡路大震災時のような経済成長・開
発優先型の政策とするか否かが鋭く問われた。また過去の災害では，自治体の
負担がゼロとなるような事業は皆無に等しかったが，東日本大震災では，特別
の増税で支えられながら，一時期，国負担の実質100％が大半で採用された。
これは被災地の自治体の財政力が非常に弱く，膨大な事業のなかで，たとえ
数％でも負担できないことを理由とする。ただし，自治体が権限・責任をもた
ないということではなく，被災，復旧の最前線にいるために，被災者のニーズ
はすべて受け止めなければならないくらいである。これに対して，公共施設を
はじめ社会インフラの復旧後の維持管理のコストは，自治体の100％負担であ
る。したがって，この点が非常に重要な課題となる。

　東日本大震災では，阪神・淡路大震災時に政令指定都市の神戸市でさえも財
政悪化に陥れた，「起債優遇措置＋元利償還金の地方交付税措置」の主要な手
法がほぼなくなった。それは復旧事業に際して，起債の充当率が引き上げられ，
元利償還金の一定割合（より高い割合）が交付税の算定によって措置されるた
めに，自治体の負担を軽減することになることをさす。また，個人の資産形成
に資する国の財政支援の是非も，阪神・淡路大震災時と同様に活発に議論され
た。淵源を辿ると，阪神・淡路大震災を契機にして，被災者の生活の再建とは
何かが根本的に問われ，1998年に被災者生活再建支援法が制定され，個人の生
活・住宅再建への直接支援の道が開かれた。ただし，制度の設計・運用は，都
道府県の相互扶助にもとづく基金の枠組みとし，そこに国が補助することに
なっており，支援金の規模等とあわせて論点になり続けている。

　個人の被害の積上げが地域の被害と必ずしも一致しないが，そこにどれほど
の公共性があるかが，地域・自治体にとって高度な議論の対象となっている。
個人の損失に対する国の補償は認められていないが，個人資産の形成に資する

207

第Ⅳ部｜現代財政の新しい課題

ような再建支援は広がりを示しつつある。他方，時に被災者のニーズと異なる事業も公益の点で正当化される。そして，被災直後から被災者は居住地にとどまるか，あるいは去るかと，インフラ整備をどの程度進めるかは，トレードオフの側面をもち，その強弱があらわれる難しさがある。

　かといって，スピードが最も重視されると，国や自治体が被災者・被災地のニーズを聞かずに，既存の復旧事業を画一的に実施していくかもしれない。このことが地域のアメニティ（自然環境を含む）にとって，かえって非効率を多く生み出しうる。時間の経過によって，個人の心身の負荷や地域の復旧の状況も変化し，共通と個別の対応のバランスは国や自治体の財政負担に大きな影響を与える。このためには，災害対応の各ステージにおける到達点の共有や，専門家や住民などによる政策の批判的検証は重要な意義をもつ。

　被害状況の迅速な把握は誰がやっても困難であるなかで，公的支援の大半は被害認定主義（罹災証明主義）を採用しており，住宅であれば，再建・修理規模に対応していない。罹災証明は結果として，大半の被災者（一部損壊等の判定）を支援から排除，すなわち線引きする。災害ごとの特性や住宅以外の被災が考慮されていないといった，被災者の不平，不満があり，再調査も可能であるが，被災側，調査側のいずれも時間と労力を費やす。たとえば，水害による建物の被害は外側と内側で大きく違い，乾燥や泥かき，消毒などを怠ると，後から建物の不具合が出たりする。実質的に住宅が滅失しないと入れない避難所，応急仮設住宅，災害公営住宅の要件にも批判が多い。

　東日本大震災以降にクローズアップされている在宅避難者（被災者）の問題があげられる。第一に，被災者生活再建支援制度のような公的支援を利用しても，不十分であるため，壊れたまま，傾いたままの自宅での生活を余儀なくされるケースである。災害救助法の応急修理制度を利用すれば，仮設住宅入居が認められない（後の災害では条件が緩和された）。第二に，自宅の罹災認定が半壊以下であるために，被災者生活再建支援制度を利用することができず，自宅の補修が不十分となるケースである。利用できる支援が災害救助法の応急修理制度のみとなるが，助成額は非常に少ない。被災者は修理費用の高騰や修理業者

の不足，修理開始の遅れなどにも悩まされながら，浸水しなかった2階で長期間過ごすことになる。

　公的支援に関しては，被災者からみれば，種々の制度の周知徹底を図ってもらい，手続き等の煩雑さは避けて欲しい。そして，ゼロか100の支援ではなく，各々の事情に応じた柔軟な支援をのぞむ。そうでないと，人権さえも問われる事態になりうる。出発点として，繰り返される劣悪な避難所の抜本的な環境改善があげられる。他方，現金給付のような手法の是非が論点になりうる。国の個人資産形成に資する直接支援に関して距離をおいてみると，社会保障というよりも，経済対策（たとえば，円安・資源高対策）における所得減税や給付金支給，ガソリンや電気・ガス代の補助金は，家計や企業の負担を国が肩代わりするような手法であるが，どうなのか。批判サイドからみれば，過剰な財政政策依存により，さまざまな副作用がもたらされるということになろう。

Ⅳ　災害財政の課題

　日本のような災害大国において，個人や企業の生活・生産（環境），さらに地域のインフラなどが甚大な被害を受け，復興を進めていくことを想定すれば，平時からさまざまな主体間で協議し，過去の災害から学ぶことは当然となる。このことを怠ると，被災時にシンプルな復興ビジョンが提示され，首長あるいは被災者は飛びつくかもしれない。たとえば，人口が大幅に減少する地域であれば，人口増を直接かつ短期の目標にした，域外からの企業誘致プランがありうる。とはいえ，本来，個人の生活にせよ，まちの設計にせよ，政策1つとってみても，複合的，重層的であるはずである。人口減の丁寧な要因分析を含めて，協議し始めておかないと，結果的に，被災地はさまざまなコストをより多く要し，被災者は取り残され，彼ら・彼女らの自律性にもとづく地域の持続性も望めないかもしれない。

　被害の多様化に対しては，地域・自治体の裁量が大きくて，財源も柔軟に活用できる条件整備が事前に求められる。そうでないと，細かく画一的なルール

第IV部｜現代財政の新しい課題

ではかえってスピードがなく，劣悪な状況を生みかねない。法制度上の柔軟な対応はいうまでもなく，とくに「心の復興」に対する長期的，総合的な対応は，地方に対する財政支援を含めてポイントになる。国にとっては，公的支援のスピードの緩急は悩ましいところである。また各地で相次ぐ多重被災は，基本的に別々のものとして処理されるために，同様に強い批判がみられ，その公的支援の構築は新たな課題としてあげられる。

　ソフト事業に関しては，グループ補助金は高く評価されているが，他の補助事業にも当てはまるような「入口」，「中間」，「出口」で無視できない懸念がみられる。ここで「入口」とは，制度の建付けとして，グループの結成と活動が補助要件とされているが，補助金のためのグループ化になるおそれがあることをさす（後の大災害ではそれを要件としない補助金が創設された）。活動要件が厳格になれば，被災企業の（早期）復旧にとってはデメリットのほうが大きい。これに対して，「中間」とは，制度を創設してから，途中で見直しをする難しさを意味する。というのも，その点は周知徹底されないと，知らなかったという企業が多くなる。補助金の制度や利用などに不平，不満あるいは混乱，後悔を示す企業もでてくる。

　「出口」とは，補助金適正化法の縛りが作用することを意味する。復興関連補助金で購入した機械，設備などを法定耐用年数内にもかかわらず，売却，目的外使用，無償譲渡，廃棄・取壊しなどの処分をした場合には，その返還義務が生じることがあり，処分方法によって返還金額も異なってくる。たとえば，水産加工業では取扱い魚種の不漁続きにより，補助金で調達した機械等が使えなくなっても，その返還ルールが立ちはだかり，業態転換等が妨げられる。とにかく再開したい企業が多かったと思われるが（「入口」），復興特需の終了後に，経営が急激に悪化し，なす術がなくなるケースがみられる。これに対して，「身の丈」の再建をすべきであったと批判することはできるが，補助金という財政措置のあり方も課題となっている。

　東日本大震災では，コミュニティやNPOなど非営利・協同組織への公的支援が積極的に創設された。また2004年の中越地震時に注目され，東日本大震災

210

第14章 災　　害

下で活発化した中間支援組織に対する公的支援も大きなインパクトをもち，この点では公的支援は新段階を迎えたといえよう。彼らは災後のあらゆる段階において，被災者のもとに積極的に出向き，さまざまな相談を受け，公的支援を紹介し，公共，民間の両セクターにもつないできた。東日本大震災における国の被災者支援総合交付金の新設は，以上のことを財政的に支え，支援者としての非営利・協同組織の自主性，独自性を確保しようとした点で意義があった。被災者支援総合交付金の交付対象は自治体であり，主な事業は生活支援相談員の配置などによる見守り・相談，災害公営住宅等への移転後のコミュニティ形成支援，人とのつながりや被災者の生きがいづくりを支援する「心の復興」，県外避難者支援事業などである。

　NPOなどの活動の特徴としては，被災者との信頼や納得，共感，つながりといった点から，被災者に寄り添うことがあげられる。それは新たな課題の発見・発掘や復興の担い手育成においても優れている。過去の災害に比して，公的支援は充実してきたとしても，被災者からみて，それを容易に知って，利用できなければ意義は半減する。2016年の熊本地震以降，ボランティアのネットワークの構築，実践も発展がみられ，国や自治体との協働も展開されている。とはいえ，NPOなどは人材や財源といった本質的な問題，課題を抱えているのに対して，国や県の支援は役不足の点もあり，同じく支援する民間企業や公益財団あるいは非営利組織からの支援との分担と連携（差別化）は重要な課題として残る。支援する側にも支援の見極めが求められる。

　最後に，近年，多方面から課題にあげられる事前復興の推進に言及する。それは災害を想定し，過去の教訓を踏まえて，減災のためのハード，ソフトの事業を実施しておくことをさす。たとえば，計画的な土地利用や防災対策にもとづく支援基盤の強化，増え続けてきた公共施設等の再配置や老朽化対策である。国では予防の予算はわずかであり，そのあり方が問われることになる。それは地域では地理・地形や土地の所有者等の把握を踏まえた，防災のまちづくりであり，地域の協働が想定される。広域的な観点からみると，激甚化する豪雨災害を背景に，ダム・堤防中心の治水ではなく，上流と下流の「流域連携」（流

211

第Ⅳ部 │ 現代財政の新しい課題

域治水）の重要性が強調される。また，いわゆる東京一極集中の是正が大規模
かつ迅速に進められなければならない。気候変動にともなう災害は人間の活動
に起因しているために，産業界をはじめあらゆる主体のCO_2排出抑制も不可
欠となり，複合的な対策が高度に求められる。

　以上のことから，総合的な防災や復興にとって，防災省のような新たな国の
組織の創設，国の新たな財政スキームの構築，地方への財政支援の拡充は重要
な課題となる。

＜参考文献＞
桒田但馬［2016］「東日本大震災復興にかかる地方財政の5年間の到達点と課題」『復
　　興』第17号.
桒田但馬［2023］「災害対策と自治体財政」平岡和久・川瀬憲子・桒田但馬・霜田博史
　　編著『入門地方財政－地域から考える自治と共同社会』自治体研究社.
桒田但馬［2024］「東日本大震災からの産業再建に対する公的支援の成果と課題」『月刊
　　自治研』第774号.

第15章　財政赤字と財政再建

　1970年代以降今日に至るまで，日本に限らず先進諸国は巨額の財政赤字と政府債務の増加に悩まされてきた。そのなかでも日本の政府債務の規模は突出している。なぜ日本財政はこれほどの巨額の債務を抱えるに至ったのか。こうした状況は日本の経済社会にとって問題はないのか。巨額の政府債務にどう対処すればよいのか。本章では，これらの課題について考えていく。

　そのため第1に，政府が借金で資金調達する公債の仕組みと，日本の政府債務の歴史的推移・現状をトレースする。第2に，財政赤字と政府債務が財政学・経済学で理論的にどのように問題にされているのかを説明し，こうした理論が今日の日本の政府債務の現実をどこまで説明できるのかを検証する。第3に，財政健全化に向けた政策について紹介し，その政策的妥当性について検討する。

I　公債の仕組みと政府債務の現状

1　公債の種類，発行方法と償還方法

　公債の定義とその財政法上の位置づけについては，**第2章第II節4**にて解説したのでここでは繰り返さない。端的にいえば，公債とは国の信用——それを担保するのは将来の租税——をもとに発行される有価証券であり，国の債務である。公債という場合，国とともに地方自治体が発行する地方債も含まれるが，本章では国の債務に限定して検討するため，以下では公債は国債と同義として論じる。

　日本の公債（国債）は，発行目的，償還期間，起債地といった見地から以下のように分類される（**【図表15−1】**を参照）。まず，発行目的から公債を分類すると，公債の大半をなすのが普通国債である。普通国債は，財政法上，公共事

213

第Ⅳ部｜現代財政の新しい課題

業の財源となる建設国債と経常的経費を賄う赤字国債（特例国債）とに大別される――詳しくは**第2章第Ⅱ節4**を参照。その他，2011年の東日本大震災により創設された復興特別会計を賄うための復興債がある。これらはすべて当該年度の支出を賄うために新規に発行される公債である。これに対して，過去に発行されて満期となった国債を借り換えるための資金調達として発行される借換債がある。

【図表15－1】　公債（国債）の種類

発行目的別	普通国債	建設公債（4条公債）	主として公共事業の財源。一般会計歳入の一部になる。財政法第4条第1項の但し書にもとづく。
		特例公債（赤字公債）	経常的支出のための財源。一般会計歳入の一部になる。特例法にもとづく。
		復興債	復興特別税収が入るまでのつなぎ。東日本大震災復興特別会計歳入の一部になる。
		借換債	普通国債の償還額を借り換えるための資金調達として発行。国債整理基金特別会計歳入になる。
	財政投融資特別会計国債（財投債）		財政融資資金の運用財源に充てるために発行。財政投融資特別会計歳入になる。
	国庫短期証券		政府の資金繰りのために発行。償還期間1年以内で会計年度内に償還される。
	交付国債，出資・拠出国債		収入調達手段ではなく支払手段として発行される国債。遺族国庫債券，IMF通貨代用証券など。
償還期間別	短期国債		償還期間：6か月，1年。
	中期国債		償還期間：2年，5年。
	長期国債		償還期間：10年。
	超長期国債		償還期間：20年，30年，40年。
起債地別	内国債		自国内で発行する（自国通貨建ての）公債。
	外国債		外国で発行する（外貨建ての）公債。

（出所）　筆者作成。

　以上のような普通国債以外にも，**第2章第Ⅳ節**で論じた財政投融資の運用財源に充当するために国が発行する財投債，政府の当座の資金繰りのために会計

214

年度内で償還される国庫短期証券などがある。

次に，公債の償還期間（返済までの期間）に応じて，国債は，償還期間1年以下の短期国債，5年以内の中期国債，10年以内の長期国債，10年超の償還期間を有する超長期国債に分かれる。日本では，10年物の長期国債が発行の中心をなしてきたが，政府債務の累積にともなう借換債の巨額化と近年の超低金利状況を背景に，超長期国債の発行が増加する傾向にある。

さらに，起債地別に分類すると，公債は，自国通貨建て（日本では円建て）で発行される内国債と，外国通貨建てで発行される外国債とに区別される。今日存在する日本の国債はすべて円建ての内国債である。

国債の発行方法は，金融機関や企業，個人など民間部門に発行される市中消化と，中央銀行が発行国債を引き受ける中央銀行引受とに分かれる。財政法は第5条において国債の中央銀行引受を禁じており，市中消化が原則である。ただし，とりわけ2013年末の日本銀行のいわゆる異次元金融緩和政策以降，いったん市中発行された国債を流通市場において日本銀行が積極的に買い入れることにより，日本銀行の国債保有比率は急激に高まっている。

国債の償還は，国債発行の対象となる資産の平均耐用年数を60年とみなし，60年内に全額償還することが原則とされている——60年償還ルール。すなわち，原則として，前年度期首の国債総額の60分の1が償還財源として国債費に計上される。

2　財政赤字，政府債務残高の現実

【図表15－2】にあるとおり，日本の政府債務残高——地方自治体も含めた一般政府ベース——は，対GDP比で250％を超え先進諸国で突出した水準にある。どのような過程を経て政府債務の巨額化に至ったのか，以下では，【図表15－3】の国債発行額にもとづいてその歴史的推移をみていこう。

215

【図表15−2】 一般政府債務残高（対GDP比：％）の国際比較：1991−2023年

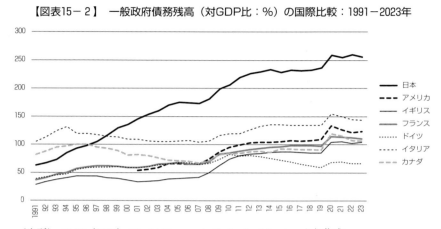

（出所） IMF（2024）*World Economic Outlook*, March, より作成。

【図表15−3】 国債発行額（財投債，借換債を含む：兆円）と公債依存度（％）の推移：1975−2023年度

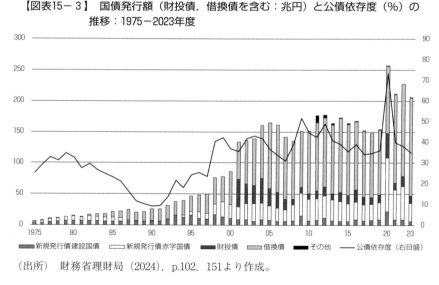

（出所） 財務省理財局（2024），p.102, 151より作成。

　第1次石油ショック後の1975年以降，低成長による税収の低迷とこれを克服するために景気対策としてとられた公共事業の拡大により，大量の国債発行が

始まった。しかしながら，当時はインフレの進行とも相まって，民間金融機関はいままで経験のなかった大量の国債を引き受けることには消極的であったため，公債はいったん市中消化されるものの日本銀行が引き受けることとされ，これがインフレをさらに加速させるという事態を招いた。

このような状況に対して，政府は「増税なき財政再建」のスローガンのもと，財政支出の削減を進めた。さらに，1980年代後半にはいわゆるバブル経済による景気拡大により増収が実現し，いったん公債依存度は低下した。しかしそれもつかの間，1990年代のバブル経済の崩壊以降，公債発行額は上昇に転じた。21世紀初頭の小泉政権のもとでのいわゆる構造改革など，公債発行の抑制が目指された時期もあったが，2008年の世界金融危機，2011年の東日本大震災，さらには2020年のいわゆるコロナ・ショックといった事態を機に，公債発行額は巨額化の傾向を辿り今日に至っている。

Ⅱ　財政赤字の問題点

1　財政赤字の問題点

一般に，経済学，財政学では財政赤字の累積は，以下3点において問題があるとされる。

第1に，財政赤字はインフレないしはクラウディング・アウトという形で経済過程に悪影響を及ぼす。**第3章第Ⅲ節2**でみたとおり，不況期による公債発行は，乗数効果により景気を押し上げる効果がある。ケインズ経済学はこの点を強調し，公債発行＝財政赤字による景気刺激の役割を強調した。しかしながら，乗数理論は短期的な視点を前提に考えられており，かつ公債発行が民間の貯蓄・投資に及ぼす側面を無視している。経済全体の貯蓄資源が一定であるとした場合，公債発行は，政府が民間市場から資金を吸収することになるため，民間部門と政府部門との間で資金の奪い合いが生じ，金融市場が逼迫して市場金利は上昇する。その結果，設備投資や住宅投資などの民間の資金調達のコストが増し，公債発行は民間の投資行動を締め出すことになる。これをクラウ

217

第Ⅳ部 | 現代財政の新しい課題

ディング・アウトという。

　クラウディング・アウトを避けるため中央銀行が公債を引き受けるならば，中央銀行は公債を引き受けた分だけ通貨を発行することになり，貨幣供給増加によるインフレーションを招く危険性が高くなる。以上のようなメカニズムにより公債発行は，金利上昇によるクラウディング・アウト，ないしは中央銀行引受によるインフレーションという経済への悪影響を招く。この点が財政赤字のもたらす第1の問題である。

　第2に，財政赤字の累積は過去の公債の返済費である国債費の増大を招き，政府財政の支出を圧迫し，財政の政策的裁量度を制約する。このことを財政の硬直化という。一般家計において借金がかさめばその返済費負担が増し，家計のやりくりに苦心することと同様である。

　しかしながら，1990年代以降，公債残高が巨額化してきたにもかかわらず，一般会計歳出に占める国債費の比率は25％前後で安定的に推移しており，少なくとも現状財政の硬直化は進行していない。これは今日まで超低金利状況が続いてきたためである。逆にいえば，今後仮に金利が上昇する局面に転じれば財政の硬直化が一気に進むことになる。

　第3に，財政赤字の累増は現在世代から将来世代への負担転嫁というかたちで世代間の不公平を招く。当然のことながら公債による借金は将来の租税によって賄われる。それゆえ，公債による財政支出の恩恵は現在世代が享受する一方で，その負担は将来世代が租税によって負担することになる。

　ただし，現在の財政支出のすべてが現在の世代によって使われてしまうわけではない。たとえば，公債によって道路建設を行った場合は，その道路は現在の世代のみならず将来世代も便益を享受する。日本の財政法が建設公債と特例公債（赤字公債）を区別しているのはこのような理由にもとづく。しかし，将来に物的に残ることのみをもって将来世代の便益の有無をみるのも現実には問題が残る。たとえば，誰にも使われない公共施設への投資は将来世代はおろか現在世代にすら便益とはならないだろう。また，政府の教育支出は経常経費でありモノとしては残らないものの，将来世代にとっての投資としての側面を有

第15章　財政赤字と財政再建

している。公債が将来に租税負担を転嫁することは事実であるが，その程度については財政の使われ方を踏まえて考える必要がある。

2　日本の財政赤字ファイナンス構造と実際上の問題点

　これまで経済学，財政学の理論から財政赤字累増の問題点をみてきた。うち，財政の硬直化，世代間不公平の拡大という問題については，既存の理論の想定と現実とのギャップについて説明した。以下では，財政赤字の累増が経済過程に及ぼす影響に焦点をあてて理論と現実とのギャップについて考えてみたい。というのも，一見するとこの間財政赤字と政府債務の累積的拡大が続いてきたにもかかわらず，今日の日本経済では極端なインフレも金利上昇も生じてこなかったからである。この理論と現実のギャップについて以下では3点指摘したい。

　公債の累増にもかかわらずインフレもクラウディング・アウトも生じてこなかった第1の原因は，長期にわたるデフレ不況下においてきわめて低い市場金利が続いてきたことにある。皮肉にも不況で国内の投資需要が低迷してきたことが公債累増が経済にもたらす悪影響を顕在化させない原因となっている。

　第2に，国内貯蓄，とりわけ家計の貯蓄が，少なくとも2010年代前半までは大量の公債の引き受け手となってきたということである。【図表15-4】は，日本のISバランスの推移をみたものであるが，大幅な政府部門の赤字が民間部門の貯蓄，とりわけ家計の貯蓄によって賄われていることを示している。途上国や新興国，さらには2010年代前半の一部のEU諸国による財政破綻はいずれも，外国人投資家によって保有されていた国債が一気に売却されることにより，金利急騰や為替の急落，インフレといった経済危機につながった。これとは対照的に，少なくとも日本においては，政府債務が巨額化しているにもかかわらず，それが国内消化されているという点で他国とは異なっている。しかしながら，これらの家計や企業の民間貯蓄も近年は高齢化の進展とともに縮小傾向にあることには留意する必要がある。

219

第Ⅳ部 │ 現代財政の新しい課題

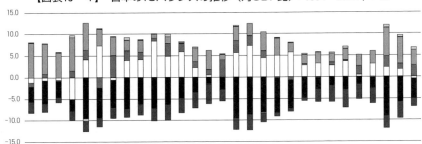

【図表15-4】 日本のISバランスの推移（対GDP比）：1994-2022年：％

（注） 海外部門は，海外から日本を見た場合の収支尻であるので，日本から見た黒字はマイナスとして計上されている。
（出所） 内閣府（2023）「制度部門別の純貸出（＋）／純借入（－）」『2022年度国民経済計算（2015年基準・2008SNA）』（https://www.esri.cao.go.jp/jp/sna/data/data_list/kakuhou/files/2022/2022_kaku_top.html）より作成。

　第３に，【図表15-5】にあるとおり，2010年代なかば以降，異次元金融緩和政策により，国債の保有主体として日本銀行が大きく台頭していることである。今日，日本銀行の公債保有割合は５割弱を占めるに至り，前述の高齢化にともなう家計貯蓄の縮減を補ってきた。しかしながら，こうした日本銀行の大量の国債保有は，ポスト・コロナの経済にあって，その金融政策の裁量を大きく制約している。先進諸国の中央銀行が景気回復とそれにともなうインフレに対応するために量的緩和政策から転換し金利引上げに動いている一方で，日本銀行は利上げや保有国債の市場放出に踏み切ることができていない。その結果，日本と他の先進諸国との金利差が生じて円安が進み，円安を原因とした輸入インフレに日本経済は見舞われている。

　以上のようなメカニズムを踏まえると，日本政府の公債の累増は，構造的には日本経済の長期低迷，当面的には日本銀行の金融政策の隘路ゆえの円安と輸入インフレという形で日本経済の足枷として重くのしかかっている。

第15章 財政赤字と財政再建

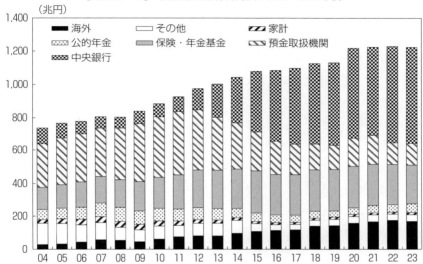

【図表15－5】 国債等の保有者内訳：2004－2023年度

(注1) 国債等は，「国庫短期証券」「国債・財投債」の合計。また，国債等は，一般政府（中央政府）のほか，公的金融機関（財政投融資資金）の発行分を含む。
(注2) その他は，国債等計から，「中央銀行」「預金取扱機関」「保険・年金基金」「公的年金」「家計」「海外」を引いた残差。
(出所) 日本銀行調査統計局（2024）「参考図表：2024年第1四半期の資金循環（速報）」『資金循環統計（速報）（2024年第1半期）』6月27日，p.10。

Ⅲ 財政健全化と財政再建目標

1 財政健全化とプライマリー・バランス

　それでは，財政赤字の累増とそれにともなう公債残高の巨額化にどのように対処すべきなのだろうか。単純に考えれば，財政収支は「租税収入－財政支出」なのだから，財政赤字を減らすには，増税か支出削減しかないということになる。しかしながら，増税も財政支出削減も国民の負担増，サービス低下を招き，国民経済を疲弊させることになる。財政健全化と国民経済の成長，国民生活の維持・向上とのバランスをどう取るべきかについては単純に答えの出る

問題ではない。この問題についてはさしあたり財政再建のための目標をどのように設定するのかから出発する必要がある。

　財政のパフォーマンスは，毎年度の財政収支というフローの側面と，現時点で公債がどれだけあるのかを示す，政府債務残高というストックの側面から測られる。21世紀以降，日本政府は，この両者を踏まえた財政健全化の目標基準としてプライマリー・バランス――基礎的財政収支――を指標としてきた。

　【図表15－6】にあるとおり，財政収支が単純に当該年度の税収等と財政支出（正確には，財政支出から国債費の債務償還費を差し引いた支出額）との差額であるのに対し，プライマリー・バランスは歳入から新規公債金収入を除いた額と歳出から国債費を除いた額との差額である。仮に，経済成長率と金利水準が等しいと仮定すれば，フローの指標であるプライマリー・バランスが均衡していれば，ストックレベルでの政府債務は一定に保たれることになる。それゆえ，プライマリー・バランスは，政府債務残高を維持ないしは持続可能な水準に保つため

【図表15－6】　プライマリー・バランスとその推移

① 2024年度一般会計予算の財政収支とプライマリー・バランス

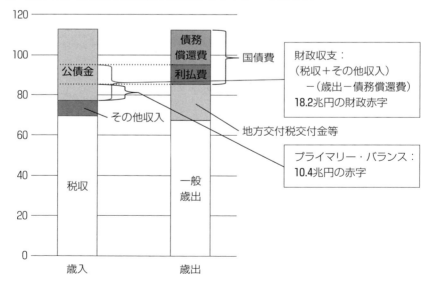

② プライマリー・バランス対GDP比の推移：2002－2023年度

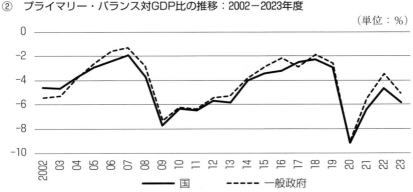

（出所）　財務省（2024），財務省理財局（2024），より作成。

の，フローレベルでの指標である。

　2002年度以降，日本政府はプライマリー・バランスの均衡・黒字化を財政健全化の目標としてきた。しかしながら，プライマリー・バランスを目標として以降，プライマリー・バランス均衡は達成されたことはなく，均衡・黒字化の目標はたびたび先送りされてきた。現在では2025年度におけるプライマリー・バランス黒字化が財政健全化の達成目標とされている。

2　プライマリー・バランスの限界と財政の持続可能性

　プライマリー・バランスは，単に単年度収支のみならず，政府債務残高というストックの将来状況を勘案した指標であるという点で，財政健全化目標として一定の合理性を有している。ただし，以下のような問題点を考える必要がある。

　第1に，プライマリー・バランス均衡により政府債務残高が一定に保たれるという想定は，名目経済成長率と名目金利が等しいことを前提としており，経済成長率と金利の動向によって大きく変わってくる。それゆえ，仮にプライマリー・バランス均衡を達成したとしても，経済成長率が金利水準よりも低ければ，政府債務残高の対GDP比率は発散してしまう。他方で，経済成長率が金

第Ⅳ部｜現代財政の新しい課題

利水準よりも高ければ，プライマリー・バランス均衡を目指さなくても，政府債務水準は維持・低下する可能性がある。ブランシャール（2023）は，今日の先進国経済は貯蓄超過の状況にあるため恒常的に低金利状況にあると主張し，「金利＜経済成長率」が今日の経済的趨勢であると考え，プライマリー・バランスを均衡させずとも政府債務の持続可能性は担保されうるとして，緊縮財政を戒めている。他方で，マイナス成長が頻発しているバブル経済崩壊後の日本経済の実態からすれば，ブランシャールの主張は楽観的過ぎるとの議論もある。プライマリー・バランスを財政の持続可能性の基本指標としつつ，どのようなプライマリー・バランスの水準を目指すのかについては，現実の経済成長と金利水準との兼ね合いを踏まえて考える必要がある。

第2に，一定のプライマリー・バランスの目標が設定されたとして，どのような財政手法によってその目標を実現するのかという問題は残る。財政健全化のみが優先され，その負担が国民生活に押しつけられるような政策は本末転倒といえよう。

第3に，財政再建の方途と国民経済の実態とのバランスは，国民の納得と信頼を得られなければ実現不可能であるという政治的問題がある。

それゆえ，プライマリー・バランスは財政健全化のはじめの一歩に過ぎず，どのような水準でのプライマリー・バランスをめざすのか，またいかなる手法によるのかという問題が残されている。長期的に現在の財政運営は持続不可能であり放置できるものではない。この理解を前提として，持続可能な財政に回帰させる道筋は，現在の財政状況に対するバランスの取れた適切な評価，財政状況と経済実態，金融政策との関係，さらには国民の合意を得る政治プロセスという論点を踏まえて考える必要がある。

＜参考文献＞
オリヴィエ・ブランシャール（田代毅訳）［2023］『21世紀の財政政策―低金利・高債務下の正しい経済戦略』日本経済新聞出版.
財務省［2024］『日本の財政関係資料』4月.
財務省理財局［2024］『債務管理レポート2024―国の債務管理と公的債務の現状』.

終　章　「小さな政府」論と現代財政の
　　　　ネクストステージ

　本書で論じた現代財政は，1930年代から第2次世界大戦を経て成立した「大きな政府」を念頭に置いている。これに対して，1970年代以降，「小さな政府」論から批判がなされ，新自由主義政策として「大きな政府」の改変が試みられてきた。しかしながら，「小さな政府」論が想定するような政府規模の縮小は実現せず，財政赤字は逆に巨額化した。さらに，新自由主義政策は幾多の深刻な弊害を生み出しており，このことが現代財政の新しい諸課題を投げかけている。ここでは，そうした状況を整理し，課題解決への素材を提示する。「小さな政府」論の徹底ではなく，財政民主主義の本格的な再構築が求められている。読者もこれまでの章を踏まえて，検討してもらいたい。

I　「小さな政府」論のインパクトと限界

1　「小さな政府」論と行財政改革

　本書では，1930年代から第2次世界大戦を経て成立した「大きな政府」を現代財政と位置づけ，その現状と諸課題を論じてきた。こうした現代財政は，今日においてなお，一国経済の持続可能な発展や国民生活の安定に大きな役割を演じている。グローバル資本主義が進展するにつれ，途上国への援助や地球環境保全，国際機関への分担金支払いなど国際社会とのつながりも深くなってきた。

　しかしながら，1970年代以降，「小さな政府」論の台頭という形で現代財政に対する批判が高まった。すなわち，①先進諸国の高度経済成長の終焉に現代財政は対応できないという批判，②肥大化した行政機構に対する批判，③慢性的な財政赤字と税負担への不満の顕在化である。経済学では「市場の失敗」に

225

第Ⅳ部 | 現代財政の新しい課題

対して「政府の失敗」が主張されるようになった

　こうした「小さな政府」論の台頭を政策面で具体的に提起したのが新自由主義政策である。その特徴は次の3点に整理することができる。①有効需要政策の否定（ケインズ主義批判とそれに代わるサプライサイド・エコノミクスの主張），②福祉国家に対する批判（勤労意欲や経済活力を奪う先進国病として福祉国家を批判），③市場経済の活用（国営企業の民営化，規制緩和，福祉や教育への市場原理の導入の推進と減税）。1980年代以降，イギリスやアメリカを中心に新自由主義政策は採用され，日本でもそれに追随して政策トレンドの転換が進められた。

　「小さな政府」論は国や地方自治体の行財政改革として実践に移されていく。すなわち，行財政に民間企業の（経営）論理を導入することによって，非効率や浪費を除去する。その典型的な手法が民間委託や民営化であり，財政支出の削減が徹底された。こうした取組みから，経営学の手法を行財政運営にもちこもうとするニュー・パブリック・マネジメント（NPM）理論が台頭した。大住（1999）によれば，NPM理論とは簡潔にいえば，Do（実行する）だけの「やりっぱなし行政」から，PDCA（Plan-Do-Check-Action）すなわち計画→実行→評価→対策・改善の4つのマネジメント・サイクルを構築し，その中軸として政策評価の導入を基本としている。その代表的なツールとして，費用便益分析（Cost-Benefit Analysis）が用いられるようになった。

　このことを財政面でみると，政府が実施したこと（アウトプット）ではなく，政府の支出によってどのような国民的な成果（アウトカム）が得られたのかを測定し，それを予算編成に反映させていくことになる。しかし，客観的かつ正確なアウトカム指標を特定することは難しい。また，評価自体が自己目的化して評価疲れになるリスクをはらむ。その導入の是非はともかく，行財政改革の目標は国民にとって合理的な財政資源の使い方の追求であり，政府支出の削減が直接的な目標ではない。この両者を明確に区別する必要がある。

終　章　「小さな政府」論と現代財政のネクストステージ

2　「小さな政府」論の帰結と政府の役割の再評価

　実際に，「大きな政府」の非効率や浪費を縮減するために，政府部門におい
て大胆な改革が実践された。しかしながら，政府規模は総じて縮減しなかった。
公務員数や人件費の削減にみるように，一部の政府サービスは縮小したものの，
1980年代以降も政府の歳出規模は残存し，他方で富裕層の減税が先行したこと
で財政赤字が膨らみ，租税の所得再分配機能も弱体化した。とくに2008年の世
界金融危機以降，経済危機への対応や（所得）格差拡大を背景に，財政による
経済への積極的介入や所得再分配の機能が再び求められるようになっている。

　新型コロナの感染拡大により経済活動が制限されるなか，国民の生活の崩壊
を食い止めるために，各国で財政がきわめて大きな役割を果たした。このこと
は「小さな政府」論の非現実性を浮き彫りにした。国内の新型コロナの死者が
万単位で増えていった事実はあまりに重大であり，平常時からの財政対応が不
十分であったことも露呈した。この点では，CO_2削減に代表される環境保全強
化や災害対応・防災対策なども同様である。東日本大震災では復興増税（主に
所得税）が課されたものの，新型コロナ対策では増税論はタブー視され，近い
将来の増税負担が懸念されている。また，首都直下地震や南海トラフに際して
は膨大な起債を償還面で支える増税は不可避となるにもかかわらず，正面切っ
た議論はなされていない。

　SDGs（Sustainable Development Goals）の世界的な展開は，民間・非営利組織
や家計に加えて，政府の役割も不可避的に大きくするとともに，国際機関の
リーダーシップや政府間の協力・連携がなければ不十分となってしまう。

　評者によっては，「大きな政府」と「小さな政府」のせめぎ合いこそが行財
政改革の到達点をあらわすとの主張もあるが，「小さな政府」論の弊害がさま
ざまな分野で顕在化しているのが現状である。「新自由主義政策が徹底されて
いないためにその成果が十分にあらわれていない」という主張ではもはや説得
力をもたないことは明白である。

　民営化や民間委託などの民間活用が広範化，包括化し，議会や国民の財政に

227

第Ⅳ部｜現代財政の新しい課題

対するチェック機能がはたらかず，財政支出の縮減もほとんど効果がみられない。政府部門における正規職員の縮減と非正規職員の増加，人件費の削減と物件費の増加が進められ，教員や職員の長時間労働が日常化して，政府活動を支える人材の劣化が進んでいる。たとえば，2023年に相次いで発生した，マイナンバー（個人番号）の膨大なひも付けミスの背景には政府職員のマンパワー不足がある。

政府の人材の劣化を補ってきたのが民間委託であるが，新型コロナ対策の「GoToトラベル」（需要回復等を目的とした旅行代金の割引事業等）や東京オリンピック・パラリンピックのスポンサー契約を巡る違法行為などはその弊害の典型といえる。受託企業を当の政府がチェックしきれず，委託企業が過度な「中抜き」を行い，下請け企業が犯罪行為に走ることもある。行政へのデジタル技術の導入（Digital Transformation）に際しても，専門業者の存在が欠かせず，民間委託が横行するなかで，財政の使われ方が不透明さを増している。

また，国からの補助・交付金の前提として，自治体に策定が求められる計画の数が，地方創生を典型として増えている。そこでは事業の評価指標の設定のように，職員が不慣れな業務に直面し，域外の大手コンサルタントへの委託が相次いでいる。職員の政策立案・計画策定等の能力や他の自治体の模倣（横並び）を批判することができる一方で，国の種々の政策や国・地方間の関係が生み出した側面がある。国が外部委託に使える交付金を周到に用意したことも，それを助長する結果となっている。

3 「大きな政府」の現代財政のネクストステージ

上記のような現状を踏まえれば，ガーストル（2024）が論じているとおり，「小さな政府」論に依拠した新自由主義政策が多大な弊害をもたらし，今日その限界が顕著化していることは明らかである。しかしながら，ポスト新自由主義のネクストステージがどうなるのかについては前途遼遠の状況にある。ネクストステージの具体的課題については次節で論じるが，以下ではそれに先立ち，内山（2018）が指摘している論点にもとづき，ネクストステージの財政を考え

228

終　章　「小さな政府」論と現代財政のネクストステージ

る基本的視点を提示する。

　内山（2018）によれば，財政学における現代国家は次の3つの要素からなる。
①資本家経済を基礎とする国家：資本蓄積機能。②国民国家：国民統合の要請
に対応。③国家の相対的自立性：政治的民主主義が機能する国家と権威主義国
家（個人または一党による独裁）との違い（pp. 32-34）。これらの視点からすれば，
「小さな政府」論の財政は，資本蓄積機能を政府から市場に委ね，所得格差の
拡大をはじめとして国民国家の分断を招き，財政民主主義の原理を掘り崩して
きたといえる。こうした事態からの転換が，ネクストステージへの転換にあ
たって求められている。そのためには，以下3点に留意する必要がある。

　第1に，「小さな政府」論によって展開されてきた資本蓄積機能の市場化を
改め，それがもたらした所得再分配機能の低下——その結果としての格差社会
の進展——を再逆転させ，政府財政の機能を改めて強化する必要がある。ただ
し，こうした政府機能の強化は，単なるケインズ主義への回帰であってはなら
ず，政府財政が供給サイドに及ぼす作用と財政の持続可能性に配慮しつつ行わ
れる必要がある。

　第2に，政府財政の役割の再定義は，国民の合意のもとで行われる必要があ
る。その意味で財政民主主義の本格的な再構築が不可欠の課題である。日本の
財政運営は，予算編成にしても税制改革にしても，財務省を中軸とした官僚，
さらには官邸主導で構想・立案されており，国民不在の政策過程が続いている。
その抜本的改善には財政の「見える化」が欠かせない。たとえば，近年の補正
予算の乱発や，過度な基金の創設，巨額の予備費の計上などの動きは，財政の
不透明化をさらに進めるという意味で，財政民主主義に逆行するものである。
また，独立行政法人や公益法人等が財政の隠れ蓑になることもあり，事の顛末
に関する政府の説明責任や情報公開もきわめて不十分に終わっている。すなわ
ち，政府が国民に対して情報公開や説明責任を行うことを前提に，それにとど
まらず国民に参加，参画の場を設け，多数の国民の意思を尊重しながら政策に
反映させていく仕組みが必要である。その出発点となるのは，官僚主導型の財
政運営から転換し，国民の代表である議会の場に財政の意思決定を移すことだ

229

第Ⅳ部｜現代財政の新しい課題

ろう。

第3に，中央政府と地方自治体，さらには地域・自治体内部でのコミュニティが主軸となった，分権化を踏まえた財政運営の必要性である。現代財政は重層的で複雑なシステムのもとにあるので，政府サイドの情報公開や丁寧な説明を前提として，国民一人ひとりが財政民主主義の主人公として権利と責任を自覚し意思決定に関わることのできるシステムの構築が必要である。しかしながら，国家レベルの財政民主主義のみでは政府と主権者としての国民の距離は遠くならざるをえない。そのために，政府機能の分権化と地方自治体への財政権限の移譲が不可欠の課題となる。

また，中央政府と地方政府との財政の分権化に加え，財政民主主義の本格的な構築のためには公共，非営利・協同，民間の各セクターの緊張関係をあわせもつ連携・協力がキーとなる。とくに非営利・協同組織の存在を重視する必要がある。こうした視点を踏まえた中央政府，地方自治体，コミュニティレベルでの財政民主主義の実質的な再構築が不可欠であろう。

Ⅱ　ネクストステージへの模索

1　全世代型社会保障にどう向き合うか

高齢化社会の深化と少子化の進行によって，年金・医療・介護などの社会保障給付費が膨張していること，その財源確保における現役世代の保険料や租税の負担が増大していること，さらに国債などの将来世代の負担によりその財源を確保しており，社会保障制度自体の持続可能性も問われている，という現状認識のもと，国は，消費増税という税制改革とともに負担と給付の見直しなどの社会保障制度改革を進めてきた。そして，2019年以降，「能力に応じて全世代が支えあう全世代型社会保障」「全世代対応型の持続可能な社会保障」という看板を掲げ，現役世代への給付が少なく，給付は高齢者中心，負担は現役世代中心というこれまでの社会保障の構造を見直し，すべての世代で広く安心を支えていく「全世代対応型の社会保障制度」を構築するための検討と改革が進

終　章　「小さな政府」論と現代財政のネクストステージ

められている。

　今次の「全世代型社会保障の構築」という看板のもとで実際に進められた法改正の中身を見るに，その主眼は，高齢者医療の「合理化」であり，そこに少子化対策の拡充を若干加えたものに過ぎない。高齢者医療の「合理化」の具体的な中身は，後期高齢者医療における窓口負担の引上げ（一定所得以上の者の窓口負担を1割から2割に引上げ。2022年10月〜），「後期高齢者一人当たりの保険料」と「現役世代一人当たりの後期高齢者支援金」の伸び率が同じとなるようにする（後期高齢者保険料の増加とその増加分は後期高齢者のなかで負担能力に応じて負担。2024・2025年度〜）というものである。そして，少子化対策（子ども・子育て支援）の拡充の主なものとしては，出産育児一時金の引上げ（42万円→50万円。2023年4月〜）とその費用の一部を後期高齢者医療制度も負担するというものである。ただ，後期高齢者の窓口負担の引上げにより，現役世代の負担が減る余地は一人当たりでみるとわずかなものであるとの試算もある（朝日新聞2021年6月2日付）。

　全世代型社会保障構築会議の報告書（2022年12月）で示された政策課題は，多岐にわたり（子ども・子育て支援の拡充，働き方に中立的な社会保障制度等の構築，医療・介護制度改革，「地域共生社会」の実現），それらはいずれも重要な社会課題への取組みである。しかし，現役世代，とくに若年層における社会保障に対する世代間不公平感や将来的な不安感に対応する形で提示された「全世代型社会保障」という看板のもとで，さまざまな政策を抱き合わせて進められる改革については，その看板ではなく個々の政策の中身を検討し，評価する慎重さが必要であろう。改革議論において世代間の「公平」に過度に拘泥することは，社会の分断をあおり，社会全体でのリスク分散，そして所得の再分配を図る社会保障の本来的な機能を見失わせかねないであろう。

2　社会資本の長寿命化へ向けた取組み

　わが国の社会資本は，高度経済成長期以降に急速に整備が進められた。今後，耐用期限をむかえる施設が一層増加する見込みである。国土交通省の試算では，

第Ⅳ部｜現代財政の新しい課題

　国内の道路や下水道，港湾，空港などの維持管理，または更新にかかる費用は，2018年度から2048年度までの30年間で約195兆円にものぼる。これら多額の費用が国や自治体にとって大きな負担となってくる。一方，更新を怠れば年間約13兆円の修繕費用がかかるとの試算もあり，そのため2000年代から効率的な維持・管理によって施設の寿命延長をはかり，財政負担を抑えるアセットマネジメントの手法が注目されてきた。

　内閣府（2023）「日本の社会資本2022」によると，このような老朽化に対する政府全体の取組みとしては，2013年に「インフラ老朽化対策の推進に関する関係省庁連絡会議」が設置され，2014年に「インフラ長寿命化基本計画」がとりまとめられた。この計画を受け，各府省庁・地方自治体等は，社会資本の維持管理・更新等を着実に推進するために，中長期的な取組みの方向性を示した「インフラ長寿命化計画」，「公共施設等総合管理計画」を策定し，さらに，これにもとづき具体的な対応方針を示した「個別施設計画」を取りまとめている。これらは，老朽化対策を着実かつ戦略的に進めていくうえできわめて重要なものであり，近年は計画内容の充実度合いが交付金・個別補助の要件とされている例もみられる。

　社会資本の老朽化による人的・物的事故や，維持管理を担うマンパワーの不足が深刻になるなか，社会資本の能力や価値は経年にともなって低下するとはいえ，維持補修を適切に行うことによって，価値の目減りを緩和できるとされる。他方，国・自治体等の諸計画をみると，総量としての縮減は避けられないが，その行き過ぎが懸念される。施設の解体でも多額の費用を要する。この文脈で，防災をどのように位置づけるかも問われてくる。災害に備えて，社会資本の耐震化が課題になるなか，種別によっては進んでいない一方で，新規で整備されるようなケースも少なくなく，「国土強靱化」が大義名分になりうる。

　今や，政治家，国・自治体，国民（住民）・企業のいずれも空間・施設利用の発想転換が求められる。かつてのような街の過密な空間や1つの目的で1つの施設では，維持管理コストが過大となり，防災やアメニティの点でも効果的ではない。維持管理のあり方が将来世代の参加・参画を含めさまざまな主体に

232

終　章　「小さな政府」論と現代財政のネクストステージ

よって，それぞれの役割を踏まえながら検討される必要がある。それは更新（複合化等）・廃止等，財源確保，利用者負担，運営主体などである。地元の建設業が維持管理を担うことができれば，地域内の資金循環機能も高まる。それは災害時の対応でも欠かせない。デジタル化による維持管理の「見える化」も重要な課題である。このなかで，財源面では従来の一般財源ではなく，国債・地方債で賄ってよいかといえば，必ずしもそうとはならない。新規の整備よりも維持管理のコストが圧倒的に多くなるなか，理論と政策の両面でみても，将来世代への負担の先送りは許容されない。

3　「大きな政府」を担保する税制の再構築

　政府の一般会計歳出は，2024年度当初予算で112兆5,717億円である。これに対して，税収は69兆6,080億円にとどまっている。不足する財源は公債発行で補わざるをえず，いまや政府債務残高は対GDP比で255.1％と世界でもワースト水準となっている（世界187か国・地域中186位：2021年）。一方で，租税負担率は28.9％（2021年）と低く，OECD諸国のなかでこれよりも低いのは，チェコ，スロバキア，トルコ，アメリカ，コスタリカ，チリ，メキシコの7か国だけである。では，国民が税負担を低いと感じているかといえばそうではなく，中間層の「通税感」はむしろ高いことが知られている。租税負担率は低いが，負担感は大きく，必要な税収を得られない状況は，今日の「大きな政府」を担保する税制が構築できていないことを意味する。

　税制を再構築していくうえで1つの鍵となるのは，公平課税の再建である。シャウプ勧告以来の所得税中心の税体系は1989年の消費税の導入によって決定的に変化し，1989年から2022年の間に消費税が一般会計税収に占める割合は6.0％から32.4％に増加した。逆進的な性格を有する消費税の比重が高まる一方で，垂直的公平を担うべき所得税も金融所得の分離課税の影響で累進性が崩れている（第5章）。法人税は国際競争力を理由に税率引下げを繰り返してきた。このように，グローバル化のもとで労働所得や消費といった「足の遅い」ものに重課する傾向が続いてきた。しかし近年，グローバル・ミニマム課税制度の

233

第Ⅳ部｜現代財政の新しい課題

導入など新しい国際協調の動きも出てきている（第6章）。21世紀にふさわしい公平課税を追求することで，税に対する信頼を回復していかなければならない。

もう1つの鍵は，税負担の意味の共有である。たとえ公平な税制であっても，税負担が高まれば抵抗は生じる。だからこそオープンで透明性の高い議論が必要である。たとえば，高負担で知られるスウェーデンでは，それが高福祉の対価であると国民に広く理解されているからこそ受け入れられている。もっとも，この点で日本は少し不利かもしれない。というのも，Edelman Trust Barometer の2023年調査によると，日本における政府に対する信頼度は33％で，調査国平均の50％（スウェーデンは57％）を大きく下回っているからである。消費税の使途を法律に明記したのも，政府への信頼度の低さゆえといえる（第7章）。しかし，信頼の構築は歴史の積み重ねである。公債発行に頼り，政府が負担の議論を避けるならば，政府への信頼はかえって低下するだろう。税負担の議論は時間をかけて丁寧に行えば，社会の共同のニーズや将来ビジョンを国民と考え共有するチャンスでもある。税制の再構築の問題は，まさに財政民主主義の再構築の問題である。

4　持続可能な地域・自治体のための分権型地方財政

分権の推進を徹底しようとすれば，地方の財源では，財政力に関係なく，地方税のような自主財源の比重を最大限に高めることが主張される。他方，現行システムにおいて地方交付税は重大な問題を抱え，それは解消されるべきであるものの，地方交付税の本来的な性格に鑑みて，財政力の弱い自治体の財源においてその比重が高いことは批判されるべきではないと強調される。このことから，自主財源主義か一般財源主義かという論点があり，従来から提示されている。

「三位一体改革」のような大きな地方財政改革は，2007年度以降実施されていない。地方消費税の税率が，消費税率の見直しに連動して引き上げられたが，他方で，地方税源の縮小と地方譲与税の拡充，地方交付税の特定財源化が進められている。また，分権推進に反するかのように，国の行財政改革に地方が動

終　章　「小さな政府」論と現代財政のネクストステージ

員される状況も目立ってみられる。この間，地方では法定外税の拡充や「ふるさと納税」の急増がみられる。多くの国民が後者の存在を認知していようが，学界には多くの批判があることまでは認識されていないであろう。

　国と地方の仕事の増大にともない，税源拡充が問われるなかで，地方では住民税とともに，地方消費税の税率引上げは大きな改革の分岐となる。地方税に関して，住民が自身の負担する税の種類と負担額を直接確認できることが望ましいとすれば，直接税がまず選択される。この限りでは，間接税である地方消費税はふさわしくない。そもそもその存在が国民にどれほど知られているのか。とはいえ，地方が住民税の拡充に動けないとすれば，かなりの税収増が期待できる，地方消費税が選択肢になりうる。この順序それ自体が論点になりうるが，同時に，財政民主主義の充実，強化も課題となる。

　財政民主主義の観点から，地方交付税制度において，とくに算定方法は国民（地域住民）にとって難解にうつるかもしれない。これまでたびたび提示されてきたとおり，その簡素化は論点になろうが，制度を設計する総務省は，自治体の共通，個別の需要を丁寧に反映しており，「精緻」であることはむしろ優れた特徴であると主張するかもしれない。地方の自主性を損なわずに財政調整が，あるいは合理的かつ妥当な水準で財源保障が行われるかが問われるなかで，国民の制度に向き合う姿勢が欠かせない。

　財政調整を巡っては，第4章で農山漁村・農林漁業の多面的機能（公益的機能）の維持，増進を根拠にあげたが，実状としては，継続的な人口減少や少子高齢化などを背景に，その低下は著しい。農林漁業の就業者も減少し続けている。歴史，文化，環境や新たな技術の構築などの側面（社会的価値）を踏まえて，農山漁村に人が住み，生活や生業，コミュニティが継続される条件づくりが財政調整に求められ，政策推進にとっては国庫補助金の本来的な性格が活かされるべきかもしれない。

　分権型の財政改革を巡って，本質・理念（目的）と機能・実態（運用）のギャップが埋まらない昨今の状況において，地方がいずれを重視するかは高度な意思決定となるが，これについては，国との協議の積み重ねを含めて，地域・自治

235

第Ⅳ部 | 現代財政の新しい課題

体の財政民主主義こそが問われているのではないだろうか。

＜参考文献＞

内山昭［2018］「現代財政の基礎理論」内山昭編著『財政とは何か（改訂版）』税務経理
　　協会.

大住荘四郎［1999］『ニュー・パブリック・マネジメント―理念・ビジョン・戦略』日
　　本評論社.

ゲイリー・ガーストル（田口未和訳）［2023］『新自由主義の終焉―半世紀に及ぶ"破壊
　　的社会実験"の末路』経営科学出版.

補　章　財政学をテーマとしたレポート・卒業論文作成ガイド

　本章の目的は，読者によるレポートや卒業論文の作成を通じた研究活動，とくに財政学をテーマとした研究を支援する情報を提供することである。すなわち，研究のノウハウに関するヒントを，とくに文献・資料の収集に焦点を当てて紹介する。

I　テーマの設定

　レポートや卒業論文の作成は，自分自身の研究テーマを設定することからはじまる。

> 研究の課題は何か。つまり，何を明らかにしていくのか。また，問題意識をもっているか。卒業論文のように，論題が与えられていなければ，学術的（社会的）に重要であるにもかかわらず，取り上げられていない問題に着目できればよい。

　あなたが興味・関心をもつテーマを大まかに設定し，そこから絞り込んでいく。たとえば，本書の読者は「日本の国家財政」に何らかの興味・関心をもっているだろう。しかし，「日本の国家財政」という漠然としたテーマでは書けない。中央政府の財政を概観しただけでは，レポートや卒業論文とはいえない。

　本書を活用しながら，テーマをどのように絞っていくとよいのか。まず本書を通読しながら，興味を覚えた章のいくつかに印を付けておく。そして，通読後，印をつけた章を読み直し，1つの章に絞っていく。たとえば，それが第6章の法人税であれば，あなたの大きな研究テーマは「法人税」ということになる。

237

第Ⅳ部｜現代財政の新しい課題

　次に，「法人税」のなかでどのような内容に関する研究を深めていくかである。法人税の税率（税負担）なのか，租税特別措置なのか，あるいは多国籍企業に対する課税（国際課税）について議論したいのか。こうしてテーマを絞り込んでいく際には，本書を離れてさまざまな文献を読破していくことが必要である。そのための道標として，本書では各章末に「参考文献」を記載している。ただし，「参考文献」は編集方針上，3冊前後の記載にとどめており，ページ等の表示も省略している。そして，次の節では，財政学の基礎をさらに学んだり，本書の複数の章に共通したりするような参考文献・資料を，「基本文献」や「Webサイト」として紹介する。さらに，各章に関するテーマの研究を深めるための「お薦め文献」もあげておく。なお，本書は，内山昭編著（2018）『財政とは何か（改訂版）』（税務経理協会）にかなり依拠しており，一部の章はその構成を踏襲している。研究において完全にオリジナルであることはないといえる。

　以上のプロセスにおいて，念頭においてもらいたいのは，「5W1Hの原則」である。

　What（なに）は何を研究するのか・何が問題なのか，Why（なぜ）はなぜそのテーマを選んだのか・なぜ問題なのか，When（いつ）はいつを研究対象の時期とするのか，Where（どこ）はどの地域を研究対象とするのか，Who（だれ）はいかなる主体（人物，企業等）に焦点を当てるのか，How（どのように）はどのような研究手法であるのか・どのような点で問題なのかである。

　たとえば，法人税を例として考えてみる。

What：本書を通読して，日本の法人税の税率（税負担）について研究したくなった。

Why：税率（税負担）の引上げの是非を展開したいが，企業といってもさまざまであり，制度の改正も踏まえたうえで税負担の違いを知りたい。

When：1980年代から2010年代まで。

Where：日本。

Who：企業。

補　章　財政学をテーマとしたレポート・卒業論文作成ガイド

How：経済学，財政学の手法ということになるが，単純に法制度上の中小企
　　　業というくくりではなく，資本金，従業員数，業種など何らかの基準
　　　によって，独自に類型化して分析したい。

　このようなプロセスを経て，研究課題を「日本の法人税における中小企業の
類型化にもとづく税負担に関する研究」と表現することができる段階に至る。
最終的に，この課題について事実に沿って明らかにし，あなたの見解を表明す
ることになる。あなたは，ある業種の「小企業」の税負担は大きく増大してい
るのに対して，ある業種の「巨大企業」のそれは減少している，という仮説を
もつかもしれない。

　上記の例では，５Ｗ１Ｈを機械的に当てはめたが，実際には，試行錯誤のプ
ロセスとなる。本を読みながら，対象時期を考え，分析対象で悩み，また，日
本といっても，東京都と鳥取県といったように，エリアを特定するかもしれな
い。そのような思考プロセスにおいて，５Ｗ１Ｈの原則を漠然とでも頭の片隅
に置いておくと，研究テーマを絞り込んでいく作業が進めやすくなる。漫然と
本を読んでもテーマはまとまってこない。

Ⅱ　先行研究の収集と検討

　テーマがある程度絞りこまれたら，そのテーマに関する先行研究を収集し，
文献リスト作成のうえ，検討しなければならない。

> 当該テーマに関して，どのような研究がなされてきたのかを調査し，内容
> を検討する。どの点で学術的な成果があり，どの点で不十分であるのかを，
> ノートに記載しておく。最初は大ざっぱでもよい。先行研究が見当たらな
> いような場合，類似の研究からヒントを探してみる。新たな分析方法を発
> 見するかもしれない。

　レポートや卒業論文は執筆者のオリジナルな意見を表明する場である。先行
研究とは異なった見解を提示し，この点にも重要な意義があるという気概を

239

第IV部｜現代財政の新しい課題

もって研究してもらいたい。そのためには先行研究を読みこなし，その内容を整理し，自らの評価を積み重ねていく。作業が進むなかで再読すると，新たな解釈が得られることもある。そうしたプロセスを踏めば，思考・論理の幅が広がり，客観性も高まることになる。

　以下，是非読んでもらいたい「**基本文献**」をあげておく。「基本文献」は本書の共通参考文献でもある。

　赤井伸郎編［2017］『実践財政学—基礎・理論・政策を学ぶ』有斐閣.

　井手英策・諸富徹・小西砂千夫企画編集［2014］『日本財政の現代史』（全3巻）有斐閣.

　植田和弘・諸富徹編［2016］『テキストブック現代財政学』有斐閣.

　宇沢弘文［2000］『社会的共通資本』岩波書店.

　岡敏弘［2018］『環境経済学』岩波書店.

　奥野信宏［2020］『現代経済学入門公共経済学（第3版）』岩波書店.

　片桐正俊編著［2014］『財政学（第3版）—転換期の日本財政』東洋経済新報社.

　財務省『日本の財政関係資料』（各年版）.

　篠原正博編著［2020］『テキストブック租税論』創成社.

　神野直彦［2024］『財政と民主主義—人間が信頼し合える社会へ』岩波書店.

　『図説日本の財政』（各年度版）財経詳報社.

　『図説日本の税制』（各年度版）財経詳報社.

　高端正幸・佐藤滋［2020］『財政学の扉をひらく』有斐閣.

　鶴田廣巳・藤永のぶよ編著［2019］『税金は何のためにあるの』自治体研究社.

　宮本憲一［2014］『戦後日本公害史論』岩波書店.

　持田信樹［2009］『財政学』東京大学出版会.

　森信茂樹［2010］『日本の税制—何が問題か』岩波書店.

　諸富徹［2019］『財政と現代の経済社会（改訂版）』放送大学教育振興会.

　諸富徹［2024］『税という社会の仕組み』筑摩書房.

　先行研究の収集といっても，文献データベースを使用する方法がある。また，インターネット上には，政府や研究機関等が作成するさまざまな統計も掲載さ

補　章　財政学をテーマとしたレポート・卒業論文作成ガイド

れており，先行研究を補完したり，独自に加工したりすることによって，レポート等の質をあげることができる。

　活用できる代表的なデータベース（「Webサイト」）は，以下のとおりである。

　国立国会図書館提供の国立国会図書館サーチ（https://ndlsearch.ndl.go.jp）

　国立情報学研究所提供のCiNii（https://cir.nii.ac.jp）

　新刊書籍については，アマゾンや大学生協などネット書店のデータベースを検索してみよう。また，学術論文や古い書籍は大学の図書館で入手することができる。論文は，インターネット上で無料で入手できることが少なくない（電子ジャーナル）。

　財政学をテーマにした研究を進めるにあたって，有益な「**Webサイト**」もあげておく。

　OECD（経済協力開発機構）ホームページ（https://www.oecd.org/tokyo/statistics/）の主要指標欄

　厚生労働省ホームページ（https://www.mhlw.go.jp/index.html）の統計情報・白書欄

　国税庁ホームページ（https://www.nta.go.jp）の統計情報欄

　国立社会保障・人口問題研究所（https://www.ipss.go.jp/）

　国立国会図書館ホームページの調査及び立法考査局の刊行物（https://www.ndl.go.jp/jp/diet/publication/newpublication.html）

　財務省ホームページ（https://www.mof.go.jp）の統計欄（「予算・決算」や「税制」など）

　財務総合政策研究所（財務省）ホームページ（https://www.mof.go.jp/pri/index.htm）の刊行物欄（「財政史等」）

　政府統計の総合窓口（https://www.e-stat.go.jp）（行政投資実績など）

　総務省ホームページ（https://www.soumu.go.jp）の政策欄（「白書」の地方財政白書，「統計情報」の地方財政状況調査関係資料）

　内閣府ホームページ（https://www.cao.go.jp）の活動・白書等欄（「白書，年次報告書等」の経済財政白書），内閣府の政策欄（「経済財政」の中長期の経済社

241

第Ⅳ部 │ 現代財政の新しい課題

会の展望と取組）

OECD Statistics（https://stats.oecd.org/）

Oxford Our World in Data（https://ourworldindata.org/）

> 自分自身が設定した研究課題を解明するために必要な事実やデータを収集する。事実といっても，誰が読んでも認識できるようなものがあれば，いくつかのデータ等で裏づけられるものもある。国際比較や時系列でデータを集めて，独自に加工して，オリジナリティのある事実をあげてもよい。

　レポートや卒業論文の構成や概要を作成し，それをベースに初稿を執筆する。文章の推敲を重ね，完成に至るまでに，クリアすべき大小さまざまな疑問が生じる。演習等で途中経過を発表した際に，指導教員やクラスメイトからコメントがあれば，前向きに捉えて，ブラッシュアップに取り組んでもらいたい。ここでは，そのような場面も想定しながら，各章に関するテーマの研究を深めるための文献を紹介する。

「お薦め文献」

第1章

　清水真人［2015］『財務省と政治―「最強官庁」の虚像と実像』中央公論新社.

　神野直彦［2021］『財政学（第3版）』有斐閣.

　田中秀明［2013］『日本の財政―再建の道筋と予算制度』中央公論新社.

第2章

　井手英策［2017］『財政から読みとく日本社会―君たちの未来のために』岩波書店.

　財務省理財局［2024］『財政投融資リポート2024』.

　堤修三［2018］『社会保険の政策原理』国際商業出版.

第3章

　オリヴィエ・ブランシャール，ダニ・ロドリック編（月谷真紀訳）［2022］『格差と闘え―政府の役割を再検討する』慶應義塾大学出版会.

マンサー・オルソン（依田博，森脇俊雅訳）[1996]『集合行為論―公共財と集団理論』ミネルヴァ書房．

宮沢健一[2002]『産業連関分析入門 （7版)』日経BPマーケティング．

第4章

神野直彦・小西砂千夫[2020]『日本の地方財政（第2版)』有斐閣．

第5章

ケネス・シーヴ，デイヴィッド・スタサヴェージ（立木勝訳）[2018]『金持ち課税』みすず書房．

馬場義久[1998]『所得課税の理論と政策』税務経理協会．

諸富徹[2013]『私たちはなぜ税金を納めるのか―租税の経済思想史』新潮社．

第6章

鈴木将覚[2014]『グローバル経済下の法人税改革』京都大学学術出版会．

鶴田廣巳[2023]『グローバル時代の法人課税と金融課税』有斐閣．

森信茂樹[2019]『デジタル経済と税―AI時代の富をめぐる攻防』日本経済新聞出版社．

第7章

石弘光[2009]『消費税の政治経済学―税制と政治のはざまで』日本経済新聞出版社．

宮島洋編著[2003]『消費課税の理論と課題〔二訂版〕』税務経理協会．

持田信樹・堀場勇夫・望月正光[2010]『地方消費税の経済学』有斐閣．

第8章

国立社会保障・人口問題研究所編『（雑誌）社会保障研究』．

塚谷文武・橋都由加子・長谷川千春・久本貴志・渋谷博史[2021]『福祉国家と地方財政―地方公共団体の「現場」を支える財政の仕組み（新版)』学文社．

吉田健三・木下武徳・加藤美穂子・長谷川千春編[2024]『日本の社会保障システム―理念とデザイン（第2版)』東京大学出版会．

第Ⅳ部 | 現代財政の新しい課題

第9章

経済協力開発機構編（赤林英夫監訳・濱田久美子訳）［2023］『教育の経済価値
——質の高い教育のための学校財政と教育政策』明石書店.

諸富徹［2024］『税と社会保障——少子化対策の財源はどうあるべきか』平凡社.

第10章

門野圭司［2009］『公共投資改革の研究——プライヴァタイゼーションと公民
パートナーシップ』有斐閣.

森裕之・諸富徹・川勝健志編［2020］『現代社会資本論』有斐閣.

吉野直行・中島隆信編［1999］『公共投資の経済効果』日本評論社.

第11章

植田和弘・新岡智編［2010］『国際財政論』有斐閣.

川瀬光義［2018］『基地と財政——沖縄に基地を押しつける「醜い」財政政
策』自治体研究社.

東京新聞社会部［2019］『兵器を買わされる日本』文藝春秋.

防衛省（旧防衛庁）『防衛白書』各年度版.

マイケル・クレア（南雲和夫・中村雄二訳）［1998］『冷戦後の米軍事戦略——新
たな敵を求めて』かや書房.

第12章

国土交通省ホームページの「観光白書」.

農林水産省ホームページの「食料・農業・農村白書」，「森林・林業白書」，
「水産白書」.

第13章

飯田哲也・金子勝［2020］『メガ・リスク時代の「日本再生」戦略——「分散
革命ニューディール」という希望』筑摩書房.

茅野恒秀・青木聡子編著［2023］『地域社会はエネルギーとどう向き合って
きたのか』新泉社.

寺西俊一・石田信隆・山下英俊編著［2018］『農家が消える——自然資源経済
論からの提言』みすず書房.

補　章　財政学をテーマとしたレポート・卒業論文作成ガイド

第14章

　　内閣府ホームページの「防災白書」.

第15章

　　佐藤主光［2024］『日本の財政―破綻回避への５つの提言』中央公論新社.

　　山田博文［2023］『国債ビジネスと債務大国日本の危機』新日本出版社.

　　最後に，現代社会において，私たちはインターネット上でさまざまな情報を
入手できるが，そこには真偽不明の内容が含まれている。また，正しく引用さ
れていないものもある。読者にはレポートや卒業論文の作成において，学術的
な意義を追求しながら，関連情報を取捨選択し，適切な文章で，他者に対して
わかりやすく表現する能力が求められる。レポートや卒業論文の完成に至るま
でに強化される，読解力や調査・分析能力，文章力などは，今後の人生にとっ
て非常に有益であることは間違いない。

245

索　引

〔あ〕

ＩＳバランス ································ 219
赤字公債（赤字国債）·········· 35,214,218
安保関連法 ····························· 166

〔い〕

異次元金融緩和政策 ················215,220
１億円の壁 ·····························81
一般会計 ············ 27,28,29,31,32,35,37
一般会計予算 ······················ 17,18
一般財源主義 ··························· 234
一般歳出 ·························· 28,29
一般消費税 ························ 97,103
移転価格税制 ····························95
移転的基礎控除 ··························75
インピュテーション方式 ················92
インボイス方式 ······················ 102

〔う〕

宇沢弘文 ····························· 189
内向き世論 ····························· 166

〔え〕

益金 ································84
益金算入 ························ 84,85
益金不算入 ····························85
益税 ·····························100,103
ACE（Allowance for Corporate
Equity）·····························94

〔お〕

SDGs（Sustainable Development
Goals）·····························195,227
H.C.サイモンズ ···························79
N分N乗方式 ··························· 137

〔お〕

大きな政府 ········· 2,48,225,227,228,233
沖縄に関する特別行動委員会
（SACO）························· 171
汚染者負担原則（PPP）············· 192
思いやり予算 ························ 171
卸売売上税 ························· 103

〔か〕

カーター方式 ···························92
カール・シャウプ ························80
介護給付金 ························ 127
外国子会社合算税制 ···················95
外国税額控除 ·························88
介護サービス ·····················124,125
介護納付費 ························ 127
介護保険 ························· 124
概算要求基準 ··············· 22,23,24,25
外部不経済 ··············· 190,192,194,197
確定申告 ····························77
隠れ借金 ·····························19
家産国家 ····························· 2
貸倒引当金 ·························86
過少資本税制 ···························95
課税最低限 ·························75
課税単位 ·························73

246

課税ベース …………………………… 31,33
仮想的市場評価法 ……………………… 156
可塑性（マリアビリティ）…………… 190
過大支払利子税制 ……………………… 95
価値財（メリット財）………………… 44
借換債 …………… 18,35,214,215,216
簡易課税制度 …………………………… 103
環境税 …………………………………… 192
環境税の二重配当 ……………………… 197
環境保全機能 …………………………… 52
間接税 ……………… 31,32,69,97,235
完全統合方式 …………………………… 92
簡素 ……………………………………… 34
官邸主導型予算編成 ………………… 24,26

〔き〕

機関委任事務 …………………………… 62
基幹税 …………………………………… 31
機関別予算 ……………………………… 15
企業年金 ………………………………… 114
基金 ……………………………………… 20
気候変動 ………………………………… 5
気候変動対策 …………………………… 52
帰属所得 ………………………………… 79
基礎控除 ………………………………… 73
基礎的財政収支 ………………………… 222
基礎年金 …………………………… 36,114
帰着 ……………………………………… 93
既得権益 ………………………………… 39
義務的経費 ………………………… 28,29
逆コース政策 …………………………… 162
逆進性 ……………………………… 97,108
キャッシュフロー税 …………………… 94
キャピタルゲイン ……………………… 78

給付付き税額控除 ……………………… 77
給与所得控除 …………………………… 72
協会けんぽ ………………… 119,120,122
強制性 …………………………………… 33
協同組合等 ……………………………… 83
居住地国 ………………………………… 95
金融所得課税の一体化 ………………… 80

〔く〕

区分記載請求書等保存方式 …………… 101
組合健保 …………………… 119,120,122
組合方式 ………………………………… 92
クラウディング・アウト …… 217,218,219
クラブ財 ………………………………… 44
繰越明許費 ……………………………… 20
グループ通算制度 ……………………… 89
グローバル・ミニマム課税制度 … 96,233
軍事技術 …………………………… 169,174
軍事的ケインズ主義…………………… 168

〔け〕

景気調整機能 …………………………… 48
軽減税率 …………………… 97,100,101,108
経済安定化機能 … 41,48,62,143,145,146
経済的性質別分類 ……………………… 31
経済的二重課税 ………………………… 92
継続費 ……………………………… 20,170
経費別分類 ……………………………… 15
ケインズ主義……………………… 226,229
欠損法人 ………………………………… 91
限界実効税率 …………………………… 87
限界消費性向 ……………………… 49,50
減価償却制度 …………………………… 86
研究開発促進税制 ……………………… 88

247

現金給付 …………………… 61,129,209

原産地主義（Origin Principle）……… 106

建設公債（建設国債）……… 35,214,218

源泉地国 …………………………… 95

源泉徴収 …………………………… 78

現物給付 ……………………… 61,129

〔こ〕

公益法人 …………………………… 83

公害 …………………………… 194

後期高齢者医療制度 ……… 119,120,123

後期高齢者支援金 ……………… 122,123

恒久的施設（PE）………………… 96

公共財 ……………… 41,42,43,44,52

公共投資 …………………………… 143

公共法人 …………………………… 83

合計特殊出生率 ………………… 181

公債（国債）………… 31,35,36,37,213,
215,217,218,219

公債依存度 ……………………… 216,217

公債論 ……………………………… 9

厚生年金 …………… 113,114,116,117

公的医療保険 …………………… 118

公的金融 …………………… 27,37,38,39,40

公的金融論 ………………………… 9

公的総固定資本形成 …………… 143

後年度負担 ……………………… 170,173

貢納 ………………………………… 2

公平 ……………………………… 34

小売売上税 ……………………… 103

高齢者3経費 …………………… 109

国際的二重課税 ………………… 95

国際的二重非課税 ……………… 95

国債費 …………………… 28,29,218

国民健康保険 …………… 119,121,127

国民年金 …………………… 114,115

国民負担率 ………………………… 7

個人所得税 ………………………… 83

個人年金 ………………………… 114

国庫債務負担行為 ……………… 20,170

国庫負担 ……… 114,116,121,122,129

国庫補助 …………………………… 37

子ども家庭庁 …………………… 135

個別消費税 ………………………… 97

コモンプール財 …………………… 44

〔さ〕

再生可能エネルギー ……………… 5

財政検証 ……………………… 117,118

財政健全化 ………… 213,221,223,224

財政再建 …………………… 221,224

財政投融資 … 18,27,37,38,39,40,214

財政の硬直化 …………………… 218,219

財政法 …………………… 35,215

財政民主主義 ……… 1,2,9,13,24,25,26,
34,177,188,229,235

最低賃金 …………………… 131,132

財投機関債 ………………………… 39

財投債 …………………… 39,214,216

歳入歳出予算 …………………… 20

財務省原案 ………………… 22,23,24

裁量的経費 ……………………… 28,29

裁量的財政政策 ………… 48,49,50,51

サムエルソンの公式 …………… 155

暫定予算 ………………………… 21

三位一体改革 …………………… 234

索　引

〔し〕

仕入税額控除 ……………………………98
資源配分機能 …………41,42,44,52,61,
　　　　　　　　　139,143,145,146
事業効果 ………………………………145
事業費補正 ……………………………153
C効果性（C-Efficiency）……………105
事項要求 ………………………………174
自主財源 …………………………55,179
自主財源主義 …………………………234
支出乗数 ………………………………51
市場の失敗 …………………………41,225
事前復興 ………………………………211
持続可能性 ………………………113,119
市中消化 …………………………215,217
失業手当 ………………………………129
自動安定化装置 ………………………48
児童手当 …………………………136,137
使途別分類 ………………………… 15,30
ジニ係数 ……………………… 45,46,47
CBIT（Comprehensive Business
　Income Tax）…………………………94
仕向地主義（Destination Principle）… 106
仕向地主義課税 ………………………106
シャウプ勧告 ……………………58,80,93
社会的共通資本 ………………………189
社会保険 …………27,36,37,113,129,138
社会保障・税一体改革 ………………109
社会保障目的税化 ……………………110
社会保障4経費 ………………………109
就学援助 …………………………137,139
修学支援新制度 …………………140,141
私有財産制 …………………………1,2,33

収入性 …………………………………33
受益者負担原則 ………………………154
主要経費別分類 ………………………30
準公共財 ………………………………42
純粋公共財 …………………… 42,144,161
準備金 …………………………………86
障害年金 ………………………………135
乗数効果 …………………………49,50,217
乗数理論 …………………………… 49,217
消費課税 ………………………………32,33
消費者余剰推定法 ……………………157
消費税 ………………57,58,64,69,97,233
消費税転嫁対策特別措置法 …………99
消費タイプの付加価値税 ……………104
所管別分類 …………………………15,30
所得課税 ………………………………32,33
所得源泉説 ……………………………79
所得控除 ………………………………73
所得再分配 ……………………………34
所得再分配機能 …… 41,44,45,46,61,139,
　　　　　　　　143,145,146,227,229
所得周期説 ……………………………79
所得税 ……………… 32,58,62,69,233
所得税額控除 …………………………88
人格のない社団等 ……………………83
新自由主義政策 ……… 225,226,227,228
人税 ……………………………………73
森林環境税 ……………………………197

〔す〕

垂直的公平 ………………… 34,36,80,233
水平的公平 ………………………… 34,80
スピン・アウェイ理論 ………………169
スピン・オフ理論 ……………………169

249

スピン・オン理論 ·················· 169

〔せ〕

税額控除 ···························· 77,88
生活保護 ·············· 120,125,133,137
請求書等保存方式 ················· 101
税源移譲 ······················· 62,63,64
税源浸食と利益移転（BEPS：
　Base Erosion and Profit Shifting）·····95
制限的所得概念 ····················79
製造者売上税 ······················ 103
生存権 ····················· 2,37,45,65
政府関係機関 ······················ 37
政府関係機関予算 ·················· 18
政府間財政関係論 ··················· 9
政府債務残高 ······················· 6
政府支出法人 ······················ 18
政府出資法人 ···················· 18,38
政府予算 ·························· 23
世界金融危機 ····················· 166
世代間の不公平 ···················· 148
ゼロ税率 ······················105,107
前期高齢者交付金 ··············121,123
全世界所得 ·························83
全世代型社会保障 ·········· 4,230,231
選別主義 ······················129,137

〔そ〕

総合課税 ···························· 71
総合所得税 ·························79
増税なき財政再建 ················· 217
相対的貧困 ················133,134,140
増分主義的予算編成過程 ············ 25
租税競争 ···························96

租税原則 ·························· 33,34
租税国家 ···························· 2
租税乗数 ···························· 51
租税条約 ···························· 95
租税特別措置 ······················88
租税特別措置の適用状況の透明化等
　に関する法律 ····················88
租税特別措置法 ····················88
租税負担率 ························· 7
租税法律主義 ···················· 33,34
租税論 ···························· 9
措置制度 ······················124,125
損益通算 ···························· 89
損金 ······························ 84
損金算入 ·························· 85
損金不算入 ·························· 85

〔た〕

第1の柱 ····························96
対人社会サービス ·················· 61
体制維持機能 ······················52
代替法 ····························· 157
対テロ戦争 ························ 166
第2次日米安保条約 ··············· 162
第2の柱 ····························96
多国籍企業 ························· 95
多段階税 ·························· 103
タックス・ヘイブン対策税制 ··········· 95
単一税率 ·························· 100
単純累進税率 ······················75
炭素に魅了された政治経済構造 ······· 199
単体法人 ·························· 89
単段階税 ·························· 103

250

索　引

〔ち〕

地域総合整備事業債（地総債）……… 153
地域紛争防止戦略 …………………… 164
小さな政府 ………… 2,9,225,226,227,229
地方交付税 ………28,29,54,58,59,62,235
地方消費税 ………… 57,64,100,234,235
地方創生 …………………180,182,184
地方分権 …… 53,60,61,62,65,181,184,203
中央銀行引受 …………………215,218
中央集権 ………………………………56
中立 ……………………………………34
超過累進税率 …………………………75
帳簿方式 …………………………… 101
直接税 ………………… 31,32,33,69,235
賃上げ促進税制 ………………………88

〔つ〕

通算法人 ………………………………89
積上げ計算 ……………………… 102

〔て〕

適格請求書 …………………………… 102
適格請求書等保存方式 ………………… 102
転嫁 ………………………………… 93,99
電気通信利用役務の提供に係る
　消費税 …………………………… 107
電源三法交付金 …………………… 199
電力構成 ………………………………5

〔と〕

統合予算 ………………………… 19,25
同時多発テロ事件 …………………165,166
当初予算 ………………………………21

〔な〕

同族会社 ………………………………91
道路特定財源 ……………………… 148
独占禁止法 ……………………………99
特別会計 ……………………… 27,37
特別会計予算 ……………………… 15,18
特別償却 ………………………………86
特例公債（国債）…………… 35,214,218
トマ・ピケティ …………………………82
トラベルコスト法 …………………… 156
取引高税 ……………………………98,103

〔な〕

内部化 ……………………………… 192
ナショナル・ミニマム ……………… 55,65
NATO（北大西洋条約機構）……163,164
ならず者国家 ……………………… 164

〔に〕

二元的所得税 …………………………81
二重課税 ………………………………88
日米安保再定義 …………………… 165
日米安保条約 …………………161,162,163
日米地位協定 ……………………… 171
日本国憲法第9条 ……… 161,162,163,174
ニュー・エコノミクス ………………… 168
ニュー・パブリック・
　マネジメント理論（NPM理論）…… 226

〔ね〕

年金保険 …………………………… 113
年末調整 ………………………………78

〔の〕

ノン・アフェクタシオンの原則 ……… 110

251

〔は〕

配偶者控除 ……………………………74

配偶者特別控除 ………………………74

配当救済方式 …………………………92

配当税額控除方式 ……………………92

バードン・シェアリング

　（軍事負担の分担）……………163,173

〔ひ〕

非核三原則 ………………………… 163

東日本大震災 ……5,204,205,206,207,210

非課税 ………………………105,107

非課税取引 ……………………………99

引当金 …………………………………86

非競合性 ………………………41,42,43

被災者生活再建支援制度 ………… 208

非排除性 ………………………41,42,43

103万円の壁 …………………………74

標準税率 …………………………… 100

費用便益分析 ………………157,226

表面税率 ………………………………87

ビルト・イン・スタビライザー ………48

比例税率 ………………………………80

〔ふ〕

フィスカル・ポリシー …………………48

付加価値税（VAT：

　Value Added Tax）…………97,98,103

付加価値税収率（VRR：

　VAT Revenue Ratio）……105,106,108

福祉国家 ………………………37,45,226

福島第一原子力発電所 ………… 199

複数税率 …………………………… 100

普通選挙 ……………………………… 2

普通法人 ………………………………83

物税 ……………………………………73

部分統合方式 …………………………92

普遍主義 …………………………… 129

扶養控除 ………………………………74

プライマリーバランス … 221,222,223,224

フリーライダー ………………… 41,43,44

分離課税 ………………………………71

分類所得税 ……………………………79

〔へ〕

平均実効税率 …………………………87

BEPSプロジェクト …………………96

BEPS2.0 ……………………………96

ヘドニック・アプローチ ………… 156

〔ほ〕

包括的所得概念 ………………… 78,79

包括的所得税 …………………… 78,79

法人 ……………………………………83

法人擬制説 ……………………………91

法人実効税率 …………………………86

法人実在説 ……………………………91

法人所得 ………………………………84

法人所得税 ……………………………83

法人税 ………………32,58,69,83

法定税率 ………………………………87

補助金適正化法 ………………… 210

補正予算 ………………………………21

骨太方針 ………………………… 22,24

索　引

〔ま〕

マーリーズ・レビュー（Mirrlees
　Review）………………………… 108
マクロ経済スライド…………………… 117
マスグレイブ………………… 41,42,44,52

〔み〕

ミード報告 …………………………………94
民活法 …………………………………… 152
民生技術 ………………………………169,174

〔む〕

無産国家 ………………………………………2
無償移転 ………………………………………1
無償性 ……………………………………… 33

〔め〕

免税事業者 ……………………………99,100

〔も〕

目的別分類 …………………………… 15,30

〔や〕

安い自然（チープネイチャー）……… 189

〔ゆ〕

有償取引 ………………………………………1

〔よ〕

要介護・要支援認定 ………………… 125

〔予〕

予算過程 ……………………………………21
予算原則 …………………… 13,21,24,34
予算循環 ……………………………………21
予算総則 ……………………………………20
予算の既得権益化 ………………… 20,25
予算編成過程 ……………… 21,22,23,24
予算論 …………………………………………9
予備費 ……………………… 21,174,229

〔り〕

利益計上法人 …………………………………91
利潤の費用化 …………………………………86
リゾート法 …………………………………… 152
リバースチャージ方式 ………………… 107
量的緩和政策 ………………………………… 220
利用払いの原則 ……………………………… 148

〔る〕

累進課税 ……………………………………45

〔れ〕

連結納税制度 …………………………………89

〔ろ〕

老人医療費支給制度 ………………………… 119
老人保健制度 ………………………………… 125
老齢年金 …………………………………… 116

〔わ〕

割り戻し計算 ………………………………… 101

253

＜編 著 者＞

河音　琢郎（かわね　たくろう）

立命館大学経済学部教授。

京都大学大学院経済学研究科博士後期課程中退（博士・経済学）。

単著（2006）『アメリカの財政再建と予算過程』（日本経済評論社），共編著（2016）『オバマ政権の経済政策—リベラリズムとアメリカ再生のゆくえ』（ミネルヴァ書房），共編著（2023）『21世紀のアメリカ資本主義—グローバル蓄積構造の変容』（大月書店）。

はしがき，序章，第1章，第2章，第3章，第11章，第15章，終章Ⅰ担当。

桒田　但馬（くわだ　たじま）

立命館大学経済学部教授。

立命館大学大学院経済学研究科博士後期課程期間満了退学（博士・経済学）。

単著（2016）『地域・自治体の復興行財政・経済社会の課題—東日本大震災・岩手の軌跡から』（クリエイツかもがわ），共編著（2023）『入門地方財政—地域から考える自治と共同社会』（自治体研究社）。

はしがき，序章，第4章，第9章，第12章，第14章，終章Ⅰ・Ⅱ2・Ⅱ4，補章担当。

篠田　剛（しのだ　つよし）

立命館大学経済学部准教授。

京都大学大学院経済学研究科博士後期課程修了（博士・経済学）。

単著（2016）「21世紀の多国籍企業と現代の『租税国家の危機』」諸富徹編『岩波講座　現代　第3巻　資本主義経済システムの展望』（岩波書店），単著（2023）「アメリカの税制改革と国際課税」河音琢郎他編著『21世紀のアメリカ資本主義—グローバル蓄積構造の変容』（大月書店）。

はしがき，序章，第5章，第6章，第7章，終章Ⅰ・Ⅱ3担当。

＜著　者＞

長谷川　千春（はせがわ　ちはる）

立命館大学産業社会学部教授。

京都大学大学院経済学研究科博士後期課程修了（博士・経済学）。

単著（2010）『アメリカの医療保障―グローバル化と企業保障のゆくえ』（昭和堂），共編著（2024）『日本の社会保障システム―理念とデザイン【第2版】』（東京大学出版会）。

第8章，終章Ⅱ1担当。

平　　剛（たいら　つよし）

沖縄国際大学法学部教授。

立命館大学大学院経済学研究科博士後期課程期間満了退学（博士・経済学）。

単著（2018）「市町村合併の自治体財政への影響―沖縄県内の離島市町の合併を事例に」『大阪経大論集』第69巻第2号（大阪経大学会），単著（2021）「スミス・モデルによる『ただ乗り論』の検証」『沖縄法学』第49号（沖縄国際大学法学会）。

第10章，終章Ⅱ2担当。

吉弘　憲介（よしひろ　けんすけ）

桃山学院大学経済学部教授。

東京大学大学院経済学研究科博士後期課程単位取得退学（修士・経済学）。

単著（2024）『検証大阪維新の会―財政ポピュリズムの正体』（筑摩書房），共著（2023）「再生可能エネルギー施設立地の政治経済学―日本の木質バイオマス発電を中心に」『季刊経済研究』第41巻（大阪公立大学経済研究会）。

第13章担当。

現代財政とは何か

2024年11月1日　初版発行

編著者	河音琢郎　棗田但馬　篠田　剛
著　者	長谷川千春　平　剛　吉弘憲介
発行者	大坪克行
発行所	株式会社 税務経理協会 〒161-0033東京都新宿区下落合1丁目1番3号 http://www.zeikei.co.jp 03-6304-0505
整版所	税経印刷株式会社
印刷所	光栄印刷株式会社
製本所	牧製本印刷株式会社

本書についての
ご意見・ご感想はコチラ

http://www.zeikei.co.jp/contact/

本書の無断複製は著作権法上の例外を除き禁じられています。複製される場合は，そのつど事前に，出版者著作権管理機構（電話03-5244-5088，FAX03-5244-5089, e-mail: info@jcopy.or.jp）の許諾を得てください。

JCOPY ＜出版者著作権管理機構 委託出版物＞

ISBN 978-4-419-07239-1　C3033

© 河音琢郎・棗田但馬・篠田　剛 2024 Printed in Japan